铜面将军

宋代文化视域下之狄青研究

张劲松 撰

贵州大学出版社
Guizhou University Press

本书得到贵州大学社科学术出版基金资助

图书在版编目（CIP）数据

铜面将军 : 宋代文化视域下之狄青研究 / 张劲松撰. —— 贵阳 : 贵州大学出版社, 2019.8

ISBN 978-7-5691-0195-9

Ⅰ. ①铜… Ⅱ. ①张… Ⅲ. ①狄青（1008—1057）-人物研究 Ⅳ. ① K825.2

中国版本图书馆 CIP 数据核字 (2019) 第 177820 号

铜面将军

——宋代文化视域下之狄青研究

撰　　者 / 张劲松

出 版 人 / 闵　军
责任编辑 / 周　清
责任校对 / 申　云
装帧设计 / 陈　丽　陈　艺
出版发行 / 贵州大学出版社有限责任公司
地址：贵阳市花溪区贵州大学北校区出版大楼
邮编：550025　电话：0851—88291180

印　　刷 / 贵州思捷华彩印刷有限公司
开　　本 / 710毫米×1000毫米　1/16
印　　张 / 18.75
字　　数 / 240千字
版　　次 / 2019年8月　第1版
印　　次 / 2019年8月　第1次印刷
书　　号 / ISBN 978—7—5691—0195—9
定　　价 / 48.00元

目录

绪 论

上编 行止实录

第一章 狄青之少年时代

第二章 太平名将

第三章 “菩萨”枢密使

下编　叙述还原

第四章　狄青与北宋文人政治的关系

第五章　狄青之将略与政治眼光

第六章　宋代文献中狄青的叙述

绪　论

一、被忽视的一代名将

狄青是北宋仁宗朝的名将。他少年入伍，在宋夏战争中表现异常突出，英勇善战，临阵披发、戴铜面具，犹如战神，为朝廷器重。中年时，挂帅出师广西，归仁铺一战，大败侬智高，取得北宋少有的平定内乱的重大胜利。但其事迹散见宋人笔记和各种野史杂传中，迄今少有比较翔实的传记与文化史意义上的深入研究。历来流传之狄青戏剧故事和演义又多与历史不符，本书在此试图还原其戎马生涯和一千多年前的政治心灵轨迹。

狄青是北宋时期公认的难得的名将，与当时北宋其他武将最大的不同——他是一个普通农家出身，以当兵起家。他既非马知节、王德用或杨业那样的将门世家，又非靠祖上的恩荫获官职。更为难得的是，“他完全是从一名普通士兵成长起来的名将。”[①] 作为一个行伍黥卒出身之人，他最后当上最高军事长官——枢密使。除了太祖朝的曹彬等开国名将和武将世家子弟位居枢相的高位外，这在整个北宋武将中都是少见的。《宋史》评他和郭逵“起健卒至政府，隐然为时名将，惟青与逵两人耳”[②] 最为确切。著名的“杨家将”的杨业，官职也只是边关知州和防御使与观察使，其子延朗（后避讳改名延昭）即著名的杨六郎也只官莫州刺史；南宋中兴四大将的岳飞最终也只是进位枢密副使；唯韩世忠和张

---

① 内藤湖南：《中国史通论》（上册），社会科学文献出版社，2004，第 385 页。

② 脱脱等：《宋史·郭逵传》（第二十八册）卷二九〇，中华书局，1985，第 9726 页。

俊封王，爵位超过了狄青，然二人封王亦因南渡的特殊时代使然。清代魏禧高度评价狄青："宋武功最衰，当时将帅未有贤于青者。"[①]此言最为得当。

对于狄青，在文人政治的宋代，除了极少数的文臣，士大夫们的评价都颇高。贾黯反对朝廷提拔狄青，但他的话也证明了狄青的杰出。"国初武臣宿将，扶建大业，平定列国，有忠勋者，不可胜数。然未有起兵伍，登帷幄者。"[②]狄青用兵善战与日本战国时代最著名的英杰——有"甲斐之虎"的武田信玄比较相像，皆通晓孙子兵法而又能灵活运用。行军打仗，法度规矩，纪律甚严，而对将士又都有仁慈之心，故将士肯用命。狄青的仕途显达又与日本另一英杰丰臣秀吉相像，都从最底层的士卒而至权力高位。

可是狄青是"太平名将"[③]。仁宗朝近半个世纪号为宋代盛世，虽有西夏和广南的叛乱，毕竟是局部战争，而那时又是文人政治的鼎盛之世，故其功绩渐被埋没。狄青在北宋的军事功绩和谋略历来多被忽视，这种状况至今未变，关于他的研究可谓寥寥可数，但关于南宋精忠报国的岳飞的研究可谓汗牛充栋。解放军出版社出版的多卷本巨著《中国军事史》，在兵家卷中叙述了南宋的岳飞、吴玠、刘琦和余玠四位大将，北宋却没有仁宗朝名将狄青，反而把宋太宗赵匡胤作为唯一的代表，可谓"买椟还珠"了；在战役卷中也没有叙述狄青平定侬智高的归仁铺大战。直到 2017 年才有一部比较全面翔实的狄青的传记问世。

二、狄青史料和研究状况

史料和研究状况是密不可分的，史料本身包涵了研究，研究则依赖史料。宋代史学在中国历史上是最繁荣的。张舜徽云："宋代史学的最大特色，就是详于当代史迹的记述，能够及时地把现实的社会变化和政治得失编写成书。这是

① 《书欧阳文忠论狄青扎子后》，《汾阳县志·艺文》卷一三，光绪八年刊刻本。

② 李焘：《续资治通鉴长编》（第七册）卷一七二，中华书局，1992，第 4153 页。

③ 王柏：《鲁斋集》（第三册）卷八，商务印书馆，1936，第 166 页。

宋代史学最成功的地方。”[①] 这是我们从事狄青研究的方便之处。然而搜集史料依然不是一件轻而易举之事。自宋代以来对狄青的研究史料：第一，是宋人笔记所载武襄公诸多趣闻；第二，是余靖《故狄令公墓铭》和王珪《狄武襄公神道碑铭》等的碑铭文章对狄青有较多深入的探讨，也最有价值；第三，是李焘的《续资治通鉴长编》及元修《宋史》。除此之外，狄青本人所存的少量文章也很有历史研究之价值。历代歌咏狄青的诗词多有评论之辞，不乏中肯精辟之言，亦不可忽视。

今天研究狄青的第一手原始资料首先是北宋笔记诸家所记。因为宋代诸家正史多从笔记中采用资料。盖狄青为承平时代少有名将，并有平南大捷这样的胜利，故为北宋文臣所钦佩。野史笔记对狄青的生平事迹和战功提供了最重要的基本史实。如徐度《却扫编》记载了狄青入京师拱圣营当兵，正好是状元王尧臣唱名之时。《梦溪笔谈》记载了不少狄青用智谋取胜的事迹。司马光《涑水记闻》对狄青任宣徽使征侬智高记录甚详。《江邻几杂志》载狄青入枢密院被蔑称“赤老”，当时轻视武将之习俗可见一斑。王闢之《渑水燕谈录》载范仲淹见狄青，勉励其读《春秋》。王性之《默记》所载狄青事迹亦多，为当时文臣控制武将的珍贵资料。王楙《野客丛书》所附其父笔记《野老记闻》有文彦博嘉祐初陷害狄青至死的详情，堪补正史之不足。北宋文人笔记对狄青亦有评价，如黄震赞赏其有“大将之识”。宋代笔记虽然不像明清那样浩如烟海，但有关狄青的资料，疏漏还是有的，并没有做到搜罗完备。譬如龚鼎臣所著《东原录》记载狄青打仗“善用不满千人之法”，此条资料就几乎不见研究者采用。周勋初主编的《宋人轶事汇编》狄青部分没有这条资料，张立新、贾平《狄青传》也没有这一重要资料。而龚氏乃狄青同代人，其所记史料价值极高。

余靖和王珪的碑铭也是了解狄青生平的重要史料。两人的碑铭既综合了当时诸家笔记史料，又有他们二人的实地考察所得，特别是关于狄青的家世、家

---

① 张舜徽：《论宋代学者治学的博大气象及替后世学术界所开辟的新途径》，《中国史论文集》湖北人民出版社，1957，第 105 页。

庭子女情况和狄青的仕宦履历记载皆为最详。二人对狄青“尚节义”多有描述，如其显达后还乡谒知县，与家乡父老共欢，这些都是其他文献所未记载的。王珪神道碑云狄青“公为人慷慨，尚节义，有大虑，慎密寡言，外刚锐而内宽。其计事必审中机会而后发，其行师必正部伍营陈，明赏罚”。[①]此言很中肯，多为后来史家所公认。曾巩《隆平集》卷一一枢密条，特撰狄青小传，其评说言“青慎密寡言，其计事，必审中机会而后发”[②]皆为后世史家所袭。

李焘的《续资治通鉴长编》历时四十年著成，亦多狄青原始史料。除了采用北宋笔记史料，李氏亦有自己的资料收集，如其叙述归仁铺大战，侬智高军阵如火如荼的画面就很生动，而不见其他宋人笔记。据说他为修此巨著，收罗资料可谓竭泽而渔，不遗余力。周密《癸辛杂识》载：

> 昔李仁甫为《长编》，作木厨十枚。每厨作抽替匣二十枚。每替以甲子志之，凡本年之事有所闻，必归此匣。分月日先后次第之，井然有条，真可为法也。[③]

此可见李焘之勤奋，其所著史料价值亦极高。宋人文集和诗词也是研究狄青的第一手资料。比较有价值的有曾巩、欧阳修等人的文集。

元修《宋史》资料亦多源于宋人文献及《续资治通鉴长编》，其《狄青传》算是整理连贯了狄青一生。此外，在《宋史·仁宗本纪》《宋史·五行志》《宋史·宰辅表（二）》《宋史·刘几传》《宋史·王举正传》《宋史·杨文广传》《宋史·刘沆传》《宋史·梁适传》《宋史·范雍传》《宋史·孙沔传》等记载不少狄青的事迹。

---

① 《狄武襄公青神道碑铭》，曾枣庄、刘琳主编：《全宋文》（第五十三册）卷一一五四，安徽教育出版社、上海辞书出版社，2006，第202页。

② 曾巩撰、王瑞来校证，《隆平集校证》（上册）卷一一，中华书局，2012，第326页。

③ 周密：《癸辛杂识》（后集·修史法条），中华书局，2010，第81页。

元明清三代，间有文人对狄青的一些评赏和谈论。如明代李贽在其《藏书》中列狄青入“名将”，将宋以来狄青事迹又再贯连，成《狄青传》并在文前标识其为“大见识”。清人钱泳对狄青是否为唐代狄仁杰后裔有自己的论断，他引吴毅父之言，认为狄青与梁公“实系一派，惟世远人亡，徙迁靡定，牒谱莫稽”[①]。这对研究狄青家世者亦有所助益。汪恸尘《苦榴花馆杂记》载年羹尧征西仿效狄青掷钱定胜负的故事，亦可见狄青事迹之影响力。王夫之《宋论》颇哀宋朝之柔弱，但对于狄青的评价较高，甚痛惜宋廷对他的“猜防百至”。[②]王氏对狄青虽寥寥数语提及，然皆是至公之论。明末清初的魏禧有《书欧阳文忠论狄青札子后》一文，算得上较早探讨文臣迫害狄青的专论。其论欧阳修之疏“深文巧诋以中人于深祸而自脱于小人。吾则以为险狠阴滑，若古小人害君子之术而又工焉者，盖莫甚于此也。”[③]盖自宋代以来，未有如此辛辣之评。元代戏曲和清代关于狄青的小说多是传奇故事的连缀，除了一个大的历史框架，皆为虚妄之谈，虽有对狄青的高度评价，然与史实相较，差之千里。因此谈不上研究。历代歌咏狄青的咏史怀古诗词尚需疏理，其史评关乎狄青的历史地位。宋以后有关狄青的怀古诗，多高度肯定其卓著的功勋，不满于宋朝文臣对武将的陷害。如明代范珠《谒狄武襄公祠》云：“宋祚方兴虏未平，将军百战捍危城。流言难泯生前节，信史犹传身后名。”[④]民国二十九年有白志谦者撰《狄青》。[⑤]该书很单薄，内容汇集了宋代以来的一些史料做了白话文的简略概括，然多有遗漏。其后附《狄青大事年表》，大略概括了狄青的一生。民国三十七年又有徐君慧《北宋名将狄青之死》一文，可算是现代较早有关狄青的学术性研究论文了。清代田震的《谒狄武襄祠》也对狄青功高被陷害鸣不平。“昆仑关前云模糊，孙沔余靖何为乎？

① 钱泳：《履园丛话》卷三，中华书局，1979，第81页。

② 王夫之：《宋论·神宗》卷六，中华书局，1964，第120页。

③ 《汾阳县志·艺文》卷一三，光绪八年刊刻本。

④ 同上，卷一四。

⑤ 白志谦：《狄青》，商务印书馆，1939。

一朝贼盛烧厥郛，耕者自耕锄者锄。廓清岭徼归皇都，此功是谁之功欤？”①

1949 年中华人民共和国成立后，关于狄青的研究显得异常冷清，特别是与南宋岳飞的研究相比，可谓门庭冷落，寂寥无人。从 1949 年到 2000 年，关于狄青的算得上学术性文章的论文只有六篇。其中多数还是介绍性和知识性的，如顾全芳的《狄青的悲剧》。②金文发的《析狄青破侬智高原因》是较早从军事角度剖析狄青征讨侬智高获胜的原因，文章认为决定了狄青取得胜利的三点因素：一是整顿军纪；二是狄青拥有便宜指挥大权；三是使用骑兵。③于汝波的《狄青平侬作战指挥特色考论》论述狄青的军事思想和指挥谋略则更有深度。

2000 年后，关于狄青的论文稍有增多，到 2015 年有 20 余篇文章。这些文章大概有三个特色。一是从文臣政治与狄青的关系入手，探讨武将悲剧命运。这类文章探讨都有一定深度。如李贵录的《宋朝“右文抑武”政策下文臣与武将的关系——以余靖与狄青关系为例》，④该文角度新颖，从曾随狄青征侬智高的余靖与主帅狄青的关系探讨北宋文臣制约下的武将困境。陈峰的《从狄青的遭遇看北宋中叶武将的境况》亦是置狄青于文人政治生存空间看北宋武将的处境，论述颇有深度；其专著《北宋武将群体与相关问题研究》对狄青评价很高，认为“在军班出身的武将之中，狄青无疑是最优秀的军事将领”。其书第六章对北宋“崇文抑武”的治国方略对文臣武将的价值取向的深远影响，论述细致而深切。如说狄青枢密使被罢免是因其在军队的威望无形中破坏了“崇文”的气象，威胁当政者。⑤罗家祥的《欧阳修与狄青之死》，王瑶佳的《以狄青为例简析北宋崇文抑武对武将精神面貌的影响》等皆是此类。二是直接从史料文本的原生态为起点探索狄青。如从宋人笔记的角度还原历史上的狄青叙述，如张劲松的《〈孙威敏征南录〉贬低狄青功绩探因——史实考辨与士大夫叙述心态解析》与

① 《汾阳县志·艺文》卷一四，光绪八年刊刻本。

② 《文史知识》，1984 年第 10 期，第 82—86 页。

③ 《求是学刊》，1993 年第 6 期，第 92—95 页。

④ 《中山大学学报》（社会科学版），2002 年第 4 期。

⑤ 陈峰：《北宋武将群体与相关问题研究》（第六章），中华书局，2004。

《宋人笔记中狄青双重形象符号探微——士大夫的目光与叙述心态》两篇文章，皆是发前人所未发。三是狄青研究逐渐走向多元化。如从碑刻角度研究，如郭乃贤的《从碑刻史料中看狄青的军事才能——以抵御西夏战争和平定侬智高叛乱为例》；从文学读者接受角度，如张春晓《从接受反差到形象神化——试论狄青形象的文学演进》；从叙述学角度分析狄青小说的，如张艳君的《清代狄青系列小说的民间叙事探析》；从祠庙角度的，如滕兰花的《神灵力量与国家意志：以清代广西境内狄青庙为视角》。

有关狄青的学位论文长期以来一直是空白，而与之形成鲜明对比的是关于岳飞那么多的重复性研究，这与狄青作为北宋一代名将的身份和影响极不相称。这不能不说是一种遗憾。一直到 2012 年才有一篇硕士论文问世，打破了僵局，即中南民族大学的靳冰《论北宋“守内虚外”“重文轻武”局势下狄青个人的荣辱变迁》，论文对狄青有一定的深入探讨，不过，研究角度尚未跳出前人的探讨范围。有关狄青的专著自白志谦后一直鲜见。1998 年北岳文艺出版社《汾州沧桑》一书收刘瑞详著《狄青传》一文。2017 年 1 月北岳文艺出版社出版了张立新与贾平合著的《狄青传》，此书为三晋百位历史文化命人传记丛书之一，描述狄青一生，材料丰富，特别是突出有关狄青的汾阳文化和传奇故事，文献材料方面远远超越了前人的狄青传记。然是书毕竟是人物传记，较注重历时性的事迹叙述，对于狄青的生活空间，自我呈现及与士大夫政治的关系的互动注重还不够，有关狄青史料和后世文学叙述的辨析考古也相对较少。该书还有一些欠缺之处，如学术规范性稍显不足，如文中没有引文注释，书后也未列参考文献。论述中的现象罗列也多于辨析论证，行文不够雅洁，口语化色彩亦较浓。如说卢守勤“这个家伙凭着领导的身份，大沾狄青等将士的荣光”等。[①] 毕竟瑕不掩瑜，此书可谓是华人世界最详细最有感情的狄青传记。

总的来说，对狄青作全面深入地研究目前在学术界依然还有待加强，本书算是这种努力过程的一种尝试。

---

① 张立新、贾平：《狄青传》，北岳文艺出版社，2017，第 53 页。

三、文化视域观照下的狄青研究

本书虽属于综合研究狄青的学术性著作，但却并不试图做一个传统叙述的方式，即面面俱到地对狄青事迹的钩沉发掘。这种思路往往更注重历时性的，偏于传记式的论述。本书是把狄青放在宋代大文化景观的视域里进行观照。因此，本书更重视共时性的探究，史料还原的叙述和考辨。对狄青较为突出的自我呈现做探微和辨析。“探微”者是对史录的一些细腻分析和考证，如狄青“逋罪入京”的原因的考证。前人白志谦《狄青》和张立新《狄青传》皆言狄青因税赋事遭诬陷而一怒之下上京投军。然查所据史料，却未免有轻下史断之嫌。再譬如关于狄青与西夏作战时“披发铜面”的自我呈现。《狄青传》一书认为真正的原因是“狄青颇有文化，崇尚神武，按照真武神的模样披头散发，用狰狞恐怖的铜面具将和善俊美的脸遮起来，让敌手望而生畏”。[①] 这种说法固然揭示了狄青以铜面示人的一个重要原因，但本书则从符号学角度进一步指出此种“诡异”的装扮乃是北宋武将共有的一种卑微心态的流露和遮掩，类似呼延赞之刺青。关于狄青不去“面涅”，自来论述者亦较多，本书从符号自我呈现和心态史学的角度进行文化审视与阐释，指出其源于狄青强烈地追求武将自我与行伍出身的认同感。本书文献材料主要还是用宋人墓志铭和神道碑铭、诸家笔记、狄青自作文辞，同时兼收正史。宋代笔记是狄青史料的最原始的文献，如李焘的《续资治通鉴长编》的很多狄青的资料皆取自笔记，如司马光的《涑水记闻》等。即使是文人传闻性质的记录，亦可见当时世风和趣味。正史多记重大的事件和履历式的叙述，对于丰富多彩的人际交往提及较少，如《宋史》范仲淹、韩琦传皆无狄青资料，但笔记却很多。因此本书的材料运用以原始笔记为第一，正史作为参照。

本书共分上下编共七章论述，后附《狄青事迹编年》和《狄青研究宋代笔记资料汇编》。上编三章，虽亦按照狄青一生行止论述，纵论是狄青的军事与政

---

① 张立新、贾平：《狄青传》，北岳文艺出版社，2017，第46页。

治生涯。然却有详有略，所谓“人所易言，我寡言之，人所难言，我易言之”。[1] 第一章论述和考证狄青家世、少年逸事。第二章论述狄青投军为卒及其后来的征战与功绩，并重点阐述他披发铜面成为北宋名将的“战神”符号，对后世宋代武将的影响，并判定其平定侬智高叛乱为他一生戎马征战的永久丰碑。第三章主要论述狄青晚年为枢密使的悲剧结局。

下编四章，主要从北宋大文化景观和视野进一步探索狄青的生活时代对其行为的心理影响。一是剖析狄青在文人政治中的尴尬处境。他作为武将，其仕途经历始终受到掌握政治大权的文臣的影响。二是探讨狄青和当时其他重要文臣的交游，以见其政治心灵的困境。三是分析狄青独特的符号自我。以“面涅”作为保持行伍出身的标记，为天下“健儿”的榜样。这也是狄青与文臣集团的一种巧妙的抗争行为。同时，在文臣主政的巨大压力下，狄青既圆融处事，即自觉接受强大的文人文化的“同化”，成为一个儒将，但又深藏着一定的卑微之感，一生畏慎周旋于文人官僚之中。但最后还是没有逃脱悲剧的命运。本编论述重点是以文人政治文化体制的视野，观照作为武将的狄青所受到主宰政局的文人集团的巨大影响；通过梳理辨别欧阳修等文臣关于狄青的重要奏章疏议，梳理和发掘文臣对待狄青的真实心态。文人在维护皇权，防范武将，确立本集团权力格局和利益的决心与努力非常一致。文官们对狄青的赏识提拔和保护，即使在嘉祐初文臣们陷害狄青都是出于这种“政治正确”的考虑。唯一的区别只是在于有些文臣是想保全狄青始终，如欧阳修等；有些是想彻底毁灭狄青，如文彦博。可以说狄青一生的征战和仕途功勋等活动都离不开文臣士大夫的提拔和重用，这是具有决定性的。没有范雍和范仲淹等的赏识与提携，狄青不可能从西夏战争中脱颖而出；狄青作为宣徽使被给予全权征讨广西叛乱的侬智高，也是与宰相庞籍的大力支持分不开的。但是“成也萧何败也萧何”，狄青晚年的沦落和悲剧同样也是文臣集团的猜忌导致。这是因为狄青当上了一直是文人把持的枢密使这样高的官位，宋代政治的高层权力设计是文人的天下，那么，排

① 姜夔：《白石道人诗说》，载何文焕编：《历代诗话》（下册），中华书局，1981，第68页。

斥和驱逐闯进这个权力圈的武人就是很自然的事了，然而狄青却没有很高的警觉和意识。

下编是叙述还原，即四、五、六、七，第四章，重点考察、还原狄青相关史料的叙述和文化价值；从微观与史料细节入手，运用叙述学的方法触摸正史和野史笔记中狄青的形象。第四章对狄青的军事谋略作一定的探讨，重在钩索宋代文献对狄青智谋及其孙子兵法的运用。第五、六两章针对关于狄青的几种重要史料从叙述学的角度进行评议，将正史、野史笔记、碑铭和狄青自己留存的诗文，连贯在一起，探索狄青的历史叙述及其价值，辨别真伪，还原狄青真貌。此在狄青研究中学术界尚属首次。如对滕元发的《孙威敏征南录》的虚妄和成因的解析，可看出北宋士大夫变态扭曲的功业心理。宋代文人笔记中的狄青形象，渗透了士大夫独有的文化心态等，这个“狄青”形象包涵了许多文人的价值判断。第七章是对清代具有代表性的狄青小说的历史和文学虚构的关系做适当的辨析。

上编　行止实录

第一章　狄青之少年时代

第一节　将星诞西河

北宋第三代皇帝宋真宗大中祥符元年戊申（1008 年），北宋一代名将狄青诞生于大宋河东路汾州西河县的狄家社一平凡农家。西河县即今山西汾阳。《汾阳县志》云："为西河县，起于唐上元初。"[①]县东有汾水河，与平遥分界。西河在狄青时属于汾州，其下辖西河、孝义、介休、灵石。大官僚文彦博是介休人，所以和狄青算是同乡。

按现存宋代诸文献均无狄青生年的具体记载。唯余靖《宋故狄令公墓铭》和王珪《狄武襄公神道碑铭》均言其"享年五十"。狄青任枢密使四年，遭罢免在仁宗嘉佑元年八月，次年二月即卒于陈州任上。故以此往上推算其生年，当为大中祥符元年。其生日是农历七月十三。[②]关于狄青的家世情况，与其共事的文臣余靖写的墓铭云：

> 公讳青，字汉臣，赠太傅讳应之曾孙，赠太师讳真之孙，赠中书令讳普之少子。汾州西河人，元祖唐纳言梁文惠公仁杰，本家太原，危言直节，

---

① 《汾阳县志》卷一，光绪八年刊刻本。

② 其生日见狄氏家谱系碑。此碑为狄青七世孙狄晖立。张立新、贾平：《狄青传》，北岳文艺出版社，2017，第 10 页。

再复唐嗣。子孙或徙汾晋，世为著姓。[①]

另一位文人王珪《狄武襄公神道碑铭》云：

狄始周成王封少子于狄城，因以为氏。其后代居天水，至梁文惠公，乃大显于有唐，其子孙或徙汾阳间。公实西河人。赠太傅曰应之，于公为曾王父。是生真，赠太师。太师生普，赠中书令。其配曰兖国太夫人侯氏。公其次子也。[②]

综合两家之言，狄青的曾祖父是狄应之，祖父是狄真，父名狄普，母亲是“兖国太夫人”侯氏。狄青乃家中次子。其胞兄为狄素，即幼时曾“打死”铁罗汉者。还有一从兄狄靖。按余靖和王珪碑铭之言，狄青确为唐狄梁公（仁杰）之后，祖籍天水，后徙居汾州。按《山西通志》记载，宋代公认的狄仁杰之后乃为狄棐，字辅之，阳曲人。唐相仁杰十四代孙。[③]宋人文献也多有记载。甚至狄仁杰后人亲持其诰身“诣青献之”。[④]综合宋代文献，狄青为梁公之后既是当时人的一种美好愿望，也是事实。毕竟狄仁杰后裔自持画像和十余诰身，献给狄青，把他当作狄仁杰之后人，原因大概有二端。一是有攀附的心态，唐代自狄仁杰之后，狄姓有名者不多，狄青是最杰出的；二是狄仁杰的支族确实包含了狄青一族。而且从邵伯温所记语气来看，狄青“田家”自语看似有点自谦的成分。但他确实也并没有完全否定自己就是梁公后人的可能性。更重要的是，狄青作为一代名将，后世文人更愿意其为唐相狄仁杰之后，这是披在低微出身的狄青这个武将身上显赫家世的金缕玉衣。古代无论文臣还是武将都有这种自

① 《宋故狄令公墓铭》，曾枣庄、刘琳主编：《全宋文》（第二十七册）卷五七三，安徽教育出版社、上海辞书出版社，2006，第116页。

② 同上，第200页。

③ 《山西通志》卷一六〇，文渊阁《四库全书》本，台湾商务印书馆，1986。

④ 沈括撰，胡道静校注：《新校正梦溪笔谈》卷九，中华书局，1957，第109页。

显门楣的习惯。如清代文人钱泳就认为狄青为狄仁杰后裔，并非不可能，可备一说。

> 宋狄青不认梁公为同族，世争重其言，吴毅父驳之，谓其武臣少读书，昧于谱牒，而疏于原本。若梁公之在唐，望云思亲，何其孝也；反周为唐，何其忠也。既忠且孝，青恐不能克肖前人耳，何云一时遭际，安敢自附前人邪！况狄之先，由周成王封少子于狄，因以为氏。青与梁公实系一派，惟世远人亡，徙迁靡定，谱牒莫稽，举原一本者而途人视之，又何怪焉。至今人家无谱牒可考者，辄以狄青之言为证，亦不足以为典据也。[①]

钱氏所引吴毅父的话，确实有一定的道理。“武臣少读书，昧于牒谱，疏于原本”，这是狄青不敢自认为梁公之后的文化原因。特别是唐中期安史之乱后，太原梁公家谱纷乱，亲族分离。狄青虽通文墨，然毕竟不是科举出身，读书终是有限。“既忠且孝，青恐不能克肖前人耳”，大概是狄青否认为梁公后裔的内在的特殊心态。因为一旦发迹，而且在文臣执政的朝廷，武臣立即攀亲前代之梁公，有可能为士大夫所轻视。同时，狄青行伍出身，内心难免深藏一定的自卑意识，故亦不愿自认梁公之后。吴毅父所言之“青与梁公实系一派，世远人亡，徙迁靡定，谱牒莫稽”，符合唐以来狄仁杰后裔的流散情况。狄姓在古代确非大姓，狄仁杰之后在太原，狄青在西河，同在山西，同宗可能性是极大的。这正如王珪所说的“狄始周成王封少子于狄城，因以为氏。其后代居天水至梁文惠公，乃大显于有唐，其子孙或徙汾晋间”。[②] 狄青祖籍甘肃天水还有一个证明，就是庆历三年，他被朝廷加秦州刺史之衔，秦州即天水古称。他后来还被封为天水郡开国公，可见与唐狄仁杰确实同出一脉。且狄青出生时，其村即名

---

① 钱泳：《履园丛话》，中华书局，1979，第 81 页。

② 《狄武襄公青神道碑铭》，曾枣庄、刘琳主编：《全宋文》（第五十三册）卷一一五四，安徽教育出版社、上海辞书出版社，2006，第 200 页。

狄家社，可知是狄姓人聚族而居，其历史亦久矣，与甘肃天水狄姓同源。①

就现有史料而言，狄青确实出生于一个普通农家。谢景初的《汾州别立摩崖碑文》说："武襄公实西河人，繇布衣自奋。"②与狄青子狄谘相交的苏轼也说他"本农家子"。狄青的曾祖父母、祖父母和父母亲等的封勋爵位头衔均是其后来显贵后朝廷所赠予，唯其母侯氏在世已封诰命夫人，侯氏兖国夫人在狄青出征侬智高时候尚在世。关于狄青的籍贯，清代的《山西通志》却有另一说："狄武襄或云陕西清涧人或云汾州西河人。彼此抵牾互异。"③不过，这则说法是孤证，其他现存宋人所有文献均以狄青为"汾州西河人"，当以此为准，应无所疑。

第二节　少年风骨奇

狄青的青少年时代基本生活在真宗一朝，其生活方式主要是耕读。其时真宗和王钦若君臣正大搞天书祥瑞，修玉清昭应宫，封禅泰山等活动，筑"太平盛世"的景观。关于狄青在此期间的事迹，宋人文献所记甚少。不过，一般认为他从幼时就表现非凡。志向远大，少年习武，任侠乡里却是有真实根据的。关于狄青风范的异常，王珪《狄武襄公神道碑铭》云："（狄青）生而风骨奇伟，善骑射，少好将帅之节，里闾侠少多从之。"④余靖亦言其"谨重信厚，风骨异

① 张立新、贾平：《狄青传》，北岳文艺出版社，2017，第5页。

② 《汾阳县志·古迹》卷九，光绪八年刊刻本。

③ 《山西通志》卷一七九，文渊阁《四库全书》本，台湾商务印书馆，1986。

④ 《狄武襄公青神道碑铭》，曾枣庄、刘琳主编：《全宋文》（第五十三册）卷一一五四，安徽教育出版社、上海辞书出版社，2006，第201页。

常，少以骑射为乐，期于功名自立”。[①] 两位最了解狄青的文臣的叙述话语皆有“风骨奇伟”和“风骨异常”之语，可见狄青相貌的不一般。后来范仲淹见狄青也感其“后必为名将”。[②] 如果说“风骨”者尚有对尊者的溢美之嫌，那么“善骑射”，“期以功名自立”等就基本上是纪实了。后来狄青东京入伍，闻状元唱名，所言之话亦可证其志向确实远大。按宋代一般墓志铭和神道碑对墓主多有美词风尚，狄青实乃一般农家子，景况可能非有如此之潇洒，但善骑射却并未有丝毫夸张。

首先，山西自古就是武将的摇篮。春秋时候的晋国就长期称霸中原，南方楚国因晋的强大，一直不能向北扩展。如唐代的著名大将郭子仪，因中兴唐室有功，封汾阳郡王，其祖籍就是太原。本朝比狄青年龄稍小的同时代的著名武将郭逵，也是汾州人氏。山西民风自古强悍，尚武风气浓厚，如狄青兄长狄素就常与乡人斗殴。后世传诵的“杨家将”亦出自太原。宋太祖伐北汉，就一直难以攻克。宋人笔记对山西人之勇悍多有描述。

> 汾晋之俗悍而悖。当五代、国初时，号难攻取。昔太祖皇帝亲征，道过紫严寺，乃焚香自誓，不杀一人。晋人闻之，于是坚拒不降。太祖亦不敢戮一人。久之，以盛夏诸军多泄疾，遂班师。[③]

南宋赵彦卫在其笔记中言：“‘山东出相，山西出将’，古亦有此语。”[④] 宋代正史亦云“晋人士性悍勇，俗尚武事”。[⑤] 盖晋地民俗武风盛行，唐宋以来已为人所公认。甚至狄青的同乡前辈文人王嗣宗，太祖时殿试获得状元，但据宋人

---

① 《宋故狄令公墓铭》，曾枣庄、刘琳主编：《全宋文》（第二十七册）卷五七三，安徽教育出版社、上海辞书出版社，2006，第 116 页。

② 叶梦得：《石林燕语》卷九，中华书局，1984，第 130 页。

③ 蔡絛：《铁围山丛谈》卷二，中华书局，1983，第 30 页。

④ 赵彦卫：《云麓漫抄》卷一〇，中华书局，1996，第 178 页。

⑤ 李焘：《续资治通鉴长编》（第十四册）卷三四一，中华书局，1992，第 8210 页。

笔记则说是靠与他人搏斗所得，故有“手缚状元”之称，可见西河人的强悍尚武非一般可比。狄青生于农家，然习武应为当地民俗。其次，后来西夏叛乱，狄青在西北的英勇表现和显赫军功也可间接证明其习武善射乃其自小的刻苦锻炼。狄青少年时代任侠的逸事应该是很多的，惜多已失传。唯一的一件事就是其十六岁时救铁罗汉事件，应该也是在狄青成名后，为北宋文人所追记。此事最早为王偁《东都事略》所记。

> 青年十六时，其兄素与里人号铁罗汉者斗于水滨，至溺杀之。保伍方缚素，青适饷田见之，曰：“杀罗汉者，我也。”人皆释素而缚青。青曰：“我不逃死，然待我救罗汉，庶几复活。若决死者，缚我未晚也。”众从之。青默祝曰：“我若贵，罗汉当苏。”乃举其尸，出水数斗而活，人咸异之。[①]

这是唯一存世的关于狄青少年时代的一件著名的逸事，极富传奇色彩。其事真真假假。当是后来狄青名动华夏，喜欢收录趣闻做笔记的文人，于狄青家乡所收集的一个故事。也许当年狄青实为救兄长，一力承担了“溺杀”的罪名。且发觉“铁罗汉”者尚有气息，遂救活之。“举其尸”很可能就是现在倒提溺水者使之吐出呛水的抢救方式。只不过，由于狄青后来显贵，加上宋代文化普遍有的命运前定的风气，遂添枝加叶为狄青“我若贵，罗汉当苏”等话语，显示出富贵前定的神秘色彩，以增狄青人生的奇异。狄青没有任何凭借的家世和恩荫，而是靠自己奋战沙场的赫赫战功，从一个营卒而至武将的仕途顶峰——枢密使，这是一个武将发迹的奇迹，故虽在文人主政的北宋，文臣亦多为钦羡。北宋文学天才苏轼后来还专门写了一篇《书狄武襄事》，所记文字内容与《东都事略》基本相同，但文末却记录了这个故事的来源。

> 武襄公者，本农家子。年十六时，其兄素，与里人失其姓名号铁罗汉

---

① 王偁：《东都事略》卷六二，《二十五别史》（第十四册），齐鲁书社，2000，第506页。

者，斗于水滨，至溺杀之。保伍方缚素，公适饷田，见之，曰："杀罗汉者，我也。"人皆释素而缚公。公曰："我不逃死。然待我救罗汉，庶几复活。若决死者，缚我未晚也。"众从之。公默祝曰："我若贵，罗汉当苏。"乃举其尸，出水数斗而活。其后人无知者。公薨，其子谘、咏护丧归葬西河，父老为言此。元佑元年十二月五日，与咏同馆北客，夜话及之。眉山苏轼记。[①]

苏文前面部分当取自《东都事略》，末所记则是其新的发现和记录。"父老为言此"当是此逸事的来源，狄青子狄咏与苏轼"同馆北客，夜话及之"，说明苏轼为考证此事真伪曾向同宿的狄咏询问真相，得到证实。大概这个故事在狄青家乡流传已久，后在朝野亦广为传播，士大夫多信之。狄咏之言证明了这不是传闻而是真事。

"铁罗汉事件"反映出狄青自少就行事不凡，但此事他自已却终身未尝提起。幸赖宋人笔记野史保存下来。狄青少年时代在西河二十年，其生活事迹大多湮没无闻，综合碑铭和残文可知，他出身虽卑微，然却风骨奇伟，自少习武艺并有任侠之风。

① 苏轼：《书狄武襄事》，《苏轼文集》卷六六（第五册），中华书局，2008，第2050—2051页。

第二章　太平名将

第一节　拱圣长行

狄青大约是在天圣五年丁卯（1027 年）春三月，始投京师为兵。初为“骑马小底，后隶拱圣军，选为散值”。[①] 因有各种文献佐证，这个时间点基本上是没有疑问的。因为狄青入军籍恰好与文人王尧臣登第夺魁同时，尧臣及第时间记载颇多，南宋史学大家李焘《续资治通鉴长编》天圣五年三月乙丑条云：

> 乙丑，赐进士王尧臣等一百九十七人及第，八十三人同出身，七十一人同学究出身，二十八人试衔。丙寅，赐诸及第并出身者又六百九十八人。尧臣，虞城人也。[②]

与狄青同时代的著名文人领袖欧阳修《尚书户部侍郎参知政事赠右仆射文安王公墓志铭》亦云：“公讳尧臣，字伯庸。天圣五年，举进士第一，为将作监丞、通判湖州。”[③] 此皆可证王尧臣是天圣五年三月状元及第。很巧的是狄青投军之时，恰逢王尧臣状元登第唱名之时。一代武曲星和文曲星同日聚大宋京师，

---

① 曾巩撰、王瑞来校证：《隆平集校证》（上册）卷一一，中华书局，2012，第 326 页。

② 李焘：《续资治通鉴长编》（第四册）卷一〇五，中华书局，1992，第 2439 页。

③ 欧阳修：《欧阳修全集·居士集》（第二册）卷三三，中华书局，2001，第 482 页。

实属罕见。北宋魏泰《东轩笔录》云："天圣五年，王文公尧臣状元及第，释谒将作监丞、通判湖州。是年，狄武襄公青始投拱圣营为卒，晚年同入枢密院，武襄为使，文安副焉。"[①] 这是有关狄青投军的明确时间的最早记录。南宋吴曾《能改斋漫录》亦云："狄武襄自'拱圣长行'至节度使平章事。世多言狄之隶籍，与参政王尧臣作状元之年同，后亦为两府。"[②] 如此看来，则魏泰记载是准确的，也是为宋代文人所认同的。不过，狄青投军遇王尧臣唱名还有一段"佳话"流传。徐度的笔记所记最为详细，而且情节颇生动。

> 王文公尧臣登第之日，狄武襄始隶军籍。王公唱名自内出，传乎甚宠，观者如堵。狄青与济类数人立于道旁，或叹曰："彼为状元而吾等始为卒，穷达之不同如此。"狄曰："不然，顾才能如何耳。"闻者笑之。后狄为枢密使，王公为副。适同时焉。[③]

徐度是南宋时人，是书作于绍兴年间。他与吴曾大概是同时人。这则故事或许取自北宋以来的关于狄青的传闻趣事。其意在突出狄青作为非常之人的一个重要侧面。状元登第是宋代文人政治的崇高象征和权力符号，而军卒则是当时最为卑贱的职业。这个故事的细节也许有虚构想象的成分，它极有可能是据坊间的流传而成，其叙述模式极像《史记·陈涉世家》叙述陈胜微时与伙伴的对话。

> 陈涉少时，尝与人佣耕，辍耕之垄上，怅恨久之，曰："苟富贵，无相忘。"佣者笑而应曰："若为佣耕，何富贵也？"陈涉太息曰："嗟乎！燕雀

---

① 魏泰：《东轩笔录》卷一〇，中华书局，1983，第 111 页。

② 吴曾：《能改斋漫录》（下册）卷一二，上海古籍出版社，1979，第 349 页。

③ 徐度：《却扫编》，朱易安等：《全宋笔记》（第三编第 10 册），大象出版社，2008，第 159 页。

安知鸿鹄之志哉!”[①]

兵卒们的感叹颇像那些农夫，而刚入营为卒狄青则胸怀大志，心有梦想，“不然，顾才能何如耳”正与陈胜的“燕雀安知鸿鹄之志哉!”同类。如此之志，实在罕见。拿破仑说过“不想当将军的士兵不是好士兵”，这句话用在狄青身上，再合适不过了。只因狄青早有将军之志，才能成为北宋一代名将。《却扫编》所记应该是在士大夫魏泰的笔记基础上添枝加叶的。因为魏氏所言之“晚年同入枢密院，武襄为使，文安副焉”这样一种罕见的文臣武将仕途升迁状况，故为世人所瞩目。抑或坊间老百姓传为佳话趣谈，又或文人好事者的听闻等，皆是崇敬狄青者所传播。其事是否真实已然不可考证，但却很契合青年狄青志向不凡的独特性情，也反证狄青入伍确实是与尧臣登第同时。无论怎样，综上所举文献史料而言，此数种文献皆可证狄青入京师军籍恰与王尧臣同时。是年狄青刚好二十岁。更巧的是，后来曾为狄青上司的韩琦也在此年以廷试第二榜眼及第。这次及第的著名文臣还有文彦博、包拯，可以说影响狄青一生的几个重要政治人物都在京师出现了。文彦博后来陷害狄青最厉害，而包拯出现在狄青小说中次数最多。

宋代文人的笔记描述了狄青年轻时远大的志向，其抱负很早就与人不同。然而狄青投军的原因，一直不甚明了。现存宋人文献唯有张舜民言其因“逋罪”入伍。“狄武襄，西河书佐也。逋罪入京，窜名赤籍，以三班差使殿侍，出为清涧城指挥使”。[②]后来的《陕西通志》亦承此说：“狄武襄，西河书佐也。逋罪入京，窜名赤籍，以三班差使，殿试出为清涧城指挥使。”[③]而王珪的《狄武襄公神道碑铭》却云狄青“初游京师，遂补拱圣籍中”。[④]并没有提到狄青入京的原因，

① 《史记》（第六册）卷四八，中华书局，1959，第1949页。

② 上海师范大学古籍整理研究所编：《全宋笔记·画漫录》（第二编第一册），大象出版社，2006，第206页。

③ 《陕西通志》卷九九，文渊阁《四库全书》。

④ 曾枣庄、刘琳主编：《全宋文》（第五十三册）卷一一五四，安徽教育出版社、上海辞书出版社，2006，第201页。

但“游京师”云云很可能是因碑文为尊者讳之意。“逋罪”意为逃亡的罪人。可见，狄青确因“逋罪”入京，但到底所犯何事？宋人文献诸书皆未明言。民国白志谦对张舜民所记之“逋罪”的原因的阐释是“不久因为县里征收赋税和村内发生纠葛，他因为被诬受了很大的委曲，于是就发愤去到京师，起初应募在‘拱圣营’充当了一名小兵”。[①]然而白氏此说是从南宋人编撰的类书《锦绣万花谷》而来：

狄青字汉臣，汾州人，世本农家，隶县为乡书手。移易税赋，事发，遂逃走京师，投拱圣营为兵。[②]

细读此节文字，乃是狄青“移易税赋”，“事发”而“逃走京师。”非被诬陷。“移易”一词在古汉语有两意。一是“移动改变”，如韩愈《送董邵南序》云：“然吾尝闻风俗与化移易。”二是“转换”和“调换”，如说“借贷移易”。而以前者用得较多。据此再细体味这段话，其意乃言当“乡书手”的狄青改动了官府税赋的数量或征税的一些科目。事发后，逃往京师。“逃走”说明狄青是擅自改动税赋而畏罪潜逃。白志谦之言回避了狄青改动税赋之事，而进行了添枝加叶的想象，如云狄青与乡里发生纠葛被诬陷。张立新、贾平合著的《狄青传》亦引了《锦绣万花谷》，但文字却与文渊阁《四库全书》本有异，言其“以税赋事受诬，发愤走京师”。“受诬”云云文字不知所据何本？[③]如此则断言狄青“可能是因为催粮纳税之事受诬陷，一气之下离开故乡西河县”。此说与白志谦所言相似。可是四库本《锦绣万花谷》只有“移易税赋”一句，未说狄青受诬。这段话的史料来源当然是个问题，《锦绣万花谷》此条后注“并分纪”，却不知究竟是何书。不过，无论所引何书，这是宋代文献讲述狄青“逋罪入京”原因的唯一证据。

---

① 白志谦：《狄青》，商务印书馆，1939，第 9 页。

② 《锦绣万花谷》（前集）卷一五，上海古籍出版社，1991，第 187 页。

③ 张立新、贾平：《狄青传》，北岳文艺出版社，2017，第 13 页。

张立新、贾平的《狄青传》对狄青走京师当兵的原因，叙述了六个故事，但多数是民间传闻和小说，真正有历史价值的还是张舜民《画漫录》“逋罪”记载和《锦绣万花谷》转引的文字。因为按照历史叙述的原则，越是文字短小的记录，越有历史的价值，文学叙述和想象的编织就越少。况且张氏所书之“书佐”“逋罪”等关键词皆为南宋人撰的《锦绣万花谷》所证实。《狄青传》又猜测狄青救铁罗汉事即是后世传说之“拦街虎”，为其投军原因。不过此说很易辨明。宋代笔所记狄青逸事不可谓少，然其早年经历却不多。苏轼所记录“铁罗汉”事，既见于《东都事略》，又得狄咏的亲口证实，其真实性是毋庸置疑的，但却不能说明是其投军原因。[①]首先“铁罗汉”事件，狄青既救活了人，则其不可能逃亡已可知；其次此时狄青仅十六岁，离上东京还有四年。若此时上京，则绝不可能遇到王尧臣恰好中举为状元。且宋人笔记也从未言其因此而入京师。综上所言，张舜民笔记和《锦绣万花谷》所载是最接近历史真实面目的，况且当时犯罪者入“赤籍”本就是一种风尚。

还有一点很重要，根据张舜民的说法，狄青投军前曾为“书佐”应无疑，“书佐”是宋代乡村低级的文书小吏。此可证狄青很早就既娴武艺又能够书写，这在北宋武将中确实不多。这也为他日后形成的尚武行为和雅风气质，得到范仲淹赏识，习《左传》等书打下了坚实的基础。入伍为卒应该不是狄青的本意，狄青是读过书的人，甚知军人地位的低下，不到万不得已，是不会入籍的。因为税赋事投军实属无奈之举。因为宋代凡入军籍者，皆要脸上刺字，这是一种类似罪人的符号。

不过，狄青投军后虽然要脸上刺字，但也有机会让狄青这样一个擅长武艺的农家子有出头的机会。果然狄青入军后，因善骑射，遂得入皇家御林军“拱圣营”。它升迁颇快，据《宋史》本传，狄青在军“初隶骑御马直，选为散

① 张立新、贾平：《狄青传》，北岳文艺出版社，2017，第15页。作者认为铁罗汉者就是传说的“拦街虎”，但只是民间传闻。

直”。[①]《山西通志》(卷一一四)与《汾阳县志》(卷六)所载亦同。“散直”在宋代是军队徽宗的“侍从之官”。在元昊叛乱之前，狄青在军中服役已有十年，官职一直很低。所谓“十年磨一剑”“时势造英雄”，用在狄青身上，非常合适。若没有后来西夏的叛乱，狄青也许终其一生最多只能升到一个中级的军官，但由于西夏元昊的野心和对大宋的侵略，造成了西北边境的灾难，这让狄青找到用武之地，打开了他仕途晋升之路，最终成为北宋一代名将。

第二节 西折元昊

宋仁宗宝元元年(1038年)冬十月，一直盘踞西北宁、夏二州的党项元昊正式称帝，国号大夏，改大庆二年为天授礼法延祚元年。欲与宋、辽分庭抗礼。元昊叛乱，宋廷震动，遂绝边市互易，“诏陕西、河东缘边旧与元昊界互市处，皆禁绝之。”[②]为打击元昊，朝廷“又诏诸路部署、巡检司体量缘边镇寨都监、监押使臣材勇习知边事，及老疾不任职者以名闻。”[③]次年，即下诏削元昊官爵，擒杀元昊者为定难节度使。狄青的提拔也许就在此期间。按余靖《宋故狄令公墓铭》云：“元昊世以西河称蕃……一旦上还印节，僭盗名字，朝廷始增兵择将，以为戎备，时宝元元年也。公初以散直为延州指使。”[④]“指使”在宋代虽是将领或州县官属下供差遣的低级军官，但延州却是抗击西夏的最前线。狄青一生的戎马生涯和征战历程由此拉开序幕。

---

① 脱脱等：《宋史》(第二十八册)卷二九〇，中华书局，1985，第9718页。

② 李焘：《续资治通鉴长编》(第五册)卷一二二，中华书局，1992，第2888页。

③ 同上。

④ 曾枣庄、刘琳主编：《全宋文》(第二十七册)卷五七三，安徽教育出版社、上海辞书出版社，2006，第116页。

自元昊建国后，宋、夏之间发生了好几次重大的战役，但都以大宋王朝的军队惨败结束。失败的主要原因首先就是宋朝文人政体下的“重文轻武”的政治格局和文化气息。宋自太祖以来历经四朝，已有八十年的“治平”时期。朝臣多因循守旧，庸堕无能。特别是“澶渊之盟”后，真宗君臣大搞天书造神运动，安于享乐。如张方平所言：“国家自景德以来，既与契丹盟，天下忘备，将不知兵，士不知战。”[①] 对于西夏，宋廷亦多轻视。元昊建国叛乱后，朝中养尊处优的文臣们都很轻视他。“初，元昊反书闻，朝廷即议出兵，群臣争言小丑可即诛灭”。独谏官吴育上书建言“顺抚而收之。”被张士逊嘲讽为“心风”。[②] 吴育之意在“阴劝边臣密修战备，使年岁闲战守之计立，则元昊虽欲妄作，不能为深害矣。”[③] 由于文臣掌权，武将和军卒都没有荣誉和地位，脸上刺字，形同仆隶。文臣当帅，多不知兵，又寡谋少断。鉴于五代军阀专权，宋代防卫态势又是强干弱枝的策略。太祖建隆初年，就收天下之精兵入京师。[④] 太宗时“朝廷自克平诸国，财力雄富，然聚兵京师，外州无留财，天下支用悉出于三司，故费浸多”。[⑤] 到真宗朝用大量钱绢与契丹买到和平后，兵备益废，“厢禁之兵，仅存民籍”。[⑥] 当时“西边驰备已久，人不知兵”。如叶清臣所论极透。

> 当今将不素蓄，兵不素练，财无久积，小有边警，外无重兵。举西北二陲观之，若濩落大瓠，外示雄壮，而中间空洞，了无一物……屯戍无术，资粮不充，穷年畜兵，了不足用。连监牧马，未几已虚。使蚩蚩之氓，无

---

① 李焘：《续资治通鉴长编》（第六册）卷一三一，中华书局，1992，第 3112 页。

② 李焘：《续资治通鉴长编》（第五册）卷一二三，中华书局，1992，第 2899 页。

③ 苏辙：《龙川略志·龙川别志》之《龙川别志》卷下，中华书局，1982，第 86 页。

④ 李焘：《续资治通鉴长编》（第一册）卷六，中华书局，1992，第 157 页。乾德三年八月戊戌朔条云：“令天下长吏择本道兵骁勇者，籍其名送都下，以补禁旅之阙。又选强壮卒，定为兵样，分送诸道。其后又以木梃为高下之等，给散诸州军，委长吏、都监等召募教习，俟其精练，即送都下。”

⑤ 李焘：《续资治通鉴长编》（第二册）卷三四，中华书局，1992，第 746 页。

⑥ 王夫之：《宋论》卷四，中华书局，1964，第 105 页。

所倚而安者。[①]

夏竦也认为元昊已势大难制。

> 然拓拔之境，自灵武陷没，银、绥割弃以来，假朝廷威灵，聚中原禄赐，略有河外，服属小蕃，德明、元昊久相继袭，货易华戎，掊剥财利，拓地千余里，积货数十年，较之继迁，势已相万。其于朝廷，待以羁縻，置而不问。刍豢过饱，猖獗遽彰，议者莫不欲大行诛讨。[②]

但当时宋廷还未意识到自己本身官僚机构的臃肿和军事的虚弱。而元昊本雄才大略，且“少好兵，父德明时，将兵破甘、凉，其可汗自焚，乃俘其妻孥以归”。[③]故“元昊入寇，所至如入无人之境。”[④]从宝元二年（1040年）至庆历二年（1042年）宋夏先后爆发三川口、好水川和定川寨等三次大战，结果宋朝都是一次又一次的惨败。范雍、范仲淹、韩琦等名臣巨公也都先后败于元昊。宋朝之溃，盖有二因：一是宋廷虽东自麟府，西极秦陇，开五路帅府，储众兵守之，而元昊每次入侵，皆集中兵力一路直取，宋朝军队“诸路兵势远隔，不能救援，故败者数焉”。[⑤]二则真宗以来太平日久，文柔习俗熏染，将卒皆不能战，始以轻敌，失败后又畏敌如虎。虽然在与西夏的整个战争中，宋朝军队没有获得过任何一次大的胜利，但在局部战线，还是有一些胜仗，特别是狄青的崛起。西夏元昊的叛乱可谓狄青戎马生涯和仕途最重要的转折点。他因作战英勇果决，声名鹊起，朝廷瞩目。可以说，尽管这场战争打破了宋朝的盛世安宁，但却成就了狄青的功勋，使狄青以此崛起西北成为北宋引人瞩目的一员大将。

---

① 李焘：《续资治通鉴长编》（第五册）卷一二五，中华书局，1992，第2956页。

② 李焘：《续资治通鉴长编》（第五册）卷一二三，中华书局，1992，第2911页。

③ 田况：《儒林公议》卷上，中华书局，2017，第13页。

④ 苏辙：《龙川略志·龙川别志》之《龙川别志》卷下，中华书局，1982，第86页。

⑤ 田况：《儒林公议》卷上，中华书局，2017，第15页。

宝元元年（1038 年）冬十一月，元昊侵犯边界，狄青时在鄜延钤辖卢守勤下，为巡检司指挥。帅军击走敌军。狄青以功最多，受赏特厚。[①]宝元二年（1039 年）是狄青初露锋芒的一年。是年十二月，西夏侵犯保安军，也被狄青击败。此役意义重大，它使得宋军得以保住了延州。[②]狄青此战最为突出，因作战英勇，屡立功边关，被超四级提升。据司马光笔记《涑水记闻》云：

> 宝元二年十二月乙丑，鄜延环庆路都部署司奏：夏虏寇掠保安军及延州，驻泊钤辖、六宅使卢守勤等将兵击却之，各以功大小受赏有差。散直狄青功最多，超四资，除殿直。[③]

翌年即康定元年（1040 年）九月，镇守延州的著名文臣范仲淹派狄青攻破芦子平。据李焘《续资治通鉴长编》载："是年九月庚申，范仲淹遣殿直狄青与侍禁黄世宁，攻西界芦子平，破之。"[④]是年冬十一月丁卯，因其表现突出，狄青又再升官职，以鄜延路部署司指挥、右班殿直为右侍禁、阁门祗候、荆州都监，算是进入中层军官的行列了。大概在这个时候，尹洙将狄青推荐给范仲淹和韩琦等，狄青声名鹊起。庆历元年狄青受知延州兼经略安抚招讨使庞籍的节制，属延州西路保安军，训练军卒，防备夏人。是年九月，庞籍遣狄青领万人筑招安砦于桥子谷旁，此为元昊军队的出入必经之路。此年即庆历二年（1042 年）冬十月乙酉，狄青以战功显著升为泾原部署兼本路经略安抚副使，领秦州刺史。这一年由于仁宗的青睐欲召见，狄青遂名扬天下。南宋叶梦得

---

① 李焘：《续资治通鉴长编》（第五册）卷一二五，中华书局，1992，第 2945 页。载："是月，西贼寇保安军，鄜延钤辖卢守勤等击走之。"

② 保安军一战仍以狄青的胜利而告终，否则，攻打保安军的西夏军队就会与元昊东线部队会使，形成绝对的兵力优势，彻底摧毁延州，乘势挥师南下，取关中，出潼关，东向中原，探攫宋室。（见张立新、贾平：《狄青传》，北岳文艺出版社，2017，第 52 页）

③ 司马光：《涑水记闻》卷一〇，中华书局，1989，第 197 页。李焘：《续资治通鉴长编》亦云："青功最多，故超四资授官。青，西河人也。"（第五册卷一二五，中华书局，1992，第 2945 页）

④ 李焘：《续资治通鉴长编》（第五册）卷一二八，中华书局，1992，第 3039 页。

《石林燕语》云：

> 狄武襄状貌其伟……连立战功，骤至泾原经略招讨副使。仁宗闻其名，欲召见，会寇入平凉，诏图形以进，于是天下始耸然畏慕之。[①]

叶氏所记“天下始耸然畏慕之”，应是当日实录。狄青威武之名由此播朝野上下。文臣畏妒，将卒羡慕。仁宗欲召见狄青，其实并未见到本人，因夏寇边急甚。《续资治通鉴长编》说：

> 先是，上以西边诸将数有战功，特召见之。环庆都监、宫苑副使范全入奏近刺知天都左右厢点兵，然未知寇出何路。……狄青时亦被召，会贼寇渭州急，乃命图形以进。[②]

李焘的资料大概是采用了叶梦得的记录。[③]但《宋史·安俊传》却说“契丹欲渝盟，与狄青、范恪同召至京师，将使备北边”。但《宋史·仁宗本纪》未有记录，且《宋史》狄青本传所记与李焘同。“仁宗以青数有战功，欲召见问以方略，会贼寇渭州，命图形以进”。[④]《宋史》修于元代，杂陈错漏本较多，但李焘是南宋人，其记载更为接近历史原貌。查现存宋人文诸家笔记也从未有狄青防备契丹的记录。仁宗欲见狄青等武将，乃北宋立国八十余年罕见。元昊初叛时，武将一般是不被皇帝召见的。如富弼所言“伏闻西鄙用兵已来，不住差移武臣往彼，每有过阙下而求见者，多不许见。”[⑤]可见狄青的勇毅使得文人皇帝仁宗都改变了对

---

① 叶梦得：《石林燕语》卷九，中华书局，1984，第 130 页。

② 李焘：《续资治通鉴长编》（第六册）卷一三八，中华书局，1992，第 3311 页。

③ 范镇：《东斋记事·春明退朝录》之《东斋记事》（卷三），中华书局，1980，第 28 页。亦记：“上未识其面，欲召见之，会贼寇边甚急，止令图其形以进，其后为枢密使。”

④ 脱脱等：《宋史》（第二十八册）卷二九〇，中华书局，1985，第 9718 页。

⑤ 李焘：《续资治通鉴长编》（第五部）卷一二四，中华书局，1992，第 2933 页。

边关武将的轻视态度。

狄青作战英勇，而且常以一种“披发铜面”的独特形象出现，奔驰于延州及陕西前线，俨如一尊战神。宋人笔记于此多有记载，邵伯温云：“狄武襄公青初以散直为延州指挥使，时西夏用兵，武襄以智勇收奇功。尝披发带铜铸人面，突围陷阵，往来如神，虏慑服，无敢当者。”[①]《黄氏日抄》言：“带铜面具，大小二十五战，胜元昊。”[②]范镇云：“狄武襄公青初为延州指挥使，与西贼大小二十五战，每战带铜面具，被发出入行阵间。”[③]王闢之云：“狄武襄公青，以散直为延州指使，是时西边用兵，公以才勇知略，频立战功。常被发、面铜具，驰突贼围，敌人畏慑，无敢当者。”[④]余靖《宋故狄令公墓铭》亦赞云：“其为偏裨时，每披发面铜，其从骑兵驰突贼阵，羌人识之，见则辟易，无敢当者。”[⑤]狄青临阵的这种特殊扮相在宋代是独一无二的。探其原因，可略窥当时武将文化和武人心态的微妙之处。首先是深受古代战将常以“假面”冲杀敌阵的影响，特别是六朝兰陵王木刻面具的启发。中国古代武将戴面具最早的记载是东晋的朱伺。《晋书·朱伺传》云：“夏口之战，伺用铁面自卫。”南北朝仿效此法者还有晋州刺史韦孝宽、北齐兰陵王高长恭、北周武帝宇文邕等。其中兰陵王是最有名的。“面具是一种泛人类的、古老的文化现象，是一种具有特殊表意性质的象征符号”。[⑥]面具本就起源于古代的部落战争，它的一个重要的功能就是“利用面具改变自己平凡的容貌，使之变得威猛凶恶，狞厉可怖，以便从精神上震慑

---

① 邵伯温：《邵氏闻见录》卷八，中华书局，1983，第83页。

② 黄震：《黄氏日抄》卷五〇，上海师范大学古籍整理研究所编：《全宋笔记》（第十编第10册），大象出版社，2018，第16页。

③ 范镇：《东斋记事》卷三，朱易安，等编：《全宋笔记》（第一编第6册），大象出版社，2003，第216页。

④ 王闢之：《渑水燕谈录·归田录》之《渑水燕谈录》卷二，中华书局，1981，第16页。

⑤ 曾枣庄、刘琳主编：《全宋文》（第二十七册）卷五七三，安徽教育出版社、上海辞书出版社，2006，第118页。

⑥ 顾朴光：《中国面具史》，贵州民族出版社，1996，第1页。

和压倒敌人，取得战争的胜利。”[①] 关于狄青的相貌，宋人文献多有“奇伟”的笼统文辞，[②] 惟《汾阳县志》有曹梦龄者所作《宋狄武襄公墓碑》诗云：“将军起戎行，威名何赫然。间代钟伟人，梁公实后先。元祖绝攀附。黥面无须镌。折节读《春秋》，文武一身全。”[③] 由此可见，狄青的面貌较清秀，特别是无须或是少须。今存狄青画像亦少须。“黥面”指脸上的刺字即“面涅”。狄青应该是虑己之面秀不足以威慑敌人，故以面具形象出现与阵地上。[④] 北齐的兰陵王以假面作战也因貌美。《北齐书》《北史》皆云其“貌柔心壮，音容兼美”。而《隋唐嘉话》和《通典》等文献也都说兰陵王肤白面秀，类若美女，貌不威武，故打仗时以面具出阵。[⑤] 此与狄青临阵假面极相似，只是兰陵王所戴为木制面具，狄青则是铜面具。其次“披发铜面”也反映了狄青一种特殊心理，即有意识地突出自我的一种符号呈现方式。戴上面具同时遮挡住了脸上的“面涅”，北宋武将地位甚低贱，心态卑微，故装扮上多有奇异怪诞的行为，借以引起处于权力中枢的文臣士大夫的注视。如北宋著名的“呼家将”的主将呼延赞就是如此。宋人笔记载其诡异之装束与刺青。

> 呼延赞以武勇为卫士直长，自言受国恩深，誓不与契丹同生，遍刺其体，作赤心杀契丹字，涅以黑文，反其唇内，亦刺之。鞍鞯兵仗，戎具什器，皆作其字，或刺绣雕刻朱重为之。招善黥之卒，横剑于膝，呼其妻，

---

① 顾朴光：《中国面具史》，贵州民族出版社，1996，第 32 页。

② 如叶梦得云：狄武襄状貌奇伟，初隶拱圣籍中，为延州指挥使。见《石林燕语》卷九，中华书局，1984。

③ 《汾阳县志·艺文》卷一四，光绪八年刊刻本。

④ 狄青貌秀，还有一遗传的重要证据——张邦基撰、孔凡礼点校：《墨庄漫录·过庭录·可书》，中华书局，2002，第 371 页。谓狄青子狄咏“颇美丰姿”。当时哲宗欲为神宗大长公主寻婿，就说“人物要如狄咏者”。

⑤ 《隋唐嘉话》云：高齐兰陵王长恭白类美妇人，乃著假面以对敌，与周师战于金墉下，勇冠三军，齐人壮之，乃为舞以效其指麾击刺之容，曰代面舞也。杜祐《通典》亦云：“《大面》出于北齐。兰陵王长恭，才武而貌美，常著假面以对敌。尝击周师金墉城下，勇冠三军，齐人壮之，为此舞以效其指麾击刺之容，谓之《兰陵王入阵曲》。”

> 责以受重禄，无补报，当黥面为字，以表感恩之意，苟不然者，立断其首。举家皆号泣，以为妇人黥面非宜，愿刺臂，许之。诸子及仆妾亦然。……赞作破阵刀、降魔杵、铁鞭、襆头两旁有刃，皆重数十斤，乘乌骓马，绯抹额，慕尉迟鄂公之为人，自号小尉迟。[①]

呼延赞也是山西太原人，其文身的做法果然引起了皇帝宋太宗的关注，然而适得其反。太宗尝谓近臣曰："赞服器诡异，朕屡欲诛之，既而亮无他志也。"[②]呼延赞的"诡异"做法差点作茧自缚。狄青的这种特异的装扮，除了战场上对敌人的震慑，更重要的是在文臣面前显示出自己，毕竟在拱圣营已经当了十年之久的下级军士。"戴面具的戏剧实在是善于运用头脑的人的一种性格表现。"[③]

戴面具作战古代早已有之，但"披发"却是狄青较独有的造型。宋朝在狄青以前，武将少有此装束。盖"披发"则有胡风，汾晋民风之所以尚武强悍，还有个地理原因，其地近辽邦，长期受到北方胡人的影响，狄青亦不能免。[④]故后来有人写诗污狄青是"胡儿"，也是有缘由的。"披发铜面"的狄青形象深深烙印在宋代民众心中，所谓"负鼓逢盲翁，犹说铜面具"。[⑤]其影响后世巨大，

---

① 《杨文公谈苑》，载上海师范大学古籍整理研究所编：《全宋笔记》（第八编第九册）卷六，大象出版社，2017，第122—123页。曾巩《隆平集》（第二册）卷三三，中华书局校证本，2012，第739页。亦载：赞忠实有勇，遍体文以"赤心杀贼"字。妻子奴婢同爨皆然。又刺镂于鞍勒器用之上。出入有破阵刀，降魔杵，铁幞头，两角有刃，皆十余斤。乘骓马，绛抹额，自谓慕尉迟敬德。李焘：《续资治通鉴长编》（第二册）卷三三，中华书局，1992，第739页。赞，太原人，鸷悍轻率，自言受国恩，誓不与契丹同生，文其体为"赤心杀契丹"字，至于妻子、仆使、同爨皆然。鞍鞯器用什物，亦刺绣刻朱墨为之。后复与诸子别刺文曰"出门忘家为国，临阵忘死为主"。又作降魔杵、破阵刀，铁折上巾，两旁有刃，皆重数十斤；乘骓马，绛抹额。

② 曾巩撰、王瑞来校证：《隆平集校证》（下册）卷一七，中华书局，2012，第507页。

③ 路德维希·维特根斯坦：《维特根斯坦笔记》，许志强译，复旦大学出版社，2008，第21页。

④ 郑玄，刘宝楠注：《论语正义》卷一七，上海书店，《诸子集成》（第一册）1986，第314页。宪问篇孔子就有"微管仲，吾其披发左衽矣。"

⑤ 魏国正：《狄武襄公祠》，载《汾阳县志·艺文》卷一四。

效者不绝，如南宋中兴名将岳飞与金兵打仗亦是“披发”。[①]另一个大将韩世忠“所领兵皆具装，以铜为面具”。[②]狄青作战一直保持这种装扮，至为大帅征讨侬智高犹未变。宋廷南渡后周辉就亲眼在狄青后人那里看到狄青征战侬智高时所戴铜面具。[③]大概都有效仿狄青之故。

当时北宋朝野仰之如战神，呼之曰：“敌万”。对于“敌万”这个战神般的符号，孔平仲《谈苑》有较准确的解释。

> 狄青字汉臣，元昊叛，屡将兵出战，四年间，大小二十五阵，八中流矢，人呼为“狄天使”。上观其仪表，曰：“朕之关、张也。”于是有“敌万”之称，谓以一足以敌万人也。[④]

“敌万”很能表现狄青之勇将本色，堪为“勇”的符号。狄青在延州作战英勇，为夏人佩服，呼之为“狄天使”。[⑤]此一称呼后传入内地，天下遂皆称之。王闢之《渑水燕谈录》有记。

> 狄武襄公青，以散直为延州指使，是时西边用兵，公以才勇知略，频立战功。常被发、面铜具，驰突贼围，敌人畏慑，无敢当者。……已而立大功，登辅弼，书吏策，配享宗庙，为宋名将，天下称其贤。公初为延州

---

① 岳珂撰，王曾瑜校注《鄂国金佗稡编续编校注》（行实编年卷一），中华书局，1989，第71页。“靖康二年：二月，战于曹州，先臣披发，挥四刃铁简，直犯虏阵。士皆贾勇，无不以一当百，大破之，追奔数十里。转武翼郎。”

② 庄绰：《鸡肋编》卷下，中华书局，1983，第92页。

③ 周辉撰，刘永翔校注：《清波杂志校注》卷二，中华书局，1994，第65页。“向在建康，于邻人狄似处见其五世祖武襄公收侬智高时所带铜面具及所配牌，上刻真武像，世言武襄乃真武神也。”

④ 孔平仲：《孔氏谈苑》卷三，载《丁晋公谈录》（外三种）卷四，中华书局，2012，353页。

⑤ 沈括撰、胡道静校注：《新校正梦溪笔谈》（卷一三），中华书局，1957，第16页。云：时虏人谓青为“天使”。

指使，后显贵，天下独呼公为狄天使。[①]

“天使”亦有天降神将的符号意思。狄青延州的崛起，在其戎马生涯中占有重要的地位。关于狄青驻防延州期间的战绩和名声，平南同僚余靖《宋故狄令公墓铭》所言最详。

四年之间，大小二十五战，中流矢者八，斩捕首虏万余，获马牛、羊、橐驼、驴、铠甲、符印、器仗以数万计。攻贼金汤城及西南马市，至于杏林原，破其镇砦七，遂略宥州之境，屠龙咩、岁香等部落，燔其积聚数万、庐舍千余，收其族帐二千三百、生口五千七百。又城桥子谷，筑招安、丰林、新塞、大郎堡，皆扼贼之要害，而夺其气。朝恩懋赏，七迁至秦州刺史、泾原路兵马副部署……京师不呼公名而呼“敌万”，盖比之关、张也。公在泾原数岁，贼不敢犯塞。[②]

由于战功卓著，狄青升迁很快。庆历四年夏六月，朝廷以狄青知渭州，正式成为独当一面的地方官。紧接着，就在本年的秋七月，朝廷又任命为秦州刺史、权并代部署狄青为惠州团练使、捧日天武四厢都指挥使、泾原部署。[③]按李焘《续资治通鉴长编》言狄青此任实因谏官余靖等之“论列不已，故暂徙之。不三月，却归旧任”。[④]冬十月，宋夏议和成。自元昊始叛，两国交兵已历七年。狄青在西夏的战斗活动随即进入相持的筑寨堡的阶段。“边柝解严”后，狄青徙镇定府路部署，累迁至彰化军节度使、知延州，为诸镇之首。狄青在陕西边关

① 王闢之：《渑水燕谈录·归田录》之《渑水燕谈录》卷二，中华书局，1981，第16页。

② 曾枣庄、刘琳主编：《全宋文》（第二十七册）卷五七三，安徽教育出版社、上海辞书出版社，2006，第116页。

③ 李焘：《续资治通鉴长编》卷一五一，中华书局，1992，第3685页。

④ 李焘：《续资治通鉴长编》卷一五〇，中华书局，1992，第3633页。

多年，智勇兼备，“公当是任，边戎畏伏”。[①]

狄青在宋夏战争中经受了磨砺，崭露头角，名扬华夏。皇祐四年六月，狄青以彰化军节度使知延州擢枢密副使，这是朝廷对他在西夏战争以来杰出的功绩的奖赏。也是当时参加过对夏战争的武将获得的最高职位。狄青在西夏战争中虽屡有奇功，但毕竟一直未被任命为一路之帅，其功勋终究有限。不过，狄青积累了经验和资历，最终他也因突出之战绩升为枢密副使。他在西夏战场的经历奠定了后来平定广南侬智高的基础。可以说，没有西部战场的锻炼就不会有征南的丰碑。

第三节　南摧智高

宋夏议和后，封元昊为夏国主，元昊称臣，给宋朝一个体面。宋廷则岁赐银、绢、茶、綵二十五千。宋廷再次以丰厚的物质利益换到了长期的和平，这对两国都是较有利的。毕竟元昊军队虽勇猛，然经不起战争的资源耗费，而北宋虽是大国，但在文人政体下，官吏多习于安乐，惮于战争。文臣治军又多谋少断，军队战斗力始终不强。这之后，双方基本上没有大的战争，一直到神宗朝王韶取熙河。而狄青由于在西夏战场的突出战绩，仕途上节节上升。庆历五年，狄青已升至真定府定州等路副都总管。是年夏六月狄青上书朝廷，并建议朝廷在宋夏边界使民挖壕御寇，为朝廷所采纳。庆历八年夏六月，狄青除副都指挥使。此时的狄青，刚好进入了不惑之年，已经是北宋朝野公认的杰出将领了。

仁宗皇祐元年九月乙巳，广南州蛮侬智高始作乱并侵扰邕州。北宋广源州

① 余靖：《宋故狄令公墓铭》，曾枣庄、刘琳主编：《全宋文》（第二十七册）卷五七三，安徽教育出版社、上海辞书出版社，2006，第 117 页。

在邕州西南郁江之源，“地峭绝深阻，产黄金、丹砂，颇有邑居聚落。俗椎髻左衽，善战斗，轻死好乱”。[①] 北宋中期，广源虽号邕管西羁縻州，然自李氏据安南后，就长期役服于交趾。后交趾使侬智高知广源州“役属交趾，称广源州节度使。有金坑，交趾赋敛无厌，州人苦之”。[②] 后交趾恶智高“桀黠难制”，遂虏其父为质且岁输金币甚多。父死，侬智高大恨，恐终为所灭，遂叛交趾。过江，徙居安德州，遣使诣邕州求朝廷补为刺史。然宋廷是文人主政，安逸已久，皆柔弱怕事，“恐疆场生事，却而不受”。[③] 而北宋朝野上下又都轻视智高，只把他看作一个无足轻重的南蛮盗贼，所谓“彼侬智高者，岂英雄哉？打劫之尤者耳。”[④] 并再三拒绝其内附宋朝。这终导致侬智高走投无路而决心割据，叛乱遂愈演愈烈。皇祐四年四月，智高帅七千余人沿江而下，陷邕州，斩陈珙。“称仁惠皇帝，改元启历。”[⑤] 随即“东陷九城，薄广州”。[⑥]《东都事略》详载智高掠地陷城。

> 四年夏四月，广源州蛮侬智高反。五月乙巳，侬智高陷邕州，司户参军孔宗旦死之。癸丑，侬智高陷横州；丙辰，陷贵州；庚申，陷龚州；辛酉，陷藤州。又陷梧州，又陷封州，守臣曹觐死之。壬戌，陷康州。守臣赵师旦死之。癸亥，侬智高陷端州，丙寅侬智高围广州。[⑦]

智高困广州不下，又北侵广西贺州等。一路势如破竹，宋朝十二郡皆陷落。冬十月丁丑侬智高陷宾州，甲申，智高再据邕州。宋廷两个高级将领，广南东

① 李焘：《续资治通鉴长编》（第七册）卷一六七，中华书局，1992，第 4015 页。

② 司马光：《涑水记闻》卷一三，中华书局，1989，第 256 页。

③ 同上，第 257 页。

④ 李觏：《李觏集·寄上孙安抚书》卷二八，中华书局，1975，第 323 页。

⑤ 司马光：《涑水记闻》卷一三，中华书局，1989，第 257 页。

⑥ 狄青：《京观记》，曾枣庄、刘琳主编：《全宋文》（第四十一册）卷八九〇，安徽教育出版社、上海辞书出版社，2006，第 302 页。

⑦ 《东都事略》卷六。范镇《东斋记事》曰：“未几，而侬智高内寇，破邕、贵、横、贺、龚、藤、梧、封、康、端十州，围广州。”（卷一）

路钤辖张忠及广南东西路钤辖蒋偕皆殁。岭南危殆，两广有失陷之势。北宋自士大夫政治体制确立以后，一般征战都是由文人挂帅，武将受其节制。对付侬智高，宋廷亦按此种运作模式调遣文臣带兵，但惨败不断。宋廷所遣杨畋杨业之后、蒋锴和蒋忠先后失败，继又在皇祐四年秋七月委任余靖和孙沔两个文臣为安抚使经略讨贼事。然余靖久无功，孙沔“至岭下，称疾不敢进”。[①] 曾巩《隆平集》曰：“先命孙沔、余靖为安抚使，讨贼未克，故又用青。”[②]《东都事略》云：“朝廷以孙沔余靖为安抚使，久未奏功。”[③] 王明清《挥麈后录》也说：“侬贼犯交广，毒流数州，诸将久无成功。”[④] 宋廷的失利恰如范镇后来总结的“侬智高寇岭南，前后遣将不知几辈，遣兵不知几万，亡走奔北，不可胜纪”。[⑤] 这一切均表明，文臣官僚们领兵已经无法取得胜利，侬智高叛乱之势却愈演愈烈，朝廷上下的不安与日俱增。所幸智高“本无远略”，若其率军迅速越过南岭而北进，则“江表生灵已鱼肉矣”，大宋朝则亦危矣。[⑥]

狄青在宣抚广南前，已在本年六月以彰化军节度使、知延州擢枢密副使。皇祐四年九月辛酉，狄青上表“抗章请行”征讨侬智高。自言：“臣结发起行伍，顾无以报国……愿将锐兵数千，当羁叛蛮之颈致之阙下。”[⑦] 仁宗皇帝既“重其诚”又“壮其言”。会当朝宰相庞籍亦大力举荐，遂拜狄青为宣徽南院使、荆湖北路宣抚使、提举广南东、西路经制贼盗事，全面掌控征南事宜。仁宗开始还想以宦官为狄青副手，共同征南，因文臣李兑上疏而罢。

---

① 梅尧臣：《碧云騢》（第一编第五册），朱易安等，《全宋笔记》，大象出版社，2003，第 81 页。

② 曾巩撰，王瑞来校证：《隆平集校证》卷一一，中华书局，2012。

③ 王偁：《东都事略》卷六二，《二十五别史》（第十四册），齐鲁书社，2000，第 507 页。

④ 王明清：《挥麈后录》卷二，上海书店出版社，2009，第 83 页。

⑤ 李焘：《续资治通鉴长编》（第七册）卷一七七，中华书局，1992，第 4284 页。

⑥ 李觏：《李觏集·寄上富相公书》卷二十八，中华书局，1975，第 321 页。

⑦ 王珪：《狄武襄公神道碑铭》，载曾枣庄、刘琳主编：《全宋文》（第五十三册）卷一一五四，安徽教育出版社、上海辞书出版社，2006，第 201 页。

> 狄青宣抚广西，入内都知王守忠为副，兑言以宦者观军容，致主将掣肘，非计。仁宗为罢守忠。[①]

庞籍亦言让狄青独掌军事大权，仁宗“乃诏行营诸军皆受青节制”，贼平处置民事，则与孙沔、余靖同议。[②]狄青请讨侬智高时，实已众望所归。随同出征的余靖《大宋平蛮碑》说得最好。

> 贼之再据邕也，农者辍耕，商者辍行，远迩惶惶，不聊其生。及公之拜命也，朝野之论中外欢然。以方召之，才兼机轴之重，出剪狂蛮无噍类矣。”[③]

皇祐四年冬十月庚辰，狄青辞行南征，仁宗亲自为之置酒垂拱殿壮行。[④]这位宽仁的皇帝把平定岭南的希望全部寄托在了狄青身上，故非常担心狄青的生命安危。他特别嘱咐辅臣曰：“青有威名，贼当畏。其来左右使令，非青之亲信不可，虽饮食起卧，亦宜防窃发。乃特使以戒之。”[⑤]十一月乙卯，狄青帅军至湖南，与诸道之兵会合。皇祐五年正月丁未，狄青与孙沔、余靖合兵，官军、士丁共三万一千余人，自桂州至宾州驻扎。[⑥]时馈运未至，狄青遂以备五日粮和十日粮之时间变化，暂缓前进。“智高闻之，由是懈惰不为备”。[⑦]陈曙等将虑狄青挂帅，希冀独有功，乘青未至，以八千人贸然犯敌，惨败于金城驿。丁酉，狄青严整军纪，斩杀违令轻战惨败之陈曙等三十余人，大军遂复振。但是狄青内

---

① 脱脱等：《宋史·李兑传》（第三十一册）卷三三三，中华书局，1985，第10696页。

② 王闢之：《渑水燕谈录》卷二，中华书局，1981，第13页。

③ 余靖：《武溪集》卷五，文渊阁《四库全书》，台湾商务印书馆，1986。

④ 曾巩撰，王瑞来校证：《隆平集校证》上册卷一一，中华书局，2012，第326页：上壮其言，遂授以将钺，宴垂拱殿遣之。

⑤ 李焘：《续资治通鉴长编》（第七册）卷一七三，中华书局，1992，第4175页。

⑥ 余靖：《宋故狄令公墓铭并序》，曾枣庄、刘琳主编：《全宋文》卷五七三，安徽教育出版社、上海辞书出版社，2006，第117页。

⑦ 司马光：《涑水记闻》卷一三，中华书局，1989，第261页。

心最担心的还是侬智高派重兵守卫邕州的门户昆仑关，若昆仑关不下，则蕃落骑兵无所用矣。于是，他开始故意用计麻痹智高。曾巩指出“是时智高还守邕州，青惧昆仑关险阨为所据，乃下令宾州具五日粮，休士卒，贼谍知不为备”。[①]正月十五日上元节之夜，狄青大军驻宾州，值上元节，是夜大风雪，狄青令张灯大宴诸将文臣，以迷惑侬军。自己却暗里帅军一昼夜夺取了昆仑关。既夺昆仑关，狄青喜云：“贼不知守此，无能为也。彼谓夜半风雨时吾不敢来，吾来，所以出其不意也。”[②]其时侬智高军中的有识之士曾劝智高设重兵防卫昆仑关，然智高近因所向披靡，横行岭南，无人抵挡，已有虚骄之气。他在给黄守陵的信中说：“闻狄青以骑兵来，吾当试与之战，若其克捷，吾当长驱以取荆湖……”[③]可见侬智高想与狄青一较高下之心已有。故侬智高既未退守老巢，亦不回军固守邕州。他却想待瘴气消耗千里而来的宋军，想与智谋果决、智勇兼备的狄青展开直接对阵。因此他并未听从劝告，已为其惨败的命运买下伏笔。司马光《涑水记闻》载：

> 或说侬智高曰：“骑兵利平地，宜遣兵守昆仑关，勿使度险，俟其兵疲食尽，击之无不胜者。”智高骤胜，轻官军，不用其言。青倍道兼行，出昆仑关，直趋其城，智高闻之，狼狈发兵出战。[④]

侬智高的怠惰和虚骄为他的失败埋下了种子。侬智高在给结洞酋长黄守陵的书信中说“吾当试与之战，若其克捷，吾当长驱以取荆湖、江南”。[⑤]可见其小觑了狄青。本来瘴气和地形是狄青征南的两大障碍。但一方面狄青早在医药

---

① 曾巩撰，陈杏珍、晁继周点校：《曾巩集·杂识二》（下册）卷五二，中华书局，1984，第720页。

② 同上。

③ 司马光：《涑水记闻》卷一三，中华书局，1989，第268页。

④ 同上，第261页。

⑤ 同③。

上有所防备和预料；另一方面狄青大军到广南后，所饮之水却突然变好，瘴毒皆去。[①] 如此，则天时地利人和都转为有利于官军了。当狄青大军快接近邕州时，侬智高才发觉上当，于是一场著名的大战爆发了。

时值仁宗皇祐五年正月十八日戊午，狄青大军至邕州归仁铺与侬智高蛮军相遇，[②] 遂展开了一场血战。此处地势较平坦，即神宗所谓"遇贼于原"[③]，非常有利于骑兵的冲锋，对官军很有利。狄青立即果断布阵，以右班殿直张玉为先锋，如京副使贾逵将左，西京左藏库副使孙节将右。步兵在前，藏骑兵于后。关于此战详情，北宋司马光的《涑水记闻》记述能较多地还原历史的细节。

> 戊午，相遇于归仁铺。青使步卒居前，匿骑兵于后。蛮使骁勇者执长枪居前，羸弱者悉在其后。其前锋孙节战不利而死，将卒畏青令严，力战莫敢退者。青登高丘，执五色旗，麾骑兵为左右翼，出长枪之后，断蛮军为三，旋而击之，枪立如束，蛮军大败，杀获三千余人，获其侍郎黄师宓等。智高走还城，官军追之，营其城下。夜，营中惊呼，蛮闻之，以为官军且进攻，弃城走。明日，青入城，遣裨将于振追之，过田州不及而还，智高奔大理。[④]

这是关于此战役现存宋人最早的第一手史料。文学家曾巩所记的一些战场情况亦颇珍贵。当时侬智高军阵列坡上，宋军处下。官军猛攻少却，前锋孙节

---

① 《狄武襄公神道碑铭》云：始行至邕，会瘴雾之气，昏郁中人，或谓贼流毒水中，且士饮者多死。忽一夕泉涌于郊，汲之甘冽，遂济其军，此非诚所感耶？（曾枣庄、刘琳主编：《全宋文》第五十三册、卷一一五四，安徽教育出版社、上海辞书出版社，2006，第 203 页。）

② 按《宋会要辑稿》卷九三一兵一〇讨叛四言："五年二月，青领兵至邕州，阵於归仁铺，大破之。"此当是报捷之日期。

③ 吴曾：《能改斋漫录》（下册）卷一四，上海古籍出版社，1960，第 417 页。

④ 司马光：《涑水记闻》卷一三，中华书局，1989，第 261 页。狄青《评侬智高露布》云："戊寅，侬贼领乌合之众，帅蚁附之徒，亲帅全军，结为一阵，轻兵搏我，娇气凌人。"时间与司马光有所不同。（《全宋文》（第四十一册）卷八九〇，第 301 页。）

战死，官军力战艰难。而主帅狄青沉着指挥骑兵从后冲击侬智高军阵，前后夹攻，遂大败之。

（侬智高）逆于归仁铺，青登高望之，贼据坡上，我军薄之，裨将孙节中流矢死，青急麾军进，人人皆殊死战。先是，青已纵蕃落马军二千人出贼后。至是，前后合击，贼之标牌军为马军所冲突，节不能驻。军士又从马上以铁连加击之，遂皆披靡，相枕籍。①

南宋李焘《续资治通鉴长编》则详记侬军很有声威的战阵。

而青以微服与先锋度关，趣诸将会食关外，即归仁铺为阵。戊午，贼率其众，列三锐阵以拒官军，执大盾、标枪，衣绛衣，望之如火。及战，前军稍却，右将开封孙节死之。贼气锐甚，沔等俱失色。青起，自执白旗麾蕃落骑兵，张左右翼，出贼后交击，左者右，右者左，已而右者复左，左者复右，贼众不知所偶为，大败走。②

侬智高的军队可谓武器独特而骇人，其阵势可谓“如火如荼”，不由不让官军畏惧，所以孙沔等文臣皆“失色”。但归仁铺却是一片难得的平原之地，很适合骑兵的战斗。狄青胸有成竹，镇定自若，以旗指挥，出左右两翼蕃部骑兵，出其不意，横穿侬智高以步兵为主的大阵，遂大破蛮军。是役，曾与狄青同在延州作战的猛将，前锋孙节战死沙场。宋军当场“斩首二千二百级，获伪官五十七人。智高夜纵火焚城而遁”③关于狄青斩获侬智高军的具体人数，《宋史·仁宗本纪》云：“狄青败智高于邕州，斩首五千余级”。司马光《涑水纪闻》

---

① 曾巩撰，陈杏珍、晁继周点校：《曾巩集·杂识二》（下册）卷五二，中华书局，1984，第720—721页。

② 李焘：《续资治通鉴长编》（第七册）卷一七四，中华书局，1992，第4192页。

③ 王偁：《东都事略》卷六二，《二十五别史》（第十四册），齐鲁书社，2000，第507页。

说是“杀获三千余人”。[①] 滕元发的笔记说是“杀伤数千人”。[②] 然此皆大略之数，而身在前线的狄青等将帅同僚的记录必然更可靠。先看狄青《京观记》所记数字。

> 大败之，骑兵追奔十五里，计杀蛮众二千二百余人。伪署侍中黄师宓等腹心将领五十七人死于战，贼首侬智高夜焚城而自遁。……又遣彬县尉欧有邻聚众伤，还城而死，并活擒而戮，及奔而蹂践燔灼者三千三百二十有八，瘗之城北。”[③]

再看同僚余靖的记载。余靖《宋故狄令公墓铭》说法与狄青皆一致，看来战后是做了认真统计的，因为斩获具体人数是为征南将士上报请功的重要依据。而狄青是坚决反对冒领军功的，因此侬智高军死亡人数是比较属实的。

> 贼遂大败，驰骑追捕，斩首二千二百，贼之主谋黄师宓、侬志忠等腹心爪牙没于阵者五十七人，智高焚营而遁。明日，按兵入城……再遣阅闉外创重归死者，复得三千二百。[④]

王珪《狄武襄公神道碑铭》亦言：“斩捕二千二百级。”南宋李焘《续资治通鉴长编》就采用了狄青和余靖等人的说法。

---

① 司马光：《涑水记闻》卷一三，中华书局，1989，第 261 页。

② 滕元发《孙威敏征南录》，朱易安，等编：《全宋笔记》（第一编第八册），大象出版社，2003，第 7 页。

③ 曾枣庄、刘琳主编：《全宋文》（第四十一册）卷八九〇，安徽教育出版社、上海辞书出版社，2006，第 302 页。

④ 《宋故狄令公墓铭》，曾枣庄、刘琳主编：《全宋文》（第二十七册）卷五七三，安徽教育出版社、上海辞书出版社，2006，第 118 页。

依智高复趋邕州，王师追奔五十里，捕斩二千二百级，其党黄师宓、侬建中智忠并伪官属死者五十七人，生禽贼五百余人。智高夜纵火烧城遁，由合江入大理国。①

如此细致推算，则此战役，宋军当场斩杀二千二百余人，侬智高军负伤逃城者，或因伤重或被戮者又三千二百余人，两者相加，归仁铺一战共斩杀敌军五千四百余人，《续资治通鉴长编》说："枭师宓等首于邕州城下，得尸五千三百四十一。"② 这大概是最准确的数字了。此战侬智高叛军几乎全军覆没，乃真真实实一场大捷，盖自北宋立国以来，亦少有此战事丰碑。据说狄青破侬智高后，见到诸葛亮《纪功碑》云："后有功在吾上，立石于右。"遂立碑其右，后为雷震所毁。③ 不过历史上未有孔明帅军到过广西的记载。

正月十九日迟明，狄青亲帅获胜的宋军入邕州城，"获金帛巨万，牛马数千。筑京观城之北隅。招复俘胁者七千二百，使还其家"。④ 殓尸时官军得到一个衣服绣着金龙者，大家都认为就是侬智高。但狄青却说："安知其非诈邪！吾宁失智高，朝廷不可诬也。"毫无邀功请赏之态。侬智高败后的去向，宋代文献多曰"奔大理"。司马光《涑水记闻》云："智高奔大理。"《独醒杂志》云："贼大败，智高遁走入大理国。"⑤ 侬智高最后应死于大理，李焘《续资治通鉴长编》仁宗至和二年六月记云：

乙巳，侬智高母阿侬、弟智光、子继宗、继封伏诛。以工部侍郎知桂

① 李焘：《续资治通鉴长编》（第七册）卷一七四，中华书局，1992，第4192页。

② 同上，第4193页。

③ 《古事比》卷四八，周勋初：《宋人轶事汇编》（第二册）卷十三，上海古籍出版社，2014，第933页。

④ 王偁：《东都事略》卷六二，《二十五别史》（第十四册），齐鲁书社，2000。

⑤ 曾敏行：《独醒杂志》，上海师范大学古籍整理研究所编：《全宋笔记》（第四编第五册）卷四，大象出版社，2008，第150页。

州余靖为户部侍郎，知邕州萧注为引进副使，留再任。注募死士使大理国，购智高。南诏久与中国绝，林箐险深，界接生蛮，语皆重译，行百日乃通。智高亦自为大理所杀，函其首至京师。①

元修《宋史·蛮夷三·广源州》云：“会日暮，智高复趋邕州，夜焚城遁，由合江口入大理国。”②侬智高逃亡大理后，其母曾潜回特磨道，依其夫，收旧部，试图东山再起。然终为宋廷所擒，《宋史·萧注传》记云：

智高走大理国，母与二弟寓特磨道。注帅师往讨，获一裨将。引致卧内，与之语，具得贼情，悉擒送阙下。拜西上阁门副使。募死士使入大理取智高，至则已为其国所杀，函首归献。③

然曾巩《隆平集》所载与之稍异，云为石鉴所知，遣人袭擒之。

其母阿侬潜归特磨道，依其夫侬夏卿，收残众得三千余人，复将入寇。石鉴世居邕州，谍知其动息，遣峒丁入特磨道掩袭，擒阿侬及智高二子继宗、继封、弟智光，并槛送阙下。阿侬年六十，朝廷始欲存之，以俟智高之降。及智高已为大理国所杀，故悉封戮都市。④

侬智高被杀原因，宋代现存诸文献皆语焉不详，惟苏辙《龙川别志》说是蜀地雅州蕃牙郎号“任判官”者。盖妄报智高借兵将入蜀，引起成都骚动，为

① 李焘：《续资治通鉴长编》（第七册）卷一八〇，中华书局，1992，第4354—4355页。

② 脱脱等：《宋史·蛮夷·广源州》（第四十册）卷三九五，中华书局，1985，第14217页。又曾巩《隆平集》云：“智高夜焚邕州城，奔大理国。”（卷二〇）

③ 脱脱等：《宋史》（第三十一册）卷三三四，中华书局，1985，第10733页。

④ 曾巩：《隆平集校证》卷二〇，中华书局，2012，第648页。又司马光《涑水记闻》所载与之相同。

赎罪而身自入蕃，后“得小云南书，言智高至南诏，复谋为叛，为南诏所杀”。[①] 此可备一说。

平定侬智高，作为主帅的狄青当然是很兴奋的，他亲作《平侬智高露布》等文自述这次征南获胜的经历和心情。其时，“智高自起兵几一年，暴践一方，如行无人之境，吏民不胜其毒，朝廷为下赦令，优除复，慰拊疮痍，百姓始得更生云。先是，谣言：‘农家种，籴家收。’已而智高叛，为青破，皆如其谣”。[②]

初步安定邕州后，狄青以文臣孙沔、余靖等“留治后事”，便率胜利之师凯旋还朝。大宋王朝征南的归仁铺大战，乃本朝自宋太宗灭北汉取晋阳以来少有的一次大捷。朝野欢呼，文臣震动。正如谢景初所言：“盖自数十年征讨四方，未有禀受圣算，当长帅之任，其成绩实效可与之比者。不唯四夷君长因是而警惕，直亦中州士大夫惊视骇叹，以为一时之异也。”[③] 平定侬智高叛乱可谓北宋少有的武功成就，也是狄青成就一代名将的大捷，是他的“奇功”和丰碑。这一年狄青四十六岁，处在其戎马生涯的巅峰。

---

① 苏辙：《龙川略志·龙川别志》之《龙川别志》卷下，中华书局，1982，第 97 页。

② 脱脱等：《宋史》（第四十册）卷三九五，中华书局，1985，第 14217 页。

③ 《汾阳县志·古迹》卷九，光绪八年刊刻本。

第三章　“菩萨”枢密使

第一节　出知陈州

智高失败后遁往大理，狄青采取穷寇勿追之策，留下孙沔等善后邕州民事，随即班师回朝。归仁铺大捷的消息很快传到京师，仁宗异常兴奋，对辅臣说南征将士“宜速议赏，缓则不足以劝。”①皇祐五年二月癸未，天子下诏以狄青为护国军节度使、枢密副使、宣徽南院使。按叶梦得《石林燕语》说：“狄武襄以枢密副使出讨侬智高，换宣徽南院使，宣抚荆湖南北路，经制广南盗贼事。师还，复旧任，盖不欲以本官外使也。”②接着恩赐狄青二子的官职。以狄青子，狄谘为西染院副使兼阁门通事舍人，右侍禁狄咏为阁门祗候。丁亥，又赐狄青敦教坊第一区。③五年夏四月壬申，狄青率大军凯旋还朝，仁宗皇帝亲自置酒垂拱殿为凯旋将士洗尘。四月庚辰，契丹国使萧全、王守道、耶律述等来京师朝贺乾元节。仁宗很高兴，大宴群臣宾客，并让狄青所属蕃骑演练，显示大宋国威。

李焘《续资治通鉴长编》记载了当日之盛况：

> 是日，御垂拱殿，令蕃落骑兵布阵，如归仁铺破贼之势，观其驰逐击

---

① 李焘：《续资治通鉴长编》（第七册）卷一七四，中华书局，1992，第4197页。

② 叶梦得《石林燕语》，上海师范大学古籍整理研究所编：《全宋笔记》（第二编第十册）卷九，大象出版社，2006，第128页。

③ 李焘：《续资治通鉴长编》（第七册）卷一七四，中华书局，1992，第4200页。

刺，等第推赏，仍以拱圣马三百补其阙。都大提举教阅阵法、右班殿直张玉迁内殿承制。[①]

五月乙巳，经过文臣官僚内部私下的一番勾心斗角的政治博弈，由梁适暗中操纵，高若讷罢，以枢密副使、宣徽南院使、护国军节度使的狄青为枢密使。狄青仕途似乎一片光明，这也算是北宋武将仕途的顶峰了，特别对于行伍出身的狄青而言，更是如此。狄青进位枢密使，对他个人而言是好事，但在士大夫的政治权力核心圈里，他就显得非常孤立，成为众矢之的。

狄青位枢密使期间，以一武人处官僚集团之中，像一尊“菩萨”一样，谨慎勤勉亦无所作为。[②]狄青对文臣们都很尊重，但依然没有逃过被构陷的命运，最终被罢枢密使出知陈州。这是文人政治体制的必然，根本原因是北宋文人官僚对武将的防范和控制心态，直接原因则是仁宗在至和三年春正月御大庆殿受朝，突感风眩，自此生病，而仁宗无嗣，朝野人心惶惶。故本年九月未逾年又改元嘉祐元年，显示了一时政治气氛的紧张和不安。而武将狄青尚在枢密使位上，这就引起了猜忌心很重的文臣们的不安，于是欲逐狄青的政治谣言遂起。北宋称枢密使为“外相”，掌管军队，一般都是由文人把持，武将至多为副，为正者亦多被猜忌，如王德用等。狄青亦不例外。为枢密使四年，其虽低调沉默，但因为被军中将卒所爱戴，更被文臣所深深忌惮。就像文人刘敞说的“青两府，本起行阵，能得士卒心，其势固重。”[③]狄青被士大夫不断攻讦而出外知陈州，经历了一个逐步推进的过程。大概在至和嘉祐间。首先是“夜光怪烛”的谣言。魏泰《东轩笔录》云：

---

① 李焘：《续资治通鉴长编》（第七册）卷一七四，中华书局，1992，第 4200 页。

② 李焘：《续资治通鉴长编》载：文彦博、富弼等之共议建储，未尝与西府谋也，枢密使王德用闻之，合掌加额，曰：“置此一尊菩萨何地？”（第八册卷一八三，中华书局，1992，第 4424 页。）

③ 同①，第 4198 页。

京师火禁甚严，将夜分，即灭烛，故士庶家凡有醮祭者，必先关白厢使，以其焚楮币在中夕之后也。至和、嘉佑之间，狄武襄为枢密使，一夕夜醮，而勾当人偶失告报厢使，中夕骤有火光，探子驰白厢主，又报开封知府，比厢主判府到宅，则火灭久矣。翌日，都下盛传狄枢密家夜有光怪烛天者，时刘敞为知府诰，闻之，语权开封府王素曰："昔朱全忠居午沟，夜有光怪出屋，邻里谓失火而往救，则无之，今日之异得无此类乎？"此语喧于搢绅间，狄不自安，遽乞陈州，遂薨于镇，而夜醮之事竟无人为辨之者。①

狄青府邸"夜醮"，只是勾当人偶尔失误，没有及时报告厢使，于是就有了"夜光怪烛"的政治性谣言传播。士大夫刘敞就立即利用此来攻击狄青已有反骨的征兆。他向开封府王素进谗，并举朱温"夜有光怪出屋"事为证，暗示狄青亦有反骨。紧接着仁宗嘉祐初，京师大水，谣言纷起。就在此时还出现了针对狄青所谓有"反相"的"谣谶"。范镇《东斋记事》载：

是时，予为谏官，人有相侵，夜吟："汉似胡儿胡似汉，改头换面总一般，只在汾河川子畔。"以为青汾河人，面有刺字不肯灭去，又姓狄，为汉人，此歌为是人作也，为不疑矣，欲予言。予应之曰："此唐太宗杀李君羡事，上安忍为？适以启君臣疑心耳。"②

范镇对武将的态度看来还比较公正，故对这种明显诋毁狄青的"谣谶"，表示不满，并认为是前朝杀武将的悲剧重演。可是擅权作威惯了的文官集团依旧不愿放过狄青。《石林燕语》记载："或云：其家数有光怪，且姓合谶书，欧阳

① 魏泰：《东轩笔录》卷二〇，中华书局，1983，第117页。

② 江少虞：《宋朝事实类苑》卷五六，上海古籍出版社，1981，第727—728页。

文忠、刘元甫均屡为之言。”[①]京师自元年五月大雨不止，官民皆遭水患，狄青一家避于相国寺。这本是正常的行为，但因为狄青一时的疏忽所致，“黄袄子”的传闻又不胫而走，都下传开，被文人们利用攻讦。据王铚《默记》云：

> 青位枢密使，避水搬家于相国寺殿。一日，衩衣衣浅黄袄子，坐殿上挥士卒。盛传都下。及其家遗火，魏公谓救火人曰：“尔见狄枢密出来救火时，着黄袄子否？[②]

韩琦专门问救火者，重点是狄青是否“着黄袄子”，就是为了抓住罢免狄青的证据。士大夫们群起攻之。这其中所起最关键作用的是当时的文坛领袖欧阳修和大官僚文彦博。嘉祐初年值仁宗不豫，未能视朝，加之又未立储君，皇帝直系无后本就是皇权衰落的象征，这是当时士大夫特别焦虑的政治考虑，他们担忧政权重蹈唐五代军人干政的覆辙。欧阳修对狄青上疏所言都是文人担忧的实话，只是对武将狄青而言极不公平。狄青当枢密使后没有什么大的功绩，但确实也没有什么过失，并深得士卒心，这在文人看来却是犯了政治大忌的。因为唐五代以来的历次兵变均是大将得士心而被拥戴。宋朝的文人政治体制本身就是为了防范此种政变设计的。欧阳修的上疏核心就是武将掌机枢对文人政治始终是最大的威胁。

> 臣又见枢密使狄青，出自行伍，遂掌枢密。始初议者已为不可，今三四年间，外虽未见过失，而不幸有得军情之名，且武臣掌国机密而得军情，岂是国家之利！臣前有奏，其说甚详，具述青未是奇材，但于今世将帅中稍可称尔。虽其心不为恶，而不幸为军士所喜，深恐因此陷青以祸，而为国家生事，欲乞且罢青枢务，任以一州，既以保全青，亦为国家消未

---

① 叶梦得：《石林燕语》卷七，中华书局，1984，第 103 页。

② 王铚：《默记》卷上，中华书局，1981，第 16 页。

萌之患。[①]

欧阳修之疏，显示了对狄青的“鄙夷不屑之辞”[②]，一句“稍可称尔”就抹杀了他对宋王朝的卓越功勋。而论罢免狄青枢密使的原因，最突出的罪状就是“得军情之名”和“为军士所喜”。这两条是说狄青善用兵，为将士所拥戴，这是最为文臣所忌惮的。因为唐五代的军阀多数都是被部下欲邀功者所推戴。欧阳修的“得军情之名”代表了执政掌权的士大夫集团驱逐狄青的政治共识。既然文人领袖都如此诋毁狄青，其他文臣纷纷效仿。知制诰吴奎随即上言请仁宗加快立储，警告“不速必有奸人阴贼其间”，暗指防范狄青。[③]吕景初更是多次上疏请罢狄青。

天象谪见，妖人讹言，权臣有虚声，为兵众所附，中外为之恟恟。此机会之际，间不容发，盖以未立皇子，社稷有此大忧。惟陛下早为之计，则人心不摇，国本固矣。[④]

他从天象着眼，权臣当道，皇子未立，人心动摇等论述狄青不去的危害，则更具有政治文化的说服力。此时又传言狄青家“犬生角，数有光怪”。攻讦狄青最卖力的是士大夫知制诰刘敞，力请朝廷出狄青于外州以保全。朝廷任命他出知扬州，他还是不断要求罢免狄青。又极言：“今外说纷纷，虽不足信，要当使无后忧，宁负青，无使负国家。”[⑤]又对宰相说：“向者天下有可大忧者，又有

---

① 李焘：《续资治通鉴长编》（第七册）卷一八三，中华书局，1992，第 4426—4427 页。

② 魏禧《书欧阳文忠论狄青札子后》，魏氏评欧阳奏文云：“似乎持平，而实深文巧诋以中人于深祸而自脱于小人。吾则以为险狠阴猾若古小人害君子之术而又工焉者，盖莫甚于此也。”最为精当。《汾阳县志·艺文三》卷一三。

③ 李焘：《续资治通鉴长编》（第八册）卷一八三，中华书局，1992，第 4428 页。

④ 同上。

⑤ 同上，第 4435 页。

可大疑者。今上体平复，大忧去矣，而大疑者尚在。”[①]“大疑”指狄青。到了扬州，刘敞还向朝野官僚发书信要求罢免狄青。

敞既至官，拜表，又遍遗公卿书曰：“汲黯之忠，不难于淮阳，而眷眷于李息。”朝廷皆知为青发也。[②]

嘉祐元年，秋八月庚戌朔，日有食之。文臣官僚们更是纷纷上疏言天象异变，要求罢去狄青职位。

面对文臣们的集体攻讦，狄青一直没有主动请辞。他大概还抱着一点希望，因为宋朝立国以来，一直有武将为枢密使无大过则不罢黜的传统。狄青进位枢密使后，由于位高权重，他本人逐渐放松了对宋廷乃至文人政权本质的警觉，故一直没有主动让位。一直到他与文彦博当面对话后，才让他猛然清醒过来。

时文潞公当国，建言以两镇节度使出之。青自陈无功而受两镇节旄，无辜而出典外藩。仁宗亦然之。及文公以对，上道此语，且言狄青忠臣。公曰：“太祖岂非周世宗忠臣？但得军情，所以有陈桥之变。”上默然。青未知，到中书再以前语白文公，文公直视语之曰：“无他，朝廷疑尔。”青惊怖，却行数步。[③]

从这段记载，可以看出，天子对狄青其实是信任的，并言其“忠臣”。但文彦博以“太祖岂非周世宗忠臣？”“但得军情”的历史告诫，使得仁宗出于对赵家皇位的考虑，最终选择放弃了对狄青的眷顾。文彦博一句“朝廷疑尔”让一代名将“惊怖，却行”。狄青遭受的打击可谓是非常沉重的。这时他才知道，朝廷

① 同上。

② 李焘：《续资治通鉴长编》（第八册）卷一八三，中华书局，1992，第4435页。

③ 王楙：《野老记闻》，中华书局，1987，第356页。

依然是文人的天下，武将虽然能位极人臣，但永远只能是附庸。狄青罢知陈州，当时文臣几乎没有人为他说话，唯有刘沆为其鸣不平。他上疏天子说："御使去陛下将相，削陛下爪牙，此曹所谋，臣莫测也。"[①]

于是就在嘉祐元年秋七月，在官僚集团的巨大压力下，狄青终于辞去枢密使职，出知陈州。他离开京师时显得异常凄凉，自知此行不祥。据《清波杂志》载。

> 武襄赴陈州，不怿，语所亲曰："青此行必死。"问其然，曰："陈州出一梨子，号'青沙烂'，今去本州岛，青必烂死。"一时虽笑之，未果几卒。[②]

狄青出知陈州后，文彦博等官僚还不放心，担忧狄青会东山再起。遂每月两次派中使"抚问"，监视他的一举一动。狄青因此而惊惧，旧日的伤疾发作。不到一年，即嘉祐二年二月（1057 年），护国节度使、同平章事狄青卒于陈州，年五十。[③]一代名将狄青卒后，仁宗为之发哀苑中，赠中书令，谥曰武襄。故后世称他为"狄武襄"或"武襄公"。《宋史》本传赞其"起行伍而名动夷夏，深沉有智略"。[④]可谓中肯之论。

---

① 脱脱等：《宋史·刘沆传》（第二十七册）卷二百八十五，中华书局，1985，第 9607 页。

② 刘永祥：《清波杂志校注》卷二，中华书局，1994，第 66 页。

③ 按狄青所卒之月，诸家文献多言卒于二月。《宋史》狄青本传云："明年二月，疽发髭，卒。"《宋史·仁宗本纪》亦曰："二月癸卯，狄青卒。"而李焘《续资治通鉴长编》却说："（三月）庚子，陈州言护国军节度使、同平章事狄青卒。《汾阳县志》记为"明年二月疽发髭卒"。然其《正误》却说"其卒在二年三月，而误云二月，皆史家之失。"（卷六）此不知何所据，或是以李焘为准。考北宋余靖《宋故狄令公墓铭》云："惟宋四世嘉祐二年三月，陈州上言：护国军节度使、同中书门下平章事狄青，属疾于镇。诏遣国医驰视，未至，以薨闻。"此皆可证狄青实卒于嘉祐二年二月。误为三月者，盖狄青实卒于二月底，三月初报丧至朝廷故耳。

④ 脱脱等：《宋史》（第二十八册）卷二九〇，中华书局，1985，第 9721 页。

第二节 武襄后嗣

狄青陈州去世后，仁宗皇帝闻之“震悼”，“为之素服发哀，再不视朝，制赠中书令，厚其家”。[①] 狄青薨后，遗体先至京师，次年由其子狄谘、狄咏护其灵柩归葬故乡汾州西河。另据北宋余靖《宋故狄令公墓铭》言：“公薨之年，归殡京师，明年，卜宅太平乡刘村里，又明年二月十九日襄事。”按《汾阳县志》记：“狄青墓在郝洪里刘村”。据《山西通志》载，狄青墓在今汾阳县郝洪里刘村，碑文为翰林学士王珪所撰。[②] 狄青神道碑额乃仁宗手写“旌忠元勋”四字。[③] 有关狄青的子女和家庭情况，王珪《狄武襄公神道碑铭》所载较详。

> 公娶魏氏，封定国夫人。六男：长曰谅，殿班奉职，蚤卒；次曰谘，西上阁门副使；次曰咏，内殿崇班、阁门祇候；次曰譓，内殿崇班；次曰说，东头供奉官；次曰谏，内殿崇班；说、谏蚤卒。二女，许嫁而卒。孙曰璋，左侍禁；曰瓛，尚幼。[④]

从王氏《神道碑铭》可知，狄青夫人乃定国夫人魏氏，育六男二女。狄谅、狄说和狄谏早卒。一女亦未嫁而卒；狄青薨时已有两个孙子，即狄璋和狄瓛，其时璋已封左侍禁。另据余靖《宋故狄令公墓铭》所记，狄青尚有一同胞兄狄素，即幼时曾“打死”铁罗汉者，为右班殿直，亦有五子。询，左侍禁、阁门祇候，

---

① 余靖：《宋故狄令公墓铭》，《全宋文》（第二十七册）卷五七三，安徽教育出版社、上海辞书出版社，2006，第116页。

② 《山西通志》卷一七三，文渊阁《四库全书》。

③ 王闢之：《渑水燕谈录》卷九，中华书局，1981，第114页。

④ 曾枣庄、刘琳主编：《全宋文》（第四十一册）卷一一五四，安徽教育出版社、上海辞书出版社，2006，第203页。

左班殿直；诜，左班殿直；谭、谆、诎、皆左侍禁。狄青还有一从父兄名狄靖，为左班殿直，其子详，为右侍禁。[①]

在狄青的这些子女中，惟狄谘和狄咏较为有名，特别是次子狄咏，颇有父风，晓兵事，亦是一员智将，尝从王韶战洮西有功。[②]《宋史·狄青传》附亦言其“数有战功”。[③]熙宁九年尝随王中正平定四川茂州蛮乱。关于狄咏的事迹，《汾阳县志》据李焘《续资治通鉴长编》叙述较详。

> 狄咏字子雅，汾州人，武襄第三子。父荫官内殿崇班。熙宁七年出为陇州刺史，有治绩……夏人寇洮西，力战却之。擢西上阁门副使知广信军九年。改成都府利州路钤辖。威茂蛮入寇，师出，咏冒矢石奋击格斗，诛不用命者。迁客省副使，西上阁门使，权环庆路副总管。元丰四年使辽。七年转东上阁门使。咏知兵，有父风，美凤仪，饶干略。尤礼敬贤士大夫。与眉山苏轼善。轼尝为题《石屏诗》，做《狄武襄书事》。[④]

狄咏貌秀美，遗传了武襄公的相貌，可谓当时公认的“人样子”——宋时称呼美男子。宋人笔记载哲宗皇帝为神宗大长公主选婿一事。

> 神庙大长公主，哲宗朝重于求配，遍士族中求之，莫中圣意。带御器械狄咏，颇美丰姿。近臣奏曰：“不知要如何人物？”哲宗曰：“人物要如狄咏着。”天下谓咏为人样子。狄咏，狄青子也。[⑤]

---

① 曾枣庄、刘琳主编：《全宋文》（第二十七册）卷五七三，安徽教育出版社、上海辞书出版社，2006，第 120 页。

② 李焘：《续资治通鉴长编》（第十册）卷二五二，中华书局，1992，第 6239 页。

③ 脱脱等：《宋史》（第二十八册）卷二九〇，中华书局，1985，第 9721 页。

④ 《汾阳县志·仕实》卷八，光绪八年刊刻本。

⑤ 范公偁：《过庭录》，《墨庄漫录·过庭录·可书》，中华书局，2002. 第 371 页。

当代作家阿越的小说《新宋》描述狄咏之死。叙述狄咏带领三千骑步军守卫环州城，力战西夏的戍边大将仁多瀚，杀敌万余人。后因城墙被毁，为了不让敌人屠城，狄咏以身殉国。不过，关于狄咏之死，宋代现存所有的野史笔记和正史均不见记载，这是明显的文学虚构。

长子狄谘一直是地方干吏，神宗熙丰年间，积极参与王安石变法，主要负责训练河北一带的义勇、地方保甲和驯马。《宋史·兵志八》载狄谘元丰四年上疏保甲事。

四年四月，提举河北义勇保甲狄谘言："旧制，诸指挥兵级内有老疾年五十五已上有弟侄及子孙及第者，令乘替名粮，其间亦有不堪征役者，乞年四十已上许令承提。"诏河北马步诸军依此。[①]

元丰三年御史孙升弹劾狄谘是"庸才"。"内纵巡教指使，恣为诛剥，外为姑息宽假，抑沮州县，使法令行乎其民，大肆冯陵，公行恐喝，故真定、获鹿之变起于后，而澶、滑之盗作于前"。并"以教场内地所种菜，配卖与保甲，取其入为己用"。[②] 次年狄谘被降为为永兴军路钤辖。

狄谘有个女儿很漂亮，宋哲宗选皇后时，太皇太后就想选狄谘之女。但终因"是庶出过房"而不合"纳后必以嫡女"之礼制，终未果。宋室南渡后，狄青后人有些流落到民间。他有个孙子叫狄偁，在都市中为人看相卜卦。据南宋洪迈《夷坚志》所载：

狄武襄之孙偁，得费孝先分定书，卖卜于都市。芗林向伯共子諲，自致仕起贰版曹，偁为写卦影。作乘巨舟泛澄江。舟中载歌舞妇女，上列旗

① 脱脱等：《宋史》卷一百九十四，中华书局，1985，第4831页。

② 李焘：《续资治通鉴长编》（第十五册）卷三七二，中华书局，1992，第9019—9020页。

> 帜，导从之属甚盛。岸侧一长竿，竿首幡脚猎猎从风靡。[①]

狄青以英年五十而薨，北宋从此失去一位智勇双全的大将。仁宗一朝号为北宋盛世，然皇帝的庸仁，造成北宋官僚体系极度臃肿，腐败丛生，朝政由盛而衰。连南宋高宗都不得不承认仁宗一朝“固是仁厚，末年纲纪几乎不振”。[②] 并且仁宗无子，直系皇嗣断绝，象征了皇室的衰微。英宗治平二年，西夏李谅祚又出兵侵宋，时已无名将。欧阳修只好推荐曾随狄青征南已然衰老的文臣孙沔。

> 癸酉，参知政事欧阳修言：“谅祚猖狂，渐违誓约。朝廷御备之计，先在择人。而自庆历罢兵以来，当时经用旧人，唯户部侍郎致仕孙沔尚在。沔守环庆，养练士卒，招抚蕃夷，恩信着于一方，今虽七十，闻其心力不衰，飞鹰走马，尚如平日。虽中间曾以罪废，弃瑕收使，政是用人之术。”[③]

当年欧阳修充当了驱逐狄青的急先锋，士大夫官僚们囿于狭隘的政治意识，加以对贵胄权位的贪欲害死了狄青，自坏长城。一代名将负屈而逝，令天下健儿失望伤心，整个宋代武将继续受到文臣打压，再难有大将出现了。狄青去世不过七十年，金人入侵，文人当政而柔弱的北宋灭亡了。

北宋最有作为的一代帝王神宗继位后，不甘每年花很多银、绢、茶等送往辽、夏。遂有改革弊政，用兵西夏之志。他对仁宗朝名将狄青很是尊崇。考次近世将帅，以狄青“起行伍而名动夷夏，深沉有智略，能以畏慎保全终始，慨然思之，命取青画像入禁中，御制祭文，遣使赍中牢祠其家”。[④] 叶梦得《石林燕语》云：“神宗初即位，有意二边。一日，忽内出御制祭文，遣使祭其墓，欲

---

① 洪迈：《夷坚志》（第一册）甲志卷一三，中华书局，1981，第 109 页。

② 谢采伯：《密斋笔记》，上海师范大学古籍整理研究所编：《全宋笔记》（第七编第八册）卷一，大象出版社，2016，第 114 页。

③ 李焘：《续资治通鉴长编》（第八册）卷二〇四，中华书局，1992，第 4935 页。

④ 脱脱等：《宋史》（第二十八册）卷二九〇，中华书局，1992，第 9721 页。

以感动将士。或云，滕元发之词也。”[①] 神宗祭文对狄青征南功勋大加褒扬。其中有云：

> 维是南荒，有盗猖獗，陵轹二广，震惊京阙，群公瞻顾，莫肯先语。惟卿请行，万里跬步，首戮骄将，大振吾旅。金节一挥，孰敢龃龉，御贼于原，亲按旗鼓。彼长牌枪，我利刀斧，马驰于旁。捣厥背臂，驱攘歼絷，如手探取。[②]

狄青生前尝有文字著述，据吴曾《能改斋漫录》记：“初，青子谘奏事延和殿，神宗问：‘青征南尝有遗书存否？’于是谘上《平蛮记》及《归仁铺战阵》二图。”[③] 神宗对狄青的尊崇，影响了部分士大夫，他们在著述中都对狄青赞赏较多。一定程度上造就了一个关于“武神”狄武襄公的历史叙述。

① 叶梦得：《石林燕语》，上海师范大学古籍整理研究所编：《全宋笔记》（第二编第十册）卷九，大象出版社，2006，第 128 页。

② 吴曾：《能改斋漫录·记文》（下册）卷一四，上海古籍出版社，1960，第 417 页。

③ 同上。

下编　叙述还原

第四章　狄青与北宋文人政治的关系

第一节　士大夫之天下

北宋政治体制最大的符号特质就是文人政治，所谓君主“为与士大夫共治天下”。[①] 有鉴于唐五代以来藩镇和武将之专权，北宋建立后坚决采取“以文治武”[②] 的“国是”政策。

就中国君主世袭朝代的传统而言，“盛世的文官重于武官，同品的文武二员，文员的地位总是高些”。[③] 毕竟治世守成主要靠儒家的文臣，他们忠于皇权，遵循礼教伦常。汉初叔孙通帮高祖制订朝廷礼仪，刘邦享受到尊崇后不由感叹“吾乃今日知皇帝之贵也”。[④] 文臣对专制的贡献即可见一斑了。宋太祖赵匡胤虽亦周世宗武人出身，但为防五代政权轮替之祸，以稳固赵家之天下，就大力重用文士。他曾对赵普说：“宰相须用读书人。”[⑤] 于是“杯酒释兵权”后，遂将节度使兵权收回，派遣文臣担任中央和地方军队统帅，一旦发生战争，统兵者多由文臣担任，武将悉从节制。枢密院掌军事，枢密使和副使亦多以文臣为主，确

---

① 李焘：《续资治通鉴长编》（第九册）卷二二一，中华书局，1992。

② 刘昭祥、王晓卫：《兵家史话》，社会科学文献出版社，2011，第 108 页。

③ 雷海宗：《中国文化与中国的兵》，商务印书馆，2001，第 109 页。

④ 《史记·叔孙通列传》（第八册）叔孙通云：“夫儒者难与进取，可与守成。”中华书局，1982。

⑤ 李焘：《续资治通鉴长编》（第一册）卷七，中华书局，1992，第 171 页。

保士大夫和皇帝对军权的绝对控制。于是在整个宋代政治格局中，文人渐渐占据了绝对主宰的权力地位，武将几乎沦为仆从。朝廷益重文人成为宋代政治文化之风尚。

在北宋文人政权的长期主导下，汉唐以来的尚武精神亦渐衰微。更因宋之君主“怀黄袍加身之疑，以痛抑猛士，仅一王德用、狄青，而猜防百至”。[①] 武人地位至此而一落千丈。文人政权的特质就是文臣皆不喜欢屈就卑微之武职。如太宗时，张泳有人望，执政者欲以之为武爵，“泳闻而不乐”。[②] 他在陈州当官，还多支官吏俸米，漕使诘问，则曰：“国家养贤，不与士卒同”。[③] 至北宋中期，全社会都认同了文人优于武夫这样一种绝对的价值取向。当时坊间已有“好男不当兵”的民谚，习武者多被轻视。文臣中如陈尧咨善射，欧阳修还载其事于《归田录》中，即世传所谓“卖油翁”故事。真宗欲让其换为武职，让晏殊传话。尧咨不敢作主，乃禀其母燕国冯太夫人，夫人闻而大怒而鞭笞之，并斥其曰：“汝策名第一，父子以文章立朝为名臣，汝欲叨窃厚禄，贻羞于阀阅，忍乎？”[④] 可见当时崇文尊士的价值观念是多么深入人心了。“文化是一种惯例，或者至少它以某种惯例为前提”。[⑤] 惯例一旦形成后，文武官员之间的裂痕就会越来越大。同朝共事文臣也总是轻视武将。寇准与曹利用同在枢密，“寇以其武人，轻之。议事有不合者，寇莱公辄曰：‘君一武夫耳，岂解此国家大体’。”[⑥] 呼延赞当北都总管时，寇准乃其上司，常有宴集，且多赋诗。一次寇准询呼延赞“子能吟乎？”呼延赞很谦卑地吟道：“三十年前小健儿，今日相公教吟诗。”[⑦] “小健儿”之“小”很能体现武将在士大夫面前的卑微。

---

① 王夫之：《宋论》卷六，中华书局，1964，第 120 页。

② 田况：《儒林公议》卷上，中华书局，2017，第 34 页。

③ 吴曾：《能改斋漫录》（下册）卷一二，上海古籍出版社，1960，第 358 页。

④ 文莹：《湘山野录·续录·玉壶清话》之《湘山野录》卷中，中华书局，1984，第 39 页。

⑤ 路德维希·维特根斯坦：《维特根斯坦笔记》，许志强译，复旦大学出版社，2008，第 141 页。

⑥ 司马光：《涑水记闻》卷七，中华书局，1989，第 132 页。

⑦ 《文酒清话》，上海师范大学古籍整理研究所：《全宋笔记》（第八编第十册）卷八，大象出版社，2006，第 136 页。

韩琦也曾对狄青说过状元才是“好儿”的话。尹洙更有“状元登第，虽将兵数十万，恢复幽蓟，逐强虏于穷漠，凯歌劳还，献捷太庙，其荣亦不可及也”之说[①]。在科举这种政治文化的熏陶下，凡非科举者出身皆受到鄙视，即使是富甲一方亦上不了台面，故宰相丁谓有诗云：“千金家累非良宝，一品高官是强名。”[②]在此种文化氛围下，武将亦不得不屈服于此种政治文化的压制和约束，抛弃武将的一些价值观和习俗，向文官靠拢，力图摆脱内心的自卑。所谓“介胄之士与缙绅同称，宁名号未正，毋示人以好武之机”。[③]西昆派著名诗人杨忆说“本朝武人多能诗”，就反映了武夫文人化的倾向。[④]北宋大将任福“少时颇涉书史”。[⑤]狄青生活在这样一个文人当道的政治时代，他的仕途和战功同样必须受到文人政治的制约和影响。

狄青爵位和仕途的上升一方面是自己的征战功勋，但另一方面还是靠文臣的提拔和赏识。对于像狄青这样的优秀将领，文臣们是既提拔又严加防范的。这是北宋文人政治体制所决定的。狄青在这种武人地位极低的时代，也不断遭到文人的挤压和歧视。在西北前线，就有这种遭遇，如歌妓白牡丹尝辱狄青。《默记》载：

> 韩魏公帅定，狄青为总管。一日会客，妓有名白牡丹者，因酒酣劝青曰：“劝班儿一盏。”讥其面有涅文也。青来日遂笞白牡丹者。[⑥]

白牡丹之所以敢如此放肆，就是受到文人政治风气的影响，不把武将当回事，故有“班儿”的戏弄。醉而吐真话，文人刘易的使酒骂坐更是针对武将的

---

① 田况：《儒林公议》卷上，中华书局，2017，第8页。

② 《丁晋公谈录》（外三种）之《国老谈苑》卷二，中华书局，2012，第82页。

③ 脱脱等：《宋史·职官志》卷一六一，中华书局，1985，第3771页。

④ 《杨文公谈苑》，上海师范大学古籍整理研究所：《全宋笔记》（第八编第九册）卷八，大象出版社，2006，第148页。

⑤ 司马光：《涑水记闻》卷一二，中华书局，1989，第226页。

⑥ 王铚：《默记》卷上，中华书局，1981，第15页。

凌辱。王铚笔记记录了韩琦看到的一幕。

公言：狄青作定副帅，一日宴公，惟刘易先生与焉。易性疎讦，时优人以儒为戏。易勃然谓："黥卒敢如此。"诟骂武襄不绝口，至掷樽俎以起。[①]

"黥卒"就是指狄青，这种符号所指亦是文人政治的习俗了。狄青当上枢密副使后又遇上所谓"赤枢"之蔑称。据江休复的随笔所录：

都下鄙俗，目军人为赤老，莫原其意。缘尺籍得此名耶？狄青自延安入枢府，西府迓者累日不至，问一路人，不知乃狄子也。既云未至，因谩骂曰："迎一赤老，累日不来。"士人因呼为赤枢。[②]

"赤枢"是对狄青的蔑称，这表明官位的升高并不代表武将地位的根本改变。狄青生活在文人政治这堵高墙的缝隙中，只是当西夏叛乱时，为宋帝国的根本利益着想，文臣们对于立功的武将才多有所回护和赞赏。如庆历二年夏四月张方平即上疏朝廷请擢用狄青。

势不得已，莫若且取陕西偏裨之知名者，如狄青、范全辈，每路辄徙一两人。况自西用兵已来，三年于兹，立功将士如青等，未尝得一到京辇，仰望天颜。若以此为名，召之赴阙，量其材器，稍迁用之，追崇勋等，使奉朝请。[③]

① 《韩忠献公遗事》，《全宋笔记》（第一编第八册），大象出版社，2003，第 23 页。

② 江休复：《江邻几杂志》，朱易安，等编：《全宋笔记》（第一编第五册），大象出版社，2003，第 139 页。

③ 李焘：《续资治通鉴长编》（第六册）卷一三五，中华书局，1992，第 3239—3240 页。

对于狄青在边关所犯的一些过失，文臣们基本上也是尽量为其说话而保其前程。如庆历三年冬，狄青卷入边臣张亢等使过公使钱事件，著名文人领袖欧阳修就不断上疏朝廷为其求情开脱。

> 臣风闻边臣张亢，近为使过公使钱，见在陕西置院根勘，其勘官所取干连人甚众。亦闻狄青曾随张亢入界，见已勾追照对。臣伏见国家兵兴以来，五六年所得边将，惟狄青、种世衡二人而已，其忠勇材武，不可与张亢、滕宗谅一例待之。臣料青本武人，不知法律，纵有使过公用钱，必非故意偷慢，不过失于检点，致误侵使而已。方今议和之使，正在贼中，苟一言不合，则忿兵为患，必致侵边。谨备边防，正藉勇将，况如青者无三两人，可惜因些小公用钱，于此要人之际，自将青等为贼拘囚，使贼闻之，以为得计。伏望特降指挥委元勘官，只将张亢一宗事节，依公根勘，不得枝蔓勾追。其狄青纵有干连，仍乞特与免勘。①

欧阳修与狄青并无什么交情，他主要是出于边关难得将才的爱才心理为狄青说话。故有所谓“于此要人之际”，“谨备边防，正藉勇将”云云。维护狄青等边将，也是为文人政治的整体利益着想。其实当时主帅皆文臣，狄青的卷入亦确如欧公所言“青本武人，不知法律，……失于检点，致误侵使”等正是以武将的弱点为其辩护，这暗含了士大夫官僚的裁判地位和优越感。当时知渭州的尹洙也极力为之辩解陈情。

> 臣窃见自来武臣，将所赐公使钱，诸杂使用，便同己物。其狄青于公用钱物，即无毫分私用。况本路自西事以来，所添兵数、主兵臣僚、指使、使臣等，数倍于旧。又狄青多与众官躬亲提举教阅，军中将校，每有犒设，以此所费益多。若不别将钱物回易，即无由充用。狄青素来谨畏小心，其

① 李焘：《续资治通鉴长编》（第六册）卷一四四，中华书局，1992，第3489页。

实武人未晓朝廷宪法，自闻推究公用钱物，谓制院须来追摄照对，臣虽日夕晓譬，终是内怀忧惧。……今乃以细微诖误，令其畏惧如此。今边上日有探到事宜，万一贼兵骤至，若须领兵出外，似此忧疑之中，窃虑不能主理军政，别致阙事。伏望圣慈垂察，特降朝旨，晓谕狄青，庶令安心，专虑边事。①

庆历四年，因对于蕃部中修筑水洛城意见有异，韩琦和郑戬互不相让。郑戬知永州后，“极言城水洛之便，役不可罢命刘滬、董士廉督役如故”。②郑戬罢统四路后，尹洙檄刘沪、董士廉罢役，不听，以张忠代之，又不从。尹洙怒，命狄青领兵巡边，“追沪、士廉，欲以违节度斩之。青械二人送德顺军狱。”③后蕃部诉之鱼周询，询具奏，诏释之。狄青械刘沪和董士廉事件，遂在朝野闹得纷纷扬扬，欧阳修等文臣却不断为其说话。希望于狄、刘二人两相保全，不使狄青难受。谏官孙甫就认为“虽然狄青为一道帅，下有不从令而朝廷释之，青不无怏怏心。况今之将臣，如青之材勇者不可多得，此固难处置，惟朝廷两全之”。④余靖也主张两全之。

狄青所执，但以筑孤垒于生羌之中，恐贼昊来攻，有难守之势，故与沪等异同，因其忿而执之尔。朝廷若欲伸大将之令而罪沪等，则沪以威信招纳戎人，戎方来归，而谋者获罪，今后立功者怠，而又失信于戎，必不可也。若以狄青倚公法肆私忿而责之，则恐今后偏裨轻于违犯，此又非朝廷之意也。二者之间，均是害焉。……今为朝廷计，当切责沪罪，而推恩恕之，使其城守，责以后效。仍诏青等共体此意，沪等所筑之城业已就，

① 李焘：《续资治通鉴长编》（第六册）卷一四四，中华书局，1992，第3490页。
② 李焘：《续资治通鉴长编》（第六册）卷一四七，中华书局，1992，第3557页。
③ 同上。
④ 李焘：《续资治通鉴长编》（第六册）卷一四八，中华书局，1992，第3575页。

将军既困之矣，恕之令其自守。此边鄙安危之计，非私于沪。[①]

狄青的恩师范仲淹亦上疏朝廷，希望两全狄青和刘沪。

臣料其情，盖本人在彼相杀得功，降下周回蕃部，又已下手修筑城寨，惧见中辍之后，本路责其经画不当，故以死拒抗；一面兴修，意望成功，亦求免罪，始末可见，非有他意。况刘沪是沿边有名将佐，最有战功，国家且须爱惜，不可轻弃。恐狄青因怒辄行军法，则边上将佐，必皆衔冤，谓国家负此有劳之臣，人人解体，谁肯竭力任边事？其董士廉是朝廷京官，即非将佐，亦将一例枷勘。盖狄青粗人，未知朝廷事理。万一二人被戮，逐家骨肉必来诉于阙下，亦更多有臣僚上言紊烦圣听。……伏望圣慈，特遣中使乘驿往彼，委鱼周询、周惟德取勘刘沪所犯因依情罪闻奏，仍送邠州拘管，听候朝旨。一则惜得二人，不至因公被戮，二则惜得狄青、尹洙，免被二家骨肉称冤致讼。傥允臣所奏，事可两全，彰陛下保庇边将之恩，使武臣效死以报圣德。[②]

欧阳修对这个事件也颇关注，曾两次上疏言及此。他极力主张“事体须要两全”，力图保全武将。他很看重狄青的将才，认为“国家近年，边兵屡败，常患大将无权。今若沮狄青而释刘沪，则不惟于青之意不足，兼缘边诸将皆挫其威”。[③]他还提出一个解决危机的两全其美的具体办法。

若遂移青于别路，则是因一小将易一部署，此其不便五也。此臣所谓利害最难处置者也。近遣鱼周询定夺利害，臣谓宜命一中使令周询密谕狄

① 李焘：《续资治通鉴长编》（第六册）卷一四八，中华书局，1992，第3576页。
② 李焘：《续资治通鉴长编》（第六册）卷一四七，中华书局，1992，第3557—3558页。
③ 李焘：《续资治通鉴长编》（第六册）卷一四八，中华书局，1992，第3577页。

青曰："沪城水洛，非擅役众，盖初有所禀。且筑城不比行师之际，沪见利坚，执意在成功，不可以违节制加罪。今不欲直释沪以挫卿之威，宜自释之。后若出师临阵而违节制者，自当以军法从事。"然后又谕沪曰："汝违大将命，自合有罪；今以汝城水洛有功，故使青赦尔，责尔卒事以自赎。"俟城成，则又戒青不可幸其失城以遂偏见。如此则水洛之利可固，蕃户之恩信不失，边将立事者不懈，大将之威不挫；苟不如此，未见其可也。①

欧阳修后来又再奏此事，表示如果实在不得已，宁可调走尹洙，也不可动刘沪和狄青等武将。因为"大凡武臣尝疑朝廷偏厚文臣，假有二人相争，实是武人理曲，然终亦不服，但谓执政尽是文臣，递相党助，轻沮武人。"②可是当朝廷升任狄青时，士大夫们的反对声就多了。庆历四年夏，朝廷欲命狄青知渭州，时为谏官的余靖立即上疏极力反对，并列出不可升用狄青的六条意见。

臣以为当今天下之官，最难其才者，唯是陕西四路帅府，于四路之中，当贼冲而民户残破，军中气索，泾原最甚。当择天下才智第一，授以泾原军民之政。今付狄青刚悍之夫，不可者一也。朝廷自来以武人粗暴，恐其临事不至精详，故令文臣镇抚，专其进止。今狄青不思旧来制御之意，不可者二也。初缘狄青出自行间，名为拳勇，从未逢大敌，未立奇功，朝廷奖用太过，群心未服。今专使统一路兵马，必无兼才厌服其下。且以尹洙之才与相佐，尚犹如此，若独任刚狷之人，众所未服，必致败，不可者三也。本来选用狄青，谓其刚果堪为斗将，今兼知渭州。且夫知将以城守为能，斗将得野战为勇，各有以抚军民，今来狄青出战，则须别得守城，守城则当求知将，岂此一夫所能兼之？其不可者四也。昨日狄青、尹洙同枷勘刘沪，朝廷嫌其率暴，故移尹洙庆州，今洙当降罢，而青得进用，乃是

① 李焘：《续资治通鉴长编》（第六册）卷一四八，中华书局，1992，第3577—3578页。

② 同上，第3590页。

朝廷专罪尹洙。且狄青粗率武人，岂得全无血气？枷送沪等，未必尽由尹洙，归罪于洙，事未明白，不可者五也。凡暴贵之人，不能无骄，狄青拔自行伍，位至将帅，粗豪之气，固已显露，只如昨来朝廷所差医官，身带京职，青以一怒之忿，便行鞭朴。如此恣意，岂是尹洙所使？朝廷归罪于人，亦须察访其实，不可者六也。且庆州极边帅府，非是养病之地，伏乞朝廷别选才智之人，以守渭州，兼进止一路兵马，专委狄青斗将之事。其孙沔傥或不病，则当发遣赴任渭州，如实有病，即召归京师诊理，所以示朝廷忧边谨罚之意。①

余靖所列狄青六条，只有“鞭朴”医官是一条具体过失。械沪乃受尹洙所遣，但余靖却臆想是狄青所为。其余所奏都是空洞的话语，充满了文臣一贯的对武将的歧视和偏见。在他看来“天下才智第一”一定是文臣，狄青“出自行间，名为拳勇，从未逢大敌，未立奇功，朝廷奖用太过，群心未服”。而满纸的对武将所下的“刚悍”“刚狷”“粗豪”和“粗暴”等断语不过是北宋朝廷文人轻视武人的一贯看法。且他对狄青只看到“刚果”一面，故把他当成一般的冲锋陷阵的“斗将”，认为他绝对不可能有独当一面的将才。在保守的余靖看来，文臣当主帅是天经地义的，所谓“文臣镇抚，专其进止”，即使失败，也不容轻易改变统兵格局，故又上奏云：

求一士而分其任，纵无奇才，比于专委一夫，不犹愈乎？况好水之败，韩琦等为招讨使，定川之败，王沿为都部署，皆号本朝精选，尚犹不免丧师，岂可狄青独能了乎？又武臣在边，文臣掣肘之议，本为不近人情，且琦、仲淹等领兵之日，自谓安边之谋臣，及其归朝，遂生掣肘之谬论。

由于余靖等的论列不已，朝廷改以文臣王素为泾原帅，狄青为泾原部署。

① 李焘：《续资治通鉴长编》（第六册）卷一五〇，中华书局，1992，第3627页。

皇祐中当狄青升为枢密副使，进入政权核心后，更遭到不少文人的激烈反对。御史中丞王举正认为狄青“出兵伍为执政，本朝所无，恐四方轻朝廷”。[①]而左司谏贾黯更列出不可让狄青任枢密副使的五条理由，李焘《续资治通鉴长编》载：

> 国初武臣宿将，扶建大业，平定列国，有忠勋者不可胜数，然未有起兵伍，登帷幄者。今其不可有五：四裔闻之，有轻中国心，不可一也。小人无知，闻风倾动，翕然向之，撼摇人心，不可二也。朝廷大臣，将耻与为伍，不可三也。不守祖宗之成规，而自比五季衰乱之政，不可四也。青虽才勇，未闻有破敌功。失驾御之术，乖劝赏之法，不可五也。[②]

贾黯詹詹不休地所奏之五点，其核心问题不过依旧指向狄青士卒的卑微出身，所谓“未有起兵伍，登帷幄者”。贾黯是狄青的后辈，却是庆历六年丙戌科的状元，故对狄青有一种天生的优越感。他与王举正的心思完全一样，都是文人的固执的偏见作怪。因为在北宋，能进枢密副使，一般至少必须是进士及第或世家勋贵者。故有“朝廷大臣，将耻与为伍”的歧视。“小人无知，闻风倾动，翕然向之，撼摇人心”乃暗指将士会拥戴狄青，破坏文人体制。这是文臣最忌惮的事。“自比五季衰乱之政”则是五代军阀主宰朝政的文化记忆的说教。然说狄青“未闻有破敌功”则是对他在西部战线卓越战功的视而不见了。御史韩贽“亦以为言”。不过，仁宗皇帝还是维持了对狄青的任命。武臣进枢密院，一般均会遭到反对，如英宗治平三年，朝廷任命郭逵为签枢密院事，即遭到反对。

> 殿前都虞侯、容州观察使郭逵检校太保、同签书枢密院事。同签书枢密院事自逵始。于是知制诰邵必当制，草词以进，而言逵武力之士，不可

---

① 李焘：《续资治通鉴长编》（第六册）卷一七二，中华书局，1992，第 4153 页。

② 同上。

置庙堂，望留诰敕与执政熟议。弗听。逵既入西府，众多不服。①

“武力之士，不可置庙堂”可看出文臣对武将的权力定位。平定侬智高，狄青终于有了正大光明的“破敌功”了，但推荐他的庞籍却极力反对，仁宗只得让狄青继续当枢密副使。只是由于后来梁适等文人内部的相互倾轧，狄青才得以进位枢密使。这后面文人集团之间的政治博弈可谓暗潮涌动。士大夫司马光《涑水记闻》详细记录了当时文臣之间这场惊心动魄的政治斗争。其笔记载：

是时，适意以若讷为枢密使，位在己上，宰相有缺，若讷当次补；青武臣，虽为枢密使，不妨己涂辙，故于上前争之。既不能得，退甚不怿，乃密为奏，言狄青功大，赏之太薄，无以劝后；又密令人以上前之语告青；又使人语内侍省押班石全彬，使于禁中自讼其功，及言青与孙沔褒赏太薄，适许为外助。上既日日闻之，不能无信。顷之，两府进对，上忽谓籍曰：“平南之功，前者赏之太薄，今以狄青为枢密使，孙沔为枢密副使，石全彬先给观察使俸，更俟一年，除观察使，高若讷优迁一官，加近上学士，置之经筵。”又言张尧佐亦除宣徽使，声色俱厉。籍错愕，对曰：“容臣等退至中书商议，明日再奏。”上曰：“勿往中书，只于殿前门合内议之，朕坐于此俟之也。”若讷时为户部侍郎，籍乃与同列议于合内，以若讷为尚书左丞，加观文殿学士兼侍读，其余皆如圣旨。入奏之，上容色乃和，遂下诏行之。②

此文献记录了当时文臣之间复杂微妙的权力斗争。梁适想当宰相，担忧文臣高若讷若为枢密使，位在己上，而且补宰相之缺。而狄青是武人，进位枢密使后对梁适未来仕途没有影响，故其与内侍石全彬等合谋全力助狄青进位枢密使。而仁宗也一直感觉对征南将士赏赐太薄，故从梁适之愿。然而狄青虽然当

① 李焘：《续资治通鉴长编》（第八册）卷二〇八，中华书局，1992，第5051页。

② 司马光：《涑水记闻》卷五，中华书局，1989，第93页。

上了枢密使，在文人权力游戏中依旧是士大夫的一枚棋子而已，随时都有可能被遗弃。宋代武将的地位，终宋之世，均未有大的改变。唯南渡初年，宋廷不得不依赖中兴四大将抗金，当时武将的地位稍有改观。① 但是文臣们依旧不忘文人主政的传统，高宗杀岳飞后，文臣重新全面掌握权力的核心。

故狄青罢右将，为使相时，当时文臣王陶就说“此乱阶也，请自今军伍之人不得任枢密使相。”② 所谓成也士大夫，罢也士大夫。宋朝政治特质诚如文彦博说的，是皇帝“与士大夫共治天下”，非不仅是老百姓，亦非地位卑微、文人们要时时防范的武臣。武将在朝的命运不过就是不断被文人“洗涤”的过程。所谓“洗涤”者，乃狄青自己说的话语，颇为形象生动。狄青在皇祐年间进位枢密副使后，文臣刘敞就不遗余力地要把他整下去。《续资治通鉴长编》载其事：

> 自皇佑末有日食之变，敞尝献《救日论》三篇，备言所以防奸御变之术，青见而恶之，谓所亲曰：“刘舍人以此洗涤青邪！”③

刘氏连篇累牍的所谓“防奸御变”之“奸”，即暗指狄青。故狄青“恶之”。感觉自己是被“洗涤”。文臣们对于狄青的功勋，也含嫉妒之情。他们称其为“赤枢”，并常常取笑其脸上的“面涅”，或贬其“尚未得古之名将一二”。狄青位枢密使四年，其实相当低调，忠心于朝廷，但文人们依然想方设法将其排挤出权力中枢，就是因为这种潜在的担忧。嘉祐初，仁宗不豫，文臣们议立储，

---

① 如庄绰《鸡肋编》所记韩世忠轻蔑文士的故事：韩世忠轻薄儒士，常目之为“子曰”。主上闻之，因登对问曰：“闻卿呼文士为子曰，是否？”世忠应曰：“臣今已改。”上喜，以为其能崇儒。乃曰：“今呼为萌儿矣。”上为之一笑。后镇江帅沈晦因敌退锡宴，自为致词，其末云：“饮罢三军应击楫，渡江金鼓响如雷。”韩闻之，即悟其旨，云：“给事，世忠非不敢过淮。”已而，自起以大觥劝之，继而使诸将竞献。沈不胜杯酌，屡致呕吐。后至参佐僚属，斟既不满，又容其倾泻。韩怒曰：“萌儿辈终是相护！”又戏沈云：“向道教给事休引惹边事。”盖指其词为引惹也。（卷下，中华书局，1983，第95—96页。）

② 王偁：《东都事略》卷八五，《二十五别史》（第十四册），齐鲁书社，2000，第712页。

③ 李焘：《续资治通鉴长编》（第九册）卷二二一，中华书局，1992，第5371页。

却不与身为枢密使的狄青商量。江休复笔记载："富、范议建储，王德用在密府，合掌加额云：'置这一尊菩萨何地？'"[①]王德用之意在提醒文臣们尊重下作为枢密使的武将狄青，其实也包括他自己，但却被欧阳修嘲讽为"老衙官何所知"。接着欧阳修就立即上《论狄青札子》要求罢狄青枢密使职。该文极尽文人陷害他人之文字天赋，几陷狄青于"灭族之祸"。

> 臣窃见枢密使狄青，出自行伍，号为武勇，自用兵陕右，已著名声，及捕贼广西，又薄立劳效。自其初掌机密，进列大臣，当时言事者已为不便。今三四年间，虽未见其显过，然而不幸有得军情之名。……而青本武人，不知进退。近日以来，讹言益甚，或言其身应图谶，或言其宅有火光，道路传说以为常谈矣，而惟陛下犹未闻也。且唐之朱泚，本非反者，仓卒之际，为军士所迫尔。大抵小人不能成事而能为患者多矣，泚虽自取族灭，然为德宗之患，亦岂小哉？夫小人陷于大恶，未必皆其本心所为，直由渐积以至蹉跌，而时君不能制患于未萌尔。[②]

欧阳修此札子，除了继续蔑视狄青的功绩外，又别有用心地引唐朱泚叛乱来影射狄青即使无反心亦会被部下拥戴。这篇文字就是告诉皇帝，狄青有谋反的"他志"。对于欧阳修此文，后世争议其是否在于保全还是陷害狄青，但清人魏禧却看透其深意。

> 公则曰："今虽未见显过，走隐然以其心为不可问也"；又曰："外人谓青用心有不可知，此臣所不敢决是，显然以青为叵测也，至采身应图谶、宅有火光，无稽之讹言，以耸动主上。而又引朱泚以为证其后。又因水灾

---

① 江休复：《江邻几杂志》，朱易安，等编《全宋笔记》（第一编第五册），大象出版社，2003，第 174 页。

② 《论狄青札子》，《欧阳修全集》（第四册）卷一〇九，中华书局，第 1656—1657 页。

兵建皇嗣极言。”噫！幸其君为仁庙耳。使遇汉景、唐肃德，则公一言杀青而有余。而青灭族之祸，固已不旋踵矣！①

欧阳修对狄青之所以如此诋毁，就是因为狄青作为武将进入了核心执政圈，这是不能被文人集团所容忍的。

总的来说，无论欧阳修等文人士大夫为狄青说话求情还是后来驱逐狄青，都是着眼于北宋以文人为主体的政治权力的维护和巩固。② 因此士大夫们既有奖拔狄青者，亦有压制他的举动。士大夫集团都有一个共同的核心原则，就是绝不能让武人把持朝廷大权，武将绝对不能挑战这个权力体制。狄青只能生活在士大夫的权力圈中，受其制约。

第二节　狄青与文臣之交游

按照美国著名学者米德的说法，“交流对我们所说的‘心灵’的本性具有根本的意义。心灵是一种交流过程。”③ 那么一个历史人物的政治心灵或心态则是其主体与政治人物之间的交流或交往的复杂活动中所呈现的一种复杂的心态反映。狄青的政治心灵也可以通过考察他与同时代文臣士大夫的交往来一窥究竟。

北宋号称“大范”的范雍对狄青有知遇之恩。雍字伯纯，世家太原，卒谥忠献，世称范忠献。西夏元昊反，拜振武军节度使，知延州。范雍镇边关“好

① 《书欧阳文忠论狄青札子后》，《汾阳县志·艺文三》卷一三。

② “名将狄青的悲剧从上演到落幕，始终有一个文臣群体在不断地推动和运作。在论奏罢免狄青，导致名将之死的过程中，欧阳修、刘敞、吕景初等表现最为活跃，而翰林学士欧阳修在其中起了决定性的作用。欧阳修的三次上疏对狄青之贬乃至身死起了至关重要的作用”。参见罗家祥《欧阳修与狄青之死》，载《学术月刊》2008 年第 4 期。

③ 乔治·H. 米德：《心灵、自我与社会》，赵月瑟译，上海译文出版社，1992，第 44 页。

谋而少成”。[①]又轻信了元昊的求和通款，致有三川口惨败，石元孙和刘平等将皆被西夏所执。然其“为治尚恕”，能慧眼识英雄，救狄青于刀下。《续资治通鉴长编》记载其“颇知人，喜荐士，后多至公卿者。狄青初为小校，坐法当斩，雍贷之”。[②]狄青当时所坐何罪，已不可知。但范雍愿贷其罪，可见其对狄青的器重。范雍应该是最早知遇狄青的文臣士大夫。狄青对范雍的知遇之恩亦念念不忘。他后来仕途显贵，对范氏后人异常之好。南宋初的周辉《清波杂志》有记：

> 狄武襄青受范忠献之知，每至范氏，必拜于家庙，入拜夫人甚恭，以郎君之礼事其子弟。狄乃武将，能知义不忘恩，可书也。[③]

文臣余靖非常欣赏狄青这种不忘旧恩的为人处事，他总结为“公于交游，在亡不渝”，可谓狄青与士大夫交往的一种心灵状态。[④]他对有恩于自己的文臣皆如此。不过，狄青真正进入当世名臣巨公的视线，尹洙的赞赏推荐起了关键的作用。在北宋，文臣期许赏识的武将并不多。范雍的三川口大败后，宋廷以夏竦为经略安抚使，范仲淹、韩琦为副使，又以洙为判官。当时狄青正在延州任指使，二人因而相识。《宋史·狄青传》云：“尹洙为经略判官，青以指使见，洙与谈兵，善之。”[⑤]《石林燕语》说：“与尹师鲁尤善。师鲁与论兵法，终不能屈。”[⑥]尹洙本人“性高而褊”，在士大夫中是比较孤傲的。[⑦]他能赏识并提携武将狄青，可谓极为难得。盖有两个特殊原因：其一是狄青相貌俊秀，非一般赳赳

① 脱脱等：《宋史》（第二十八册）卷二百八十八，第 9679 页。

② 李焘：《续资治通鉴长编》（第七册）卷一五八，中华书局，1992，第 3818 页。

③ 刘永祥：《清波杂志校注》卷五，中华书局，1994，第 219 页。

④ 余靖：《宋故狄令公墓铭》，曾枣庄、刘琳主编：《全宋文》（第二十七册）卷五七三，安徽教育出版社、上海辞书出版社，2006，第 118 页。

⑤ 脱脱等：《宋史》（第二十八册）卷二九〇，中华书局，1985，第 9718 页。

⑥ 叶梦得：《石林燕语》卷九，上海师范大学古籍整理研究所编：《全宋笔记》（第二编第十册）卷七，大象出版社，2006，第 130 页。

⑦ 王铚：《默记·燕翼诒谋录》，中华书局，1981，第 44 页。

粗豪武夫可比，其状近于文人；其二，这也是最重要的，狄青年轻时曾做过书佐，故能识文通兵法。这在当时由士卒出身的武将中是非常少见的。当时宋朝武将善战者且又通兵法者可谓凤毛麟角。关于此点，陈峰所论最当：

> 就北宋军班行伍出身武将的背景而言，由于绝大多数来自于下层，因此普遍存在严重缺乏文化素养的缺陷，其最初被选拔时，主要凭借的都是武艺水平。故在他们身上不免具有谋略不足的弱点，其用兵主要凭借武勇，如狄青那样谋勇兼备者并不多见。①

由于狄青的这种出众才华，故尹洙对狄青一见倾心。他异常赏识狄青的才略，极赞其“古之名将，无以过也。”②不久他便将狄青力荐给当时既是镇防西夏又皆是朝廷重臣的范仲淹和韩琦。范仲淹当时在边关被称为“小范”，以持重坚守而闻名，夏人畏惧，有“无以延州为意，今小范老子腹中有数万甲兵，不比大范老子可欺也”之说。当时边民亦盛传“军中有一范，西贼闻之惊破胆”。③他的《渔家傲》(塞下秋来风景异）描述与西夏作战时的边关生活，是北宋较早的边塞词。然其“人不寐，将军白发征服泪”，却是过于哀愁伤感，曾被欧阳修讥为“穷塞主词”。范仲淹一见狄青亦感欣喜，有一见如故、相见恨晚之感，以为得不世之将才。盖宋王朝“承平岁久，中原无宿将”，狄青之杰出让范仲淹倍感人才甚为难得。

范公于是勉励狄青读书，向儒将靠拢。叶梦得的随笔说：“范文正一见，知其后必为名将，授以《左氏春秋》。”④“知其后必为名将”，既是范仲淹对狄青将

---

① 陈峰：《北宋武将群体与相关问题研究》，中华书局，2004，第 91 页。

② 同上。

③ 孔平仲：《孔氏谈苑》卷三，载《丁晋公谈录》（外三种）卷四，中华书局，2012，第 352 页。

④ 《石林燕语》卷九，上海师范大学古籍整理研究所编：《全宋笔记》（第二编第十册）卷七，大象出版社，2006，第 130 页。当时文臣见武将多勉励读书，这也是文人政治的风气使然。如《宋史·郭逵传》云：“逵为三班奉职，隶陕西范仲淹麾下，仲淹勉以问学。”

才的赏识，也是对其政治仕途的卓识远见。关于范公“授书”之事，《邵氏闻见录》亦载云：

> 文正公授以《春秋》《汉书》曰：“为将而不知古今，匹夫之勇耳。”武襄感服，自勉励无怠，后位枢密。[①]

文臣对“匹夫之勇”最为嗤之以鼻。因范仲淹的这种教导，此后他读书研习兵法更加勤奋，终成一代名将。“遂折节读书，自春秋战国至秦汉用兵成败，贯通如出掌中”。[②] 对于《春秋左传》他一直习学不辍。史载著名文人何涉“虽在军中，亦尝为诸将讲《左氏春秋》，狄青之徒皆横经以听。”[③] 这种御军而手不释卷的习惯，开阔了狄青的军事和政治视野，使他逐渐从一名勇将成长为统帅型的大将。范公“授书”对狄青成为一代名将影响甚巨，盖《左传》中战争叙述特多，当时兵法家多喜读此书，如比狄青年岁稍大的前辈兵法家许洞就很爱读《左传》。王闢之《渑水燕谈录》就说：“（狄青）公于是博览书史，通究古今。已而立大功，登辅弼，书史策，配享宗庙，为宋名将，天下称其贤。”范公之授书一直是为北宋文人所津津乐道的佳话，因为它蕴含了一种文化符号的力量和象征意义。即狄青从一个黥卒健儿经士大夫“折节读书”的调教，从此转变为一名儒将。后世文人歌咏狄青者亦多有此说。如清代田震云：“或言折节能

---

① 邵伯温：《邵氏闻见录》卷八，中华书局，1983，第83页。

② 上海师范大学古籍整理研究所编：《全宋笔记·石林燕语》（第二编第十册）卷七，大象出版社，2006，第130页。

③ 脱脱等：《宋史·儒林·何涉传》（第三十七册）卷四三二，中华书局，1985，第12843页。按：宋人笔记所载皆谓范仲淹授狄青《春秋左传》，唯庄绰《鸡肋编》云是范公之子纯仁：“范文正公四子，长曰纯祐，材高善知人。如狄青、郭逵，时为指使，皆礼异之；又教狄以《左传》，幕府得人，多所荐达。”（卷中第65页）翁按：《西夏纪事本末》载范公在延州时，长子纯祐为监簿，常伴随左右，“与诸将卒错处，钩深摘隐，得其材否”。（卷一四）纯祐即是纯仁。大概范公父子皆赏识狄青不已，故有纯仁之说。

读书，每以经术为兵符。”[①] 程学礼云：“将军折节肯读书，异略奇谋动人主。”[②]

不少文献都说尹洙举荐了狄青，不过，张舜民《画漫录》所录与之稍有出入。其所记载的却是种世衡向范仲淹举荐了狄青。

> 种世衡知城，范文正帅麒延，料阅军书至夜分，从者皆休，惟狄不懈，呼之即至。每供事，两手如玉，种以此异之，授以兵法。然又延之于范公，遂成名。[③]

按张氏所记，则狄青通晓兵法乃种世衡所传，种世衡字仲平，是北宋真宗朝著名隐士种放兄之子，以文人为武官，时通判鄜州。他对狄青的器重，也是因其与众不同的行为所吸引。据说种氏读军书至夜分“从者皆休，惟狄不懈”。[④] 狄青所为体现了对主帅的尊重勤恳。宋代乃君主与文人共治天下，武将必须依附文臣，故多以独异众人之行为以期获得官僚们的注意。如与狄青同时代的武将郭奎也以散直为延州指使。“范文正公为帅，令主私藏，端坐终日不出门，文正益任之。”太尉杨遂微时为文彦博虞候吏，每有燕集，他“独不食余馔，他人与之，亦不顾。潞公以此奇之。”[⑤] 狄青以此勤勉获种世衡器重，既而又延之范公，这对当时的武将而言是很有代表性的。或许尹洙和种世衡都曾向范仲淹举荐过狄青，所谓英雄所见略同。由于范仲淹和韩琦的礼遇，也因狄青作战的英勇，他在边关声名鹊起，威震西陲，朝廷听闻。范仲淹和尹洙两位文臣对狄青是真心的礼遇和尊重，从没有那种北宋文人一贯歧视武人的陋习。后来无论狄青仕途如何显达，二人从未在言语上攻击过他，故狄青对二人一直很尊敬。他

---

① 《谒狄武襄祠》，《汾阳县志·艺文》卷一四。

② 《狄武襄公祠》，《汾阳县志·艺文》卷一四。

③ 上海师范大学古籍整理研究所编：《全宋笔记·画漫录》（第二编第一册），大象出版社，2006，第 206 页。

④ 同上。

⑤ 邵伯温：《邵氏闻见录》卷八，中华书局，1983，第 83—84 页。

终身对尹洙一直非常敬重。“尹洙以贬死，青悉力赒其家事”。[①]范仲淹在狄青领兵征南的那一年去世，狄青对待范公后人如对至亲，多有爱护。“文正既殁，其子纯礼服除还台，当涖吴中市征，公首为启陈，得署河南宾幕，以便坟垄，识者称之。”[②]高晦叟笔记亦云狄青当时所赠财物最多。

> 范文正公贤高一代，践更贵仕至登政府。常务赒赈宗族，以逮孤远。薨之日，家无余赀，窀穸有期。素相厚善者，韩、富、田、裴诸公各出金帛之助。狄武襄常在麾下，早被知鉴，时位枢席，赙赠倍腆于诸公，敻然有古风，悠悠之交，非其比也。[③]

北宋文臣待遇俸禄最优，而狄青“赙赠倍腆于诸公”，故高氏赞其有“古风”，可见狄青对范仲淹的尊重和感恩。

当时另一位名宦巨公韩琦也在延州当帅，结识了正崛起的狄青。韩琦是狄青当兵那一年及第的，与狄青可谓有宿缘。有一种说法是韩、范二人同时见到并都赏识狄青。孔平仲《谈苑》云：“初，青在行伍间，韩魏公、范文正公一见，皆称其有将相之器，果能为国立功，为时名将。”[④]韩琦对待狄青也是很赏识的，但他防范和歧视武将的政治意识和偏见却较深。他对狄青是既重用又不时打击，可谓恩威并施，目的就是让狄青知道，政治权力和朝廷乃是文人士大夫的。如狄青在韩琦帐下，酒宴时曾遭一妓的侮辱。《默记》载：

> 韩魏公帅定，狄青为总管。一日会客，妓有名白牡丹者，因酒酣劝青

---

① 脱脱等：《宋史·狄青传》（第二十八册）卷二九〇，中华书局，1985，第9721页。

② 余靖：《宋故狄令公墓铭》，曾枣庄、刘琳编：《全宋文》（第二十七册）卷五七三，安徽教育出版社、上海辞书出版社，2006，第118—119页。

③ 高晦叟：《珍席放谈》，朱易安，等主编《全宋笔记》（第三编第一册）卷上，大象出版社，2008，第186页。

④ 孔平仲：《孔氏谈苑》卷四，《丁晋公谈录》（外三种），中华书局，2012，第253页。

酒曰："劝班儿一盏。"讥其面有涅文也。青来日遂笞白牡丹者。[1]

"班儿"是嘲讽狄青行伍军班出身。[2]狄青来日笞白牡丹，是出于对自我身份和尊严的维护。但作为主帅的韩琦却把这件事牢记在心头，寻机警告压制狄青。不久，他就找到向狄青手下偏将焦用下手的机会。《默记》载：

后青旧部曲焦用押兵过定州，青留用饮酒，而卒徒因诉请给不整，魏公命擒焦用，欲诛之。青闻而趋就客次救之。魏公不召，青出立于子阶之下，恳魏公曰："焦用有军功，好儿。"魏公曰："东华门外以状元唱出者乃好儿，此岂得为好儿耶！"立青面而诛之。[3]

韩琦作为士大夫颇重视人的修养，讲究器识宽宏。但在杀焦用这件事上，充分显露其心胸之狭隘和霸道。借故杀狄青爱将焦用，狄青说焦用有军功是"好儿"，恳请刀下留人，但韩琦却说："东华门外以状元唱出者为好儿。"这就是警告狄青，通过科举上来的文人才是主宰权力的一切。"立青面而诛之"其实就是杀鸡儆猴，斩焦用就是故意做给狄青看的。韩琦对狄青武将的身份始终有一种不安和戒心。皇佑末狄青征南获胜后进位枢密使，但韩琦依旧不依不饶地死盯住他，察其一举一动。嘉祐初，狄青被罢免出知外州，韩琦是起了一定作用的。如对狄青"避水相国寺"就抓住不放。狄青对此，深感委屈和不满，他常对人抱怨说："韩枢密功业官职与我一般，我少一进士及第耳。"[4]在文人的宋朝，出于对既得利益的维护，重进士的出身而不重真正的功业。不过，作为武将的狄青确实心胸宽阔，他对有点知遇之恩的韩琦依然敬重，并对韩氏家族也

---

① 王铚：《默记》卷上，中华书局，1981，第 15 页。

② 《曾公遗录》（卷九），中华书局，2016，第 214 页。载：是日，除王恩知镇戎军，姚古知会州。因言："军班有条，不得知军州。然祖宗以来例甚多，如狄青、和斌辈皆是。"上许之。

③ 王铚：《默记·燕翼诒谋录》之《默记》卷上，中华书局，1981，第 15 页。

④ 同上，第 16 页。

很礼貌。“每至韩忠献家，必拜于庙廷之下，入拜夫人甚恭，以郎君之礼待其子弟，其异于人如此”。[①] 其实韩琦虽是仁宗朝重臣，但在与西夏军队的好水川一战中，轻率用兵，“致胜败于度外”，大败于元昊，任福战死。只是因为其属于士大夫官僚阶层，未受惩罚。后又因立储有功，渐成名气而已。

对狄青的政治仕途影响甚大并有交游的，乃是另一位朝中重臣，即著名的庞籍。“籍字醇之，单州成武人。及进士第。知州夏竦以为有宰相器”。[②] 当御史时以敢言著称，被孔道辅赞为“天子御史”。元昊反，西部兵祸连连，庞籍先后任陕西体量安抚使，都转运使、知延州、招讨使等职。庞籍足智多谋，不为元昊送款所诈。使狄青筑招安寨等，多有功绩。元昊称臣后，宋夏和议，庞籍升枢密副使，力张“近塞之兵就食内地”，颇省兵费。庞籍后从参知政事、枢密使到拜同中书门下平章政事，成为独相。他对待狄青这个老部下一直青眼有加。他很了解北宋文人政治的特质，对于狄青这样的杰出武将，他知道怎么用，怎样提拔，故极力保全狄青名节。皇祐四年末，狄青挂帅征南为庞籍所力保。当时谏官韩绛即上疏“谓武人不宜专任”，显示了文人对武将的防范心态。仁宗遂询之狄青的老上司庞籍。庞籍对此却不以为然，他力劝仁宗皇帝放手让狄青总领全军。据王闢之《渑水燕谈录》载：

> 仁宗以问庞庄敏公。曰：“向者王师所以屡败，由大将不足以统一，裨将人人自用，故遇敌辄北。刘平以来，败军覆将莫不由此。青勇敢有智略，善用兵，必能办贼，愿勿忧。”[③]

庞籍说过往宋军失败多是号令不一，所谓“大将不足以统一，裨将人人自用”。后来的事实证明“诸军皆受青节制”是取胜的重要原因。这充分显示了庞

---

① 邵伯温：《邵氏闻见录》卷八，中华书局，1983，第 83 页。

② 脱脱等：《宋史·庞籍传》（第二十九册）卷三一一，中华书局，1985，第 10198 页。

③ 王闢之：《渑水燕谈录·归田录》之《渑水燕谈录》卷二，中华书局，1981，第 13 页。

籍的远见卓识。他深谙文人政治的某些痼疾。由行伍起家的武将狄青统一指挥军队，这在北宋历史上是非常少见的。然王氏所载庞籍之言尚显皮相，司马光《涑水记闻》则将庞籍请求皇帝让狄青独帅的原因说得更详细也更透彻。

> 属者王师所以虑败，皆由大将权轻，偏裨人人自用，遇贼或进或退，力不能制敌也；今青起于行伍，若以侍从之臣副之，彼视青如无，青之号令复不得行，是循覆车之轨也。青素名善战，今以二府将大兵讨贼，若又不胜，不惟岭南非陛下之有，荆湖、江南皆可忧矣。祸难之兴，未见其涯，不可不慎。青昔在麟延，居臣下位，沉勇有智略，若专以智高事委之，使青先以威齐众，然后用之，必能办贼，幸陛下勿以为忧也。①

从司马光的记载来看，庞籍认为必须让狄青独帅的原因有二：一是“大将权轻，偏裨人人自用”；二是“侍从之臣副之，彼视青如无，青之号令复不得行”。第二个原因是决定性的。宋代作战，一直都是以文臣为主帅，武将副之。文臣是绝对的主宰。庞籍暗示，若副帅为文臣，则必然轻视狄青，“视青如无”乃当时文臣蔑视武人的风尚和态度，特别是狄青还是行伍军班出身。所以庞籍提醒皇帝，如此则是“循覆车之轨”，征南必然失败。庆历年间，宋与元昊作战，统兵者皆文人，故多败绩。这一次庞籍终于说服了仁宗。所谓“兵权贵一”，这是讨伐侬智高迅即获胜之关键。②故平南后，仁宗对庞籍的先见之明很佩服，称赞道：“岭表平殄，皆卿之力也。”③不过，在狄青胜利后，庞籍却坚决反对狄青当枢密使，这并非一般文人的歧视和偏见，而是出于保全狄青功名的考虑。庞籍作为官僚阶层的一员，他太了解朝廷士大夫的政治性格和官僚集团对自身利益的捍卫了。狄青当枢密副使，就已经引起很多攻讦。作为武将的狄

---

① 司马光：《涑水记闻》卷十三，中华书局，1989，第260页。

② 许洞：《虎钤经》卷三，中华书局，2017，第73页。

③ 王闢之：《渑水燕谈录·归田录》之《渑水燕谈录》卷二，中华书局，1981，第13页。

青一旦进入这个权力核心，就会使自己成为文臣警惕防范的对象，危机四伏，前途难以预料。《涑水记闻》记录此事甚详。狄青凯旋回朝，仁宗有心立即拔为枢密使，询之庞籍，他先以赏赐过高，后无以为继的借口搪塞皇帝。

昔太祖时，慕容延钊将兵，一举得荆南、湖南之地，方数千里，兵不血刃，不过迁官、加爵邑、赐金帛，不用为枢密使也。曹彬平江南，禽李煜，欲求使相，太祖不与，曰："今西有河东，北有幽州，汝为使相，那肯复为朕死战邪"赐钱二十万贯而已。祖宗重名器如山岳，轻金帛如粪壤，此陛下所应当法也。今青奉陛下威灵，殄戮凶丑，克称圣心，诚可褒赏，然方于延钊与彬之功，则不逮远矣。若遂用为枢密使、同平章事，则青名位极矣，寇盗之警不可前知，万一他日青更立大功，欲以何官赏之哉？且枢密使高若讷无过，若之何罢之？不若且为之移镇，加检校官，赐之金帛，亦足以酬青之功矣。[①]

可是参知政事梁适却出于个人的政治目的，有心让狄青当枢密使。就上奏说文彦博仅取贝州一城，还朝即为宰相，狄青进位枢密使"何足为过哉"？庞籍无奈，这才说出自己真实的想法。

贝州之赏，当时论者已嫌其太重。然彦博为参知政事，宰相有缺，次补亦当为之，况有功乎？又国朝文臣为宰相，出入无常；武臣为枢密使，非有大罪不可罢也。且臣不欲使青为枢密使者，非徒为国家惜名器，亦欲保全青之功名耳。青起于行伍，骤擢为枢密副使，中外汹汹，以为朝廷未有此比。今青立大功，言者方息，若又赏之太过，是复招众言也。"[②]

庞籍"亦欲保全青之功名耳"，应该说是真心话。他是狄青的老上司，有心

---

① 司马光：《涑水记闻》卷五，中华书局，1989，第91页。

② 同上，第92页。

保护。“青起于行伍，骤擢为枢密副使，中外汹汹”也是事实。后来狄青的政治命运果然被不幸言中。仅仅四年后，他即遭到文人集团的排挤陷害，“非有大罪”却被罢免，凄凉谢幕，不久就出知陈州而去世。庞籍对狄青可谓真的爱护。除了朝廷重臣，有些曾对狄青曾有严重偏见的文人后来也改变了态度，典型的如余靖。侬智高叛乱后，文臣久无功，狄青宣抚广南，总制兵马，余靖当时在前线，害怕功劳被狄青所得，遂逼陈曙等将仓促出战，结果大败。[①] 但狄青到广西后对他却很宽厚。他跟随狄青征广南后，由于亲历所见，对狄青态度由轻视转为由衷的钦佩。狄青薨后，他专门为昔日的主帅写了墓志铭。墓铭固多赞语，然其描述归仁铺大战堪为实录，文字间充盈着一种敬意。

> 乙未，至归仁铺，贼悉其众据高迎战，前锋遇之，少却，左第一将孙节死之。公亲执旗鼓，麾骑兵，左右驰出贼后，贼遂大败。[②]

这样的文字描写与滕元发为歌颂文臣专门写的《孙威敏南征录》相去甚远。另一个从狄青征南的重要文臣孙沔也是如此，他最初同样以文人士大夫的骄傲不甚瞧得起狄青，但和（狄青）共事后也转变了态度。南宋李焘的编年史记载：

> 始，与孙沔破贼，谋一出青，贼已平，经制余事悉以委沔，退然如不用意者。沔始服其勇，既又服其为人，自以为莫及也。[③]

余、孙二人对狄青的态度遽变，应该是被狄青的个人魅力所折服。另外一

---

① 司马光《涑水记闻》载：“十一月，狄青至湖南，诸道兵皆会，诸将闻宣抚使将至，争先立功。余靖遣广南西路钤辖陈曙将万人击智高，为七寨，逗留不进。”（卷一三，中华书局，1989，第 260 页）

② 余靖：《宋故狄令公墓铭》，曾枣庄、刘琳主编：《全宋文》（第二十七册）卷五七三，安徽教育出版社、上海辞书出版社，2006，第 117—118 页。

③ 李焘：《续资治通鉴长编》（第八册）卷一八五，中华书局，1992，第 4474 页。

个特殊人物也值得一提，他就是王尧臣。尧臣在狄青入京师当兵的那一年中了状元，卒于嘉祐三年。与狄青在身份上虽有天壤之别，但也算是某种意义上的“同年”和同僚。仁宗庆历中，宋与西夏交兵，王尧臣尝力荐狄青等。

> 庆历中，西方用师，一委韩公、范文正公，皆为招讨副使。……王文公尧臣时为翰林学士，……公具言二公为夷狄所畏，忠勇无比。将御外敌，非二人不可。并荐其麾下狄青、种师道等二十余人可为大将。①

不过后来他与狄青尝同掌枢密府，狄青是使，尧臣为副。出身卑微的狄青反在其上，王尧臣的心态不免失衡，对狄青也抱有那种文人的偏见和一定的嫉妒心理。两人在共事时，他常用言语打击狄青。据王偁《东都事略》云：“狄青以军功起行伍，居大位，而士卒多属目。而青颇有自得色。尧臣与青言：‘古将帅起微贱而富贵，而不能保首领者，可以为鉴戒。’青稍沮丧。”② 狄青去世后一年，天圣年间的状元公王尧臣亦卒，寿五十六。

北宋皇帝对待狄青这样的武将，需要的时候赏赐和尊崇有加，一旦和平，就弃之如敝履。而文人士大夫无论在什么时候，均能安享富贵。狄青的功绩在当时超过了同时代的文臣，但命运依旧黯然。狄青的政治心灵决定了他独特的符号自我的形成。

---

① 叶梦得：《避暑录话》，上海师范大学古籍整理研究所编：《全宋笔记》（第二编第十册），大象出版社，2006，第 298 页。

② 王偁：《东都事略》卷七〇，《二十五别史》（第十四册），齐鲁书社，2000，第 582 页。

第三节　殊途不同归

——狄青与文彦博的将相人生

狄青与文彦博，乃北宋仁宗朝著名的文臣巨公和名将大帅。按说两人均为山西汾州（宋属河东路）同乡，狄青乡里西河，文彦博乃介休。年龄亦差不多，文彦博生于真宗景德三年（1006 年），狄青生于大中祥符元年（1008 年），文彦博长狄青两岁。两人登上最高政治舞台也有点相似之处，都是主动要求平定祸乱而升迁高位。不过在这种表面相似的仕宦经历中，两人还是有很大的不同。狄青英年即被文臣迫害而死，而文彦博比狄青却多活了四十年，享尽官僚士大夫的荣华和人间的福禄寿康。

一、狄青与文彦博之功业与机遇

狄青以行伍出身而位至枢相，主要还是以自己的英勇善战和坚韧意志力，以及杰出的个人表现和骄人的战功而被超拔提升的。其早年在西夏战争中的表现，就很让人瞩目。如余靖所赞："公以材武智略，频与贼较，未尝少沮。四年之间，大小二十五战，中流矢者八，斩捕首虏万余……京师不呼公名而呼敌万，盖比之关、张也。公在泾原数岁，贼不敢犯塞。累迁至彰化军节度使、知延州。公当是任，边戎畏伏，乃召为枢密副使。"[①] 可见狄青的成功，绝无侥幸和偶然。与之相比，文彦博在西夏战事中的表现就逊色许多。其在陕西基本无功，所谓的"知秦州守边二年，有威名，敌不敢犯"等不过是文人的虚誉罢了。只是其见识略高

① 余靖：《宋故狄令公墓铭》，曾枣庄、刘琳主编：《全宋文》（第二十七册）卷五七三，安徽教育出版社、上海辞书出版社，2006，第 116—117 页。

于其他文臣，如其上书建言："将权不可不专，军法不可不峻……国朝著令禁军将校有过而从中覆，当施之于平居无事之时，今边防用兵逾数十万，将不专权，军不峻法，何以御之哉？"[①] 但即便如此，文彦博依然能在庆历七年"召拜枢密副使、参知政事"。[②] 不久，贝州王则造反，"明镐讨之，久不克，彦博请行，命为宣抚使，旬日贼溃，槛则送京师"。[③] 文彦博旋即拜同中书门下平章事、集贤殿大学士。与文彦博相似的是，狄青一生最辉煌的战绩亦是平定祸乱，即击败侬智高蛮军，而进位枢密使，达到其人生的顶峰。但狄青之胜侬智高，无论是地域（广南两路）、难度（侬军的强悍）和战斗规模及行军之艰都远远大于文彦博内地一城之胜。狄青挂帅南征，通过整顿涣散的军队，杀数十不听命之将，夜夺昆仑关，在归仁铺击败五千多侬军，平定南方。文彦博一生之仕途也与平王则，取胜贝州极为密切。但他并非完全凭一己之力，这其中还另有隐情，据《碧云騢》所记云：

> 文彦博相，因张贵妃也。贵妃父尧封，尝为文彦博父洎门客。彦博知成都，贵妃以近上元，令织异色锦。彦博遂令工人织金线灯笼，载莲花，中为锦纹。贵妃始衣之，上惊曰："何处有此锦？"妃曰："昨令成都文彦博织来，然妾安能使之？盖彦博奉陛下耳。"上色怡，自尔属意彦博。贝州王则叛，朝廷以明镐往取之，贼将破，上以近京，甚忧之。日宫中语曰："执政大臣，无人为国家了事者。"贵妃密令人语彦博。明日上殿，乞身往破贼，上大喜，以彦博往统军，至则镐已破贼，贼擒矣。捷书至，遂就路拜彦博同平章事。[④]

---

① 王偁：《东都事略》卷六七，文渊阁《四库全书》，第549—550页。

② 脱脱等：《宋史》（第二十九册）卷三一三，中华书局，1985，第10259页。

③ 同上。

④ 梅尧臣：《碧云騢》（第一编第五册），朱易安，等编：《全宋笔记》，大象出版社，2003，第80页。

可见，文彦博的仕途上升与征讨贝州都得到了张贵妃的相助。后来唐介的弹劾亦为“进灯笼锦”事所发。文彦博取贝州擒王则虽非容易“至则镐已破贼”的地步，但其胜利确有幸运之处。《东都事略》云：

彦博请行，乃命为宣抚使，以镐副之。至则督将攻城，旬余未下。谍言贼欲潜兵出邀虏使辎重。镐先遣殿侍袁安设伏败之。军士有请为穴地以入贝州。官军即城南为穴。因自攻其北以牵制之。彦博募死士二百，衔枚由穴进。既出，登城杀守陴者。则纵火牛军稍却。有以枪中牛鼻者，牛还攻之，遂大溃。城破，生擒则，槛送京师。①

据此记载则挖地道之计似乎是在文彦博到来之后，但《宋史·明镐传》却明言挖地道乃明镐的计谋：“城峻不可攻，乃为距闉，将成，为贼所焚。遂即南城为地道，日攻其北牵制之。及文彦博至，穴通城中，选壮士中夜由地道入，众登城。”②还有个重要细节，就是出凿地道之策的亦是明镐手下之人。李焘《续资治通鉴长编》庆历八年春正月乙亥条记：“（明镐）乃用军校刘遵计，即南城凿地道，而日攻其北以牵制。”李氏所采史料特别严谨，他是依皇帝的《实录》所记，时间系之于文彦博到贝州之前，足证地道之策乃是明镐所谋。③此外，王素《闻见近录》云：

贝州叛，仁宗皇帝召张文定，欲遣之。文定以未尝知兵，且荐明镐自代，退以告陈恭公。明将行，复问事宜于文定，文定告以地道攻城为上策。④

① 王偁：《东都事略》卷八五，《二十五别史》，齐鲁书社，2000，第550页。

② 脱脱等：《宋史》（第二十八册）卷二九二，中华书局，1985，第9771页。

③ 司马光《涑水记闻》所记稍异：初，彦博至贝州，与明镐督诸将筑距闉以攻城，旬余不下，有牢城卒董秀、刘炳请穴地以攻城，彦博许之。

④ 王素撰：《王文正公遗事·清虚杂著三编》之《闻见近录》，中华书局，2017，第213页。

由此看来，明镐挖地道之策其源头还出自张方平。但无论挖地道之谋究竟出自谁，似都和明镐有关。且精通兵法的张氏荐明镐，说明张氏深知明镐懂军事。《闻见近录》又云："时贝州王则叛，仁宗北顾。妃乃阴喻潞公，贝州事明镐将有成绩，可请行。"① 以上文献所记皆可证文彦博确有因人成事之嫌。明镐在当时文臣中显得能力出众。薛奎就说他"沈鸷有谋，能断大事"。② 他之所以没能很快拿下贝州，主要还是受到朝中大臣的掣肘，并无真正的统军权。③ 而仁宗又不够沉着，又加之张贵妃的暗助，文彦博遂获得了一个绝佳的立功时机。故唐介讥讽其"及恩州（即贝州）平贼，幸会明镐成功，遂叨宰相"，并非没有道理。④ 也许是对此战亦有自知之明，故文彦博"自贝州入相，数推镐功"，丁度罢后力并荐之为参知政事。⑤

狄青与文彦博均是在战事久拖不决之际挂帅，而最终获胜跻身于两府宰执。但相比较而言狄青的挂帅却是异常关键的。王则起事至败亡仅六十六天。而侬智高之乱如果从皇祐元年九月侬智高寇邕州算起，已历三年多，连破岭南十四州。朝廷所遣之杨畋、蒋偕等大将皆惨败阵亡，继又命文臣孙沔和余靖，亦久拖无功。最后还是狄青"抗章请行"出征，一战破敌。"侬智高破亡，因狄青之智勇"是朝野公认的。⑥ 文彦博诚然在贝州一战中也起了较重要的作用，但多少是建立在明镐奠定的基础上。如果要说两人仕途有相似之处的话，那就是两人功业追求的结果都可谓较为圆满，他俩都抓住了历史所给的机遇。狄青出征后，得到庞籍的力挺，仁宗皇帝遂并力排众议给予其独立的总制军队的权利。而文彦博的运气则更好，在贝州叛乱的王则已经快支撑不住之时，地道又即将打通

---

① 王素撰：《清虚杂著三编·闻见近录》，中华书局，2017，第 213 页。

② 脱脱等：《宋史·明镐传》（第二十八册）卷二九二，中华书局，1985，第 9769 页。

③ 李焘：《续资治通鉴长编》载："枢密使夏竦恶明镐，恐其成功，凡镐所奏请，辄从中沮之。彦博既受命，因言军事中覆不及，愿得专行。"（卷一六二，中华书局，1992，第 3903 页。）

④ 李焘：《续资治通鉴长编》卷一七一，中华书局，1992，第 4113 页。

⑤ 李焘：《续资治通鉴长编》卷一六四，中华书局，1992，第 3943 页。

⑥ 脱脱等：《宋史》（第三十册）卷三四四，中华书局，1985，第 10948 页。

的情况下，获得统军全权，从而一战显名，成为北宋文人领兵取得战功的少数几个人之一，并骤迁相位。这就是所谓的因人成事。

二、名将巨公之间的交往

狄青与文彦博既为同僚，且又是老乡，但最后设计害死狄青的却是文彦博。依现存文献记载看，两人的交往似并不多。这也许和文臣武将之间的隔阂有关。不过，从仅有的两次接触看，却能看到北宋这两位杰出的武将和巨公之间一些不同的性情人品，文彦博对狄青的陷害充分显示了宋代文人政治中文臣力图实现对武人的控制和压抑。《碧云騢》有一则记叙云：

> 狄青与文彦博同乡人。青在定州，彦博令门客往交索，青遣之薄。客归，彦博以书责青，再遣客往谒，青于是厚遗之。明年，青建节知延州，彦博又令客请青，曰："延州之行，我有力焉。合奏异姓一人，当以客为请。"青遂奏客为将试校书郎。会伐蛮贼，惊走归洞，乃除青为枢密使。[①]

这段记录将当代名公的另一面暴露无遗。表面是为门客请托，实讥文彦博的无耻。两相比较，狄青政治人格更显高大。在宋代文人笔记中如此揭露这些所谓名臣巨公丑态的并不多，故《碧云騢》又多被文人指为非梅尧臣所作。其实恰恰是这部笔记暴露了他们的阴暗面，这是官僚们所不愿看到的。狄青和文彦博的最后一次接触是在文人集团陷害狄青之时，文彦博参与了文人集团对狄青的陷害行动。不过，他本来还没有欧阳修等人那样对武将的迫害狂式的偏执。也许是同乡的缘故，他对狄青还是有一定好感的，认为狄青是"忠心"朝廷的，并不想陷害狄青。因此，他一开始并不想介入官僚们对狄青实施的阴谋，但最

---

① 梅尧臣：《碧云騢》，朱易安，等编，《全宋笔记》（第一编第五册），大象出版社，2003，第 81 页。

终被吕景初说服。李焘《续资治通鉴长编》载：

> （吕）景初数诣中书白执政，请出狄青。文彦博以青忠谨有素，外言皆小人为之，不足置意。景初曰："青虽忠，如众心何！盖为小人无识，则或以致变。大臣宜为朝廷虑，毋牵闾里恩也。"①

文彦博说狄青"忠谨有素"，外间所言皆谗言。但吕氏的话却是暗示爱戴狄青的将卒有拥戴之隐患，所谓"如众心何"。最后吕景初还提醒文彦博别让同乡情蒙住了眼睛，宜从文人权力的大局着眼，这一下让文彦博彻底改变了主意，他终于清楚了文臣集团担心的真正原因所在，转而积极充当陷害狄青的谋士。他亲自进宫面见皇帝，力劝仁宗立即罢免狄青，出知外州。在文人集团不断的压力下，文彦博最终成了这个"莫须有"阴谋的核心人物。仁宗其实是想保住狄青的。"文公入对，上道此语，且言：'狄青是忠臣。'公曰：'太祖岂非周之忠臣。'上默然。"正是文彦博的这番话使皇帝终于默许了这场陷害。而狄青罢知陈州后，文彦博却以斩草除根的心态、卑劣的手段，替文人们完成了共同的心愿。"青在镇，每月两遣中使抚问，青闻使来，即惊疑终日，不半年病作而卒。皆文公之谋也"。② 正是在这种每月两次的"抚问"恐吓下，终使狄青隐疾复发，在忧惧中郁郁而终。狄青其实不是病死的，他是被文人集团活活害死的。由此亦可见，文人群体的共同政治利益是远远在同乡情感之上的。

同为山西汾州人，狄青与文彦博在性情上倒有些相似之处。文人多赞狄青的度量，如刘易使酒骂其"黥卒敢无礼"，狄青却能"笑语温然"。③ 然文彦博亦以有度量出名，唐介曾参劾文彦博，使其罢相，但文彦博并未记恨。据叶梦得笔记载：

---

① 李焘：《续资治通鉴长编》（第八册）卷一八三，中华书局，1992，第 4428 页。

② 王楙：《野老记闻》，《野客丛书》附录，中华书局，1987，第 356 页。

③ 强至：《韩忠献公遗事》，朱易安，等编，《全宋笔记》（第一编第八册）大象出版社，2003，第 23 页。

至和间，（唐介）稍迁复为江东转运使。会潞公复入相，因言唐某疏臣事固多中，初贬已重，而久未得显擢，愿得复召还。①

文彦博后为平章军国重事，还推荐了唐介之子义问为集贤殿修撰，帅荆南。时人赞其“德度绝人”。② 山西汾州士风自古强悍，所谓“汾晋之俗悍而悖”也。③ 狄青和文彦博行事都比较果决，如狄青征侬智高，毅然杀不听命之将三十余人，军纪重振，是平定叛乱的关键之举。皇祐元年，朝廷欲省兵，边将多反对，仁宗优柔迟疑，最后还是文彦博果断坚持，裁军终获成功。④

狄青与文彦博同为北宋中期杰出的名将良臣，两人交往虽不多，但却充分显示了在宋代文人文化主导下，武将的忍耐、卑微和文臣的傲慢。两人的性情类似，文彦博以进士出身，其诗风近西昆派。然《从军行》等诗却表现了宋代文人诗中难得的尚武精神和气势。如其“汗马出长城，横行十万兵。晨驱左贤阵，夕掩亚夫营。雪压龙沙白，云遮瀚海平。燕山纪功后，麟阁耀鸿名”⑤ 等句。透露出文人的建功梦想，其豪逸在北宋文人诗中并不多见。

狄青本是武人出身，自是豪迈，征南时立斩三十余将，可见一斑。然却时显卑微。而文彦博却多文人的自信。北宋中叶的局势使名臣良将更多了政治的抱负。倘若文人集团稍能平衡文武之途，对武人能稍有尊重，于宋朝肯定非常有利。但宋的政治体制却将天平完全倾向文人，遂造成了狄青与文彦博完全不同的人生结局。

---

① 《石林燕语》，上海师范大学古籍整理研究所编：《全宋笔记》（第二编第十册）卷七，大象出版社，2006，第132页。

② 邵伯温：《邵氏闻见录》卷一〇，中华书局，1983，第103页。

③ 蔡絛：《铁围山丛谈》卷二，中华书局，1983，第34页。

④ 李焘：《续资治通鉴长编》（第八册）卷一八五，中华书局，1992，第4474页。

⑤ 北京大学古文献研究所：《全宋诗》（第六册）卷二七三，北京大学出版社，1998，第3485页。

三、文人政治支配下的不同人生结局

若放在北宋政治体制的大环境看，无论是狄青还是文彦博，两人的浮沉实际上都受到宋代文人强大的政治势力的无形支配。狄青之出名，固然是凭其不凡的军功，但若无文人的提携和推荐，如范雍贷其罪，尹洙、范仲淹和韩琦的赏识延誉，要想出头亦很难的。神宗朝宰相王安石就把这种微妙关系说得很透。他认为狄青结交尹洙乃“可因以致名誉，取利禄，故推尊洙，非实以洙为可宗师也。青所以获誉于世又多爵禄者，洙亦有力也”。[①] 荆公此言虽有点绝对化，但基本符合文人政治体制的运作情况。所以当狄青进入高层后，即遭文人官僚们的防范陷害，其政治命运似亦由文人决定。当宋夏战争时需要武将出力时，欧阳修等还曾为狄青械董士廉，侵过公用钱等事说话，[②] 但当狄青位列枢相时，他又不遗余力地排斥和驱逐之。欧公所为，看似矛盾其实都是按照文人政治的运作规则行事的：即武将绝不能形成对文人主导地位的挑战，狄青虽谨慎小心，但却是将卒心目中的偶像，这是士大夫所不能长期容忍的。同为仁宗朝之文武两杰，狄青和文彦博所受到的待遇始终是有很大的不同。以二人官职升迁为例，皇祐四年六月狄青刚除枢密副使，朝中文臣反对者并不少，如御史中丞王正举即奏“青出兵伍为执政，本朝所无，恐四方轻朝廷”。左司谏贾黯亦上言：“国初武臣宿将，扶建大业，平定列国，有忠勋者，不可胜数。然未有起兵伍，登帷幄者。”[③] 狄青自请征侬智高，朝廷以其为宣徽使统领征南大军，“言事者以青武人，不可专用，请以文臣副之”。[④] 仁宗皇帝听后有些犹豫，后因庞籍的坚决力保，狄青才得以全权统军，终获胜利。但当其班师回朝，论功封赏却遇到困难。仁宗欲以为枢密使，但当初力荐狄青的庞籍却坚决反对，其理由还是担心难为文人集团所接受。与狄青相比，文彦博的仕途进阶可谓既快且易。其仅平

---

① 李焘：《续资治通鉴长编》（第十册）卷二三四，中华书局，1992，第 5673 页。

② 可参欧阳修《论乞不勘狄青侵公用钱劄子·文忠集》卷一二〇。

③ 李焘：《续资治通鉴长编》（第七册）卷一七二，中华书局，1992，第 4153 页。

④ 王闢之：《渑水燕谈录》卷二，中华书局，1981，第 13 页。

贝州一城即封宰相，当时亦少有人反对。这主要还是因为他是科举进士，属于文人集团的一员。这恰如庞籍为文彦博的辩护。

> 贝州之赏，当时论者已嫌其太重。然彦博为参知政事，宰相有缺，次补亦当为之，况有功乎？又国朝文臣为宰相，出入无常；武臣为枢密使，非有大罪不可罢也。且臣不欲使青为枢密使者，非徒为国家惜名器，亦欲保全青之功名耳。青起于行伍，骤擢为枢密副使，中外汹汹，以为朝廷未有此比。今青立大功，言者方息，若又赏之太过，是复招众言也。”[①]

庞籍的辩护语言很有代表性。其实他和欧阳修是一致的，当面临外敌威胁时候，他们会去适当保护武将；一旦天下太平，即刻就要削弱和防范他们。后来南宋初期岳飞的命运亦不过重演了狄青的悲剧而已。政治文化不变，历史就会重复循环。文彦博升为宰相，朝臣们不过稍嫌其“太重”而已，并无真正的反对之声。庞氏言其既已为参知政事，次补亦很正常，这完全是文人之间的相互维护。这些话，固有为狄青的未来着想之处，然庞籍所言亦可谓冠冕，因为按其所言，狄青既已为枢密副使，进位枢密使，其实同样也是理所当然的。狄青最后有幸终为枢密使乃是文人之间斗争的结果，特别是梁适为自己的政治私心所助，[②]并非文人集体共同的意愿。故四年的枢密府岁月，尽管狄青表现极为低调，谨慎自保，但文人们依然对其无丝毫放心，而是全力寻找机会使之下台。最终他们如愿以偿。

狄青最后的凄凉谢幕，乃是文人官僚对一位孤独的杰出武将的集体发难，毕竟满朝都是由文人主宰。而狄青又非将门世家，以一黥卒身份而居枢府首席，

① 司马光：《涑水记闻》卷一三，中华书局，1989，第93页。

② 《涑水记闻》载：“是时，（梁）适意以高若讷为枢密使，位在己上，宰相有缺，若讷当次补；青武臣，虽为枢密使，不妨己途辙，故于上前争之。乃密为奏，言狄青功大，赏之太薄，无以劝后。”（卷五）

对文人们终是羞辱和威胁，故文人集团必欲除之而后快。[①]这是文人政治时代历史叙述的必然。狄青以五十之英年遽然早逝，而文彦博却步步高升，声望日隆，然细推其后半生，实际上并无多少真正的功绩和作为。仁宗病时，他在维持宋廷政治稳定上有力，“当是时，京师业业，赖彦博、弼持重，众心以安”。[②]然除此稍有可道之外，实无多少出色表现。所谓的威信不过靠庸堕的“持重”来表现。哲宗朝高后当政，以其为太师平章军国重事，然不过只有弃兰会之地与夏人的谋划。历事四朝的文彦博之所以不断被士大夫赞赏，与其极力维护文人政治的体制，强调士大夫的政治主导性非常有关。所谓“与士大夫治天下”的文人集团的利益诉求，就是文彦博明确提出来的。[③]客观地看文彦博的后半生，其实也就是一个志得意满的官僚，留下了所谓洛阳九老会的风流罢了。宋人曾敏行曾高度概括其一生。

> 文潞公，汾州人，年九十二薨，更事四朝，洊历二府，七换节钺，位将相五十余年，平章事四十二年。历任侍中、司空、司徒、太保、太尉，再知秦州、大名、永兴，五判河南府，两以太师致仕，为本朝名臣福禄之冠。[④]

如此津津乐道的文字，叙述文彦博一生的辉煌。不过仔细品味，其实很空洞，不过就是对其“本朝名臣福禄之冠”的艳羡罢了。那些让人难以企及的历官爵位数字看似高不可攀，然却无多少实在的功绩。这段话真正让人感慨万千的，

---

① 在宋代，将门世家子弟在文人政治中所受尊重和待遇要好于行伍出身的将领。如种氏诸将、郭奎、姚氏诸将等。可参陈峰：《北宋武将群体及相关问题研究》，中华书局，2004。

② 脱脱等：《宋史》（第二十九册）卷三一三，中华书局，1985，第 10260 页。

③ 《续资治通鉴长编》神宗熙宁三年戊子条：“上曰：‘更张法制，于士大夫诚多不悦，然于百姓何所不便？’彦博曰：‘为与士大夫治天下，非于百姓治天下也。’”（卷二二一，第 5370 页）

④ 曾敏行：《独醒杂志》，上海师范大学古籍整理研究所编：《全宋笔记》（第四编第五册）卷六，大象出版社，2008，第 164 页。

倒是文武命运的极大反差，文彦博福禄寿考，狄青却无辜遭贬死。[①]如果对照唐朝大将郭子仪，“权倾天下而朝不忌，功盖一代而主不疑，侈穷人欲而君子不之罪”[②]并以享荣华高寿善终的结局来看，宋代政治文化确实有了巨变，文武之间完全失去了应有的平衡，武将在士大夫政治的格局中始终是配角和牺牲品。如果不是一个文人政治体制下所具有的对武人的极端偏见和歧视，狄青与文彦博作为文武之双璧，本来可以同为本朝之强盛贡献力量。但文人政治的特性，使狄青不得不甘愿平庸，如其当枢密使期间就少有作为。而贬死狄青，亦使北宋损失一个杰出的大将，使天下武夫士卒寒心。而文彦博以文臣身份，虽得士人宠爱，官位日高，但其长寿和福禄亦不过使其成为一个庸庸碌碌的大官僚而已。这才是文人政治真正的悲剧所在。

文臣政治日益狭隘不仅是以本集团利益至上，处处排除武将，而且同时也使文人自己的优秀分子走向庸堕。这不仅是文彦博一人如此，而且是整个宋朝士风的倾向，如当初方正敢言的唐介禄位显益后，同样变得“俛默以养誉望而无所建明”，正如时人所讽。“噫，士之微时，以忠义自处，奋振身名，一旦践更要地，冒荣固宠，为私己之谋。”[③]宋代的“崇文抑武”政治体制尽管制约了军阀的形成，维护了朝廷的稳定，但却在逐渐走向了保守庸堕的道路，这也是宋代文人文化繁荣后面的致命缺陷。

---

① 正如余靖所叹：“戎夷旅距之际，公悉力捍御，以至平定，宜享遐福、而禀命不融，后世其有兴者乎！“（《宋故狄令公墓铭》卷五七三120页，全宋文本）

② 刘昫，等撰：《旧唐书》（第十一册）卷一二〇，中华书局，1975，第3467页。

③ 高晦叟：《珍席放谈》，朱易安，等编：《全宋笔记》（第三编第一册）卷下，大象出版社，2008，第195页。

第四节　留鬓边涅

——狄青之政治人格呈现

狄青平定侬智高后，进位枢密使，时号“涅使相”。[①] 宋朝枢密使又称外相，“涅”乃是狄青赤籍出身的痕迹，“面涅”是狄青踏入文人政治体制的骄傲和原罪。在北宋文人政治文化气息的影响和制约下，作为武将的狄青形成了复杂而独特的政治心态与特异的符号自我呈现。一方面狄青有对自我身份的高度认同，即行伍出身的一个将军的坚定信念和武人的自信。其政治性格有维护整个武人应有地位的雄心，他并没有完全扭曲自己去完全适应文人的政治世界。另一方面，在文人政治的权力空间，狄青有一定的“畏慎”气质。在文人文化气息的熏染下，他也深受文人读书与处事等文化气质的影响，向一个深具智谋的儒将靠拢，所谓“折节受《春秋》，恂恂儒者度”。[②] 不过，尽管承受着文人主政的压倒性优势和对武将的长期压制，狄青符号自我的呈现和特质依然受到士大夫一定的影响，但其自我始终是合一的。这是狄青的伟大之处，他依然保持了一个武将的本色和自信，这在北宋将领中是少有的。

首先，狄青坚决不肯去掉其卑微出身的痕迹——当兵刺字留下的“面涅”。这是狄青作为进入权力核心后的一种自信和力图打破文臣压迫的一种政治努力。黥面在中国有悠久的历史，周代就已施于犯人，称“墨刑”。秦汉的英布就曾遭黥，世称黥布。汉文帝废肉刑，黥面虽废止。但六朝时，黥面又被恢复。如晋法规定“奴始亡，黥两眼。再亡，黥两颊。三亡，黥眼下。”梁朝规定“未断，

---

① 《古事比》卷二〇，周勋初编：《宋人轶事汇编》（第二册）卷十三，上海古籍出版社，2014，第931页。

② 魏国正：《狄武襄公祠》，《汾阳县志·艺文》卷一四。

先刻颊上作劫字”。[①]五代时，军人已开始刺字，至宋代，为巩固皇权，防止军阀出现。军人被黥面遂与平民分开，成为事实上的“军户”，即世所谓之“隶籍”“赤籍”，军人妻室亦被呼为“军妇”，其社会地位几近于徒隶。宋代黥面虽已改为针刺，痛苦有所减轻，但依然是颇具折辱人格的刑罚和标记耻辱身份的符号。按当时一般盗贼等多刺字发配为兵，世所谓贼配军。北宋自太祖立国起就有“刺盗为兵”的传统。朱弁《曲洧旧闻》云：“艺祖（即太祖）平定天下，悉招聚四方无赖不逞之人，刺字以为兵。”宋代刺字据古书零星记载，大概是取“松烟墨”，入管针（类似于管状针头）画字于身，直刺肌肤，涂以药酒即成。仁宗景祐二年八月诏改《强盗法》云：

> 八月壬子朔，诏改强盗法，不持仗，不得财，徒二年；得财为钱万及伤人者，死。持仗而不得财，流三千里；得财为钱五千者，死；伤人者，殊死。不持仗得财为钱六千，若持仗罪不至死者，仍刺配千里外牢城。既而有司言：“窃盗不用威力，得财为钱五千，即刺为兵，反重于强盗，请窃盗罪亦第减之，至十千刺为兵。”诏可。寻又诏京城持仗窃盗，得财为钱四千，亦刺为兵。自是，盗法惟京城加重，余视旧益宽矣。[②]

可见，“刺为兵”乃宋代军队入伍的一种重要方式。[③]北宋当兵刺字是在面部或手臂、手背等处，目的是“以防逃亡，故招募又称‘招刺’”。[④]宋朝是职业化的募兵制，但其兵源却非一般农家子弟和普通市民，而多为犯法之人。良家子不仅不愿当兵，仁宗在朝时还对招收良家子弟入伍的现象出令警告。

---

① 张师正：《倦游杂录》，上海师范大学古籍整理研究所编：《全宋笔记》（第八编第九册）卷六，大象出版社，2018，第264页。

② 李焘：《续资治通鉴长编》（第五册）卷一一七，中华书局，1992，第2749页。

③ 即王安石所谓的“收拾天下无赖，教之武艺”才是宋代军队组建的重要目的。参见《续资治通鉴长编》（第十册）卷二三五，中华书局，1992，第5704页。

④ 刘昭祥、王晓卫：《兵家史话》，社会科学文献出版社，2011，第116页。

乙丑，诏："如闻良民子弟或为人诱隶军籍，父母泣诉而不得还者，朕甚闵之。自今有司审其所从来，隶籍百日内父母诉官者，还之。"①

如此，则当兵者皆为社会上之不良人员或罪人，刺字就是"无赖"和"犯罪"的符号呈现。宋代蕃兵多在边疆，厢军多为劳役，真能打仗者为禁军，而其主体差不多是这类犯罪之人，这是宋代军队素质低下的重要缘故。由于宋廷鉴于五代军阀横行的教训，对军人的穿戴服色又多有歧视性的规定，如张方平所叙。

臣闻太祖训齐诸军，法制甚严。军人不得衣皂，但许衣褐，其制不得过膝，岂有红紫之服，葱韮不得入营门，岂知鱼肉之味。②

宋代军人刺字后，宋朝皇权和文人主导的政治得到稳定，军人割据从此消失。打仗的时候，都是文人领导武将，这是宋代军队战斗力低下的重要原因。如此等防范措施之下，军人黥面，形同罪人，没有尊严和荣誉感。士大夫及朝野坊间对军人遂不复有尊重可言。京师人称军人为"赤老"，象征着"尚文轻武"已成为时代风尚。出于对武人的猜忌防范，宋朝皇帝也不鼓励民间习武任侠。③良家子弟皆不从军，所谓"好男不当兵"渐渐成为民间的共识，其影响至元明清几代风俗。到后来元昊反宋，宋军败绩不断。为鼓励将士征战，宋廷招募义勇军，才改刺面为刺手背了。由于刺字为兵的影响，"黥面"逐渐成为社会上对犯法之人的普遍处罚。如文臣犯法亦以黥面为惩罚，真宗大中祥符九年，比部员外郎知齐州范航，因贪赃枉法，杖脊黥面，配沙门岛。④北宋真宗时，官

---

① 李焘：《续资治通鉴长编》（第八册）卷一九三，中华书局，1992，第4663页。

② 李焘：《续资治通鉴长编》（第七册）卷一六三，中华书局，1992，第3928页。

③ 李焘：《续资治通鉴长编》载宋太宗事。代州言进士李光辅善击剑，令诣阙。上曰："若奖用此，民间悉好剑矣。"赐食遣之。（第二册）卷五二，第1131页。

④ 李焘：《续资治通鉴长编》（第四册）卷八六，中华书局，1992，第1980页。

僚家庭对仆人犯事也处以“私黥”，一时蔓延士绅家庭。朝廷遂下诏将其确立为公开的法律。

> 旧制，士庶家僮仆有犯，或私黥其面。上以今之僮使本佣雇良民，癸酉，诏有盗主财者，五贯以上，杖脊、黥面、配牢城，十贯以上奏裁，而勿得私黥之。①

综上所述，“黥面”在宋代确立为一种当兵的特殊标记，具有耻辱性质，并成为社会上对犯法之人的一种处罚方式，在文化源流上演化为一种人格的羞辱呈现符号。以行伍出身为将者，终身带有此种“贱隶”般耻辱的符号。不过，宋代武将以将门出身者，则无此种刺字。宋代的重要武将一般有两大出身门径，一是将门世家，二是行伍卒间。宋王朝将门世家者多为太祖朝开国大将后人，其地位亦较高，如北宋石守信后人驸马都尉石宝吉。

> 姿貌环硕，颇有武干。累世将相，家富于财，所在有邸舍、别墅，虽馔品亦饰以彩绘。性骄倨，好杀。历藩镇，多扰细民，待属吏不以礼。帅大名，叶齐、查道皆知名士，悉命械颈以督粮运。②

曹彬之后人曹璨病重，真宗亲临其邸慰问，故李焘说“国朝以来，重世将相”的判断是很有史见的。宋廷对将门世家亦多有照顾，如秦兴宗《官制旧典》云：

> 管军八位，自比政府八公，而武并军门乃号八披梯。祖宗选用立格至严，每分武举世族及军伍出身人，无其人则阙，故武举世族四员常足，而

① 李焘：《续资治通鉴长编》（第二册）卷五四，中华书局，1992，第1189页。

② 李焘：《续资治通鉴长编》（第四册）卷七三，中华书局，1992，第1662页。

军伍四员常缺，盖难其人而不敢废祖宗法也。[①]

“武举世族四员常足”意味着朝廷对将门世家的看重，且累世将门，一般武艺和文化修养都比较高。这也是他们可以和文官有比较平等的待遇原因。但是行伍出身就不同了，其卑贱地位常为士大夫所轻视。如史学家钱穆所言“‘好铁不打钉，好男不当兵’，大抵宋代才有这句话。五代时强拉壮丁，怕其逃亡，乃在其面上刺以花纹，宋代因而不革。狄青出身行伍，后为大将，亦面刺花纹，遂使一般人看不起当兵的。”纵为国家立下大功，当时人对他还是看不起。[②]可见，平人当兵者皆刺脸。可是面对文臣要求他去除“面涅”的压力，狄青不但不去掉这个在文人看来很不舒服和很不光彩的象征武夫“原罪”的符号，反而故意使它显露出来。叶梦得笔记云：“狄武襄起行伍，位近臣，不肯去其黥文，时特以酒濯面，使其文显，士卒亦多誉之。”[③]当时宰相和皇帝都曾劝狄青去“面涅”这个耻辱的标记，但狄青都没有应允，反而说要以此标记激励将士。《泊宅编》云：

狄武襄公青本拱圣兵士，累战功致位枢府。既贵，时相或讽其去面文者，但笑不答。仁庙亦宣喻之，对曰：“臣非不能，姑欲留而为天下士卒之劝。”上由此益爱之。[④]

不去“面涅”不仅保留了当兵的痕迹，鼓舞了天下士气，而且也是狄青自我符号的认同。狄青对自己行伍出身表现得毫无羞愧之感，常常很自豪地自言“臣出身行伍”。[⑤]他之所以如此做法与士大夫骄傲于出身科举是一样的，他愿意

① 李焘：《续资治通鉴长编》（第四册）卷一二九，中华书局，1992，第3061页。

② 钱穆：《中国历史精神》，九州出版社，2016，第82页。

③ 叶梦得：《石林燕语》卷九，中华书局，1984，第103页。

④ 方勺：《泊宅编》卷二，中华书局，1983，第10页。

⑤ 《平侬智高露布》，曾枣庄、刘琳主编：《全宋文》（第四十一册）卷八九〇，安徽教育出版社、上海辞书出版社，2006，第301页。

向儒将靠拢，但绝不会忘记初衷，抹杀作为“武将”自我呈现的符号特征。狄青这种坚定显示了某种信念，即希望恢复军人的荣誉心。然而“姑欲留为天下士卒之劝”这种想法，在官僚阶层看来，恰恰是最危险的。吴曾的笔记把士大夫的不安和狄青的想法说得更透彻。

> 狄武襄自“拱圣长行”至节度使平章事。世多言狄之隶籍，与参政王尧臣作状元之年同，后亦为两府。仁宗以其然，命王谕狄去其黥文。狄谓王曰：“青若无此两行字，何由致身于此？断不敢去，要使天下健儿知国家有此名位待之也。”议者讳其言。①

出身卑微的“隶籍”者居然与状元出身的文臣同在两府共事，且狄青为正使，怎不让士大夫们内心汗颜无光，故有屡上言皇帝者不少。但狄青的回答，却想把脸上这个卑贱的“隶籍”符号特征——“面涅”转换成将士努力的动力，这是“天下健儿”的希望所在。李焘的巨著《续资治通鉴长编》对于狄青的逸事记载并不多，但却把“面涅”从宋人笔记中辑录出来做了记载，这说明北宋士大夫阶层对于这个刺眼的自我呈现符号确实是很在意的，故引起了史学家的瞩目。

> 时青面涅犹存，帝尝敕青傅药除字，青指其面曰：“陛下擢臣以功，不问门地阀阅。臣所以有今日，由尔，愿留此以劝军中，不敢奉诏。”②

仁宗参与到去除狄青“面涅”的活动中，不过是受到文臣们的怂恿罢了。但是却代表了执政者的阴暗的心理。狄青的不奉诏让文人们都很头疼。因为这是文臣们最忌讳的。让他们这些掌握天下大权的天之骄子天天和一位“黥面”

---

① 吴曾：《能改斋漫录》（下册）卷一二，上海古籍出版社，1960，第349页。

② 李焘：《续资治通鉴长编》（第七册）卷一七二，中华书局，1992，第4153页。

的武将上司打交道，这使他们都很难堪，同时也这违背了他们所受到的儒家教育。狄青不去“面涅”，有两个重要原因。首先，他不愿割断自我的符号认同，割断了这种认同，也就割断了自己的历史。其次，他希望以自己贱隶士卒出身登高位，成为天下行伍出身者的榜样和希望，“以自己的奋斗经历激励军士”，[①] 让军人感到荣誉的召唤。毕竟“在进行激烈战斗时，人民内心充满的一切高尚感情中，再没有什么比荣誉心更强烈和更稳定的了。”[②] 譬如征南回来阅兵，狄青就想让皇帝亲睹西府蕃落骑兵的厉害，只因仁宗的胆小，反而受到惊吓，但此事可见狄青对将士的关怀。再次，狄青的拒绝象征着他的自我呈现是具有同一性，即在身份与自我的融合上取得同一性，他并未因处在文人士大夫的文化气息和主宰中，就割断自我的成长历程和军人身份符号。他保留了“面涅”这个武人的符号，也就取得了自我与身份合一。所谓“脸是身体的灵魂”这句话，对于狄青是再合适不过的了。[③] 狄青留住这个曾经象征卑贱符号的“面涅”，也就接受了自己的出身和身份，毫无愧疚。因为“身份对一个健全自我而言至关重要。良好的身份是自我融入世界的桥梁。”[④]《邵氏闻见录》云：“又或劝其去鬓间字，则曰：‘某虽贵，不忘本也。’”[⑤] 狄青所言的“不忘本”就是指其不忘微贱的行伍出身，这是他的符号自我的完整认同，狄青大概有这种自觉或不自觉的呈现意识。他曾用这个“符号”幽默地戏谑了文人的傲慢。据《江邻几杂志》说：“伯庸常戏其涅文云：“愈更鲜明。”狄答云：‘莫爱否，奉赠一行。’王大惭恧。”[⑥] 伯庸是王尧

① 刘昭祥、王晓卫：《兵家史话》，社会科学文献出版社，2011，第 106 页。

② 克劳塞维茨：《战争论》（第一卷），中国人民解放军军事科学院译，商务印书馆，1978，第 75 页。

③ 与此相反的例证是美国著名歌手迈克尔·杰克逊。他对自己身体呈现没有认同感，故通过整容漂白，使自己看起来更像一个白人。所谓得病变白只是一个冠冕堂皇的借口罢了。但是白人并未真正接受他。（路德维希·维特根斯坦：《维特根斯坦笔记》，许志强译，复旦大学出版社，2008，第 41 页。）

④ 威利：《符号自我》，文一茗译，四川教育出版社，2011，第 39 页。

⑤ 邵伯温：《邵氏闻见录》卷八，中华书局，1983，第 83 页。

⑥ 江休复：《江邻几杂志》，朱易安，等编：《全宋笔记》（第一编第五册），大象出版社，2003，第 139 页。

臣的字。而狄青的回答却反客为主，道出了尧臣对他军功的妒忌。王尧臣的话语代表一种既得权力者的符号态度，即文臣们实在挑不出狄青的毛病了，也只能返回到狄青最初的卑微士卒身份来表示自己的优越了。因此，他们一再注视和揪心这个身份的符号——“面涅”。王尧臣的态度代表了文人在面对一个“面涅”者，一个始终让他们焦虑和不安的触目武将的身份符号。因为在狄青地位低微时，文臣是以高高在上的角度俯视和玩味他的“面涅”的，如刘易诟骂狄青“黥卒敢如此”就颇能代表士大夫的优越感。[①]但是，当狄青为枢密副使，后来又进位枢密使时，他们只能仰视了。仰视一个有“面涅”的枢密使大人，他们进士及第的高贵身份感受到某种失落和压力。而狄青还经常洒酒使“面涅”更显，这不就是在反过来嘲讽玩弄文臣们吗？

狄青不去脸上的刺字标记，捍卫了一个行伍出身的武将的尊严。但如此一来，狄青就自我割断了与文人希望得到的认同，无形中拉开了与文人政治体制的身份距离。因为“面涅”的能指是士兵，所指即低贱粗蠢的武夫形象。狄青征讨侬智高，功绩逼人，过于优秀，士大夫不得不和他分享权力，让他进入权力圈子。但要他去掉武夫的质料性的内质形符——“刺面涅”，以便真正融入和臣服文人集团。若狄青照做了，也许能够善终，也不至于后来被罢黜。但他明确地绝拒绝了这种要求，文臣集团对狄青的防范和警惕就是必然的。狄青进入权力中枢，已经是文臣的让步，怎么能容忍以后更多的行伍进身者进入枢密院呢？这也许是狄青没有想过的重要问题，以此而言，狄青对于文人的政治心机还是没有完全看透。去掉“面涅”表示武将对文臣的臣服，保留它就被当作异类看待了。所谓“非我族类，其心必殊”。士大夫集团可以接受一两个特别优秀的武将进入权力系统，但若想让整个群体与之分庭抗礼，那时绝对不可能的。《宋史·韩贽传》有一段耐人寻味的话说：

---

① 《韩忠献公遗事》，朱易安，等编：《全宋笔记》（第一编第八册），大象出版社，2003，第23页。

宰相梁适以私容奸，狄青起卒伍、位枢密，内侍王守忠官不次，皆举劾无所讳。[①]

这段话的关键是“起卒伍”包括在“举劾”之内，而且将他与梁适等人的“奸行”一起排列，它暗示了“卒伍”身份本就是一种犯奸者，而梁适却“私心容奸”。《宋史》固为元代所修，然多采两宋原始史料文献。所以，在当时文臣看来，狄青根本就没有资格进位枢密使。只是当时因其平定侬智高叛乱的巨大功绩，文臣无从反对。无可奈何中，他们希望狄青去掉这个卒伍的标记。因为若天天面对这个“面涅”印记，官僚们始终感觉终日与伍卒共事，面上无光。故当狄青敢于不去“面涅”时，无论他如何表示出对朝廷的忠心，文人集团依然会不依不休，随时发难。

在这种不信任的目光注视下，狄青虽欲“不除刺字保初衷”，但“面涅”逐渐成为一个触目的“刺点”，让士大夫们终日寝食难安。因为“刺点总或多或少地潜藏着一种扩展的力量”。[②]所谓“扩展的力量”，就是喜爱和拥护并以狄青为偶像的千千万万的刺字被弱势边缘化的将卒。“面涅”的符号呈现代表着武将和文臣之间的隔膜与鸿沟。恰如欧阳修所言的“盖由军士本是小人，面有黥文，乐其同类，见其进用，自言我辈之内出得此人，既以为荣，遂相悦慕。”[③]毕竟，权力符号的解释权是属于文臣的，武将的自我呈现其实并不真正属于他们自己而是属于士大夫的，因为这是文人制定的政治权力游戏规则。狄青是有自信和胆略，但却并没有完全明白这个游戏的规则。譬如他能够挂帅征南，其实还是靠文臣宰相的鼎力支持，如庞籍让皇帝给狄青以军政全权，而且是遇到一个很特殊的情况，即“统治者在屡战屡败的情况下，不得不放权给主将狄青的结果”。[④]获胜之后，狄青荣升枢密使，但他没有向文臣靠拢，反而试图变“面

① 脱脱等：《宋史》（第三十册）卷三三一，中华书局，1985，第10666页。

② 罗兰·巴特尔：《明室》，中国人民大学出版社，2011，第59页。

③ 《论狄青札子》，《欧阳修全集》（第四册）卷一〇九，中华书局，第1656页。

④ 陈峰：《北宋武将群体与相关问题研究》，中华书局，2004，第335页。

涅”之屈辱为骄傲，激励后之武人，这就违反了当时的政治游戏规则，触动了士大夫们敏感的神经。不过，正是“面涅”这个自我呈现，过于“刺点”醒目，当世或后世无论贬低还是歌颂狄青者，皆将话语集中于其“面涅”，如曹学闵诗所云：“致身有具从行伍，黥面无妨出将材。”①

由于这种自我呈现的独特气度，狄青受到将卒的普遍喜爱和崇拜，把他当成偶像，希望借此改变武人的卑微地位。《野老记闻》说：

狄青为枢密使，自恃有功，骄蹇不恭。怙惜士卒，每得衣粮皆负之曰：“此狄家爷爷所赐。”朝廷患之。②

这样的拥戴为狄青埋下祸根，“此狄家爷爷所赐”不就是“黄袍加身”的先兆吗？这就是士大夫最忌讳的所谓“得军情”。这是北宋政治文化之大忌。士大夫们最希望看到的是一个卑微而粗鲁的毫无见识的蠢蠢武夫，而一个有头脑而且大受欢迎的武将是他们的眼中钉、肉中刺。因为这意味着文人政权受到威胁。而且武将的名声越大，士大夫集团会越感到不安。狄青在枢密使任并无大过，但最终被以“深得军情”的理由被罢知外州。这种对武将的政治迫害在北宋早就是一个悠久的传统。至和间嘉祐初，仁宗不豫，恰好水灾天象有异，文臣们遂以此为借口不断进谗，驱逐陷害狄青。这种方式并不鲜见，太宗朝官僚们陷害崔翰，就是用这种所谓的“妖气”异象。据释文莹《玉壶清话》载：

逮太宗纂承，高阳关奏：“妖气夜起，横亘北陆，边情颇摇。”太宗召向敏中于玉华殿密议之，向奏曰：“臣闻崔翰领节高阳，恃功骄姿，横越兵律，陛下宜召还诛之，以压氛祲。”上曰：“是何言欤？朕尝乘怒诛张琼，

① 《汾阳县志·艺文》卷一四，光绪八年刊刻本。

② 王楙：《野老记闻》，《野客丛书》附录，中华书局，1987，第356页。

至今痛恨。若翰者，朕以其能，拔于行伍，遂建节旄，料渠不肯辜朕也。”[①]

向敏中谗崔翰的话几乎与狄青遭罢一模一样，也都是因为出身行伍，拥节开府，为文臣们所忌惮。幸亏太宗还有点识见，崔翰才避免了被陷害。因为深得士心而使文臣们感到芒刺在背，北宋武将几乎无一幸免。著名的“杨家将”的杨业边关战功显赫，深得人心，为辽国所惧，就遭到嫉妒。《隆平集》载真宗话语“嗣及延昭，以忠勇自效，忌妬者众，朕力庇之，以及于此”。[②]李焘《续资治通鉴长编》说得更细一些：“业自雁门之捷，契丹畏之，每望见业旗即引去。主将戍边者多嫉之，或潜上谤书，斥言其短，上皆不问，封其书付业。”[③]后来杨业因此被潘美等人陷害陈家谷而被俘身亡。史载杨业“不知书，忠烈武勇，有智谋。练习攻战，与士卒同甘苦”。[④]“与士卒同甘苦”不就很得士心吗？这在文人政治的宋朝是最为执政者所忌惮的。曾助太祖平南唐的著名大将曹斌，也因为深得士心，遂被文臣诬告，阴骘的宋太宗遂将其解职。

先是，上念征戍劳苦，月赐缘边士卒白金，军中谓之月头银。镇州驻泊都监、酒坊使弥德超因乘间以急变闻于上云：“枢密使曹彬秉政岁久，能得士众心。臣适从塞上来，戍卒皆言‘月头银曹公所致，微曹公，我辈当馁死矣。’”又巧诬以它事，上颇疑之。参知政事郭贽极言救解，上不听，戊寅，彬罢为天平节度使、兼侍中。[⑤]

① 文莹撰，郑世刚、杨立扬点校：《湘上野录·续录·玉壶清话》之《玉壶清话》卷七，中华书局，1984，第 67—68 页。

② 曾巩撰：王瑞来校证：《隆平集校证》卷二〇，中华书局，2012，第 496 页。

③ 李焘：《续资治通鉴长编》（第一册）卷二一，中华书局，1992，第 482 页。

④ 李焘：《续资治通鉴长编》（第一册）卷二三，中华书局，1992，第 623 页。

⑤ 李焘：《续资治通鉴长编》（第一册）卷二四，中华书局，1992，第 537 页。

弥德超所言曹彬的罪状是“得士众心”，戍卒皆言月头银曹公所致云云，与嘉祐间文臣陷害狄青得士心，将校爱戴的话语是何其相似，简直可以说就是克隆复制。“得士众心”就必然“得军情”，这对皇权和文人政体构成潜在的威胁。王德用号“黑王相”，将门出身，亦是北宋一代名将。叶梦得笔记载其被诬之事。

王武恭公德用貌奇伟，宅在都城西北隅，善抚士卒，得军情，以其貌异，所过闾里皆聚观。苏仪甫为翰林学士，尝密疏之，又“宅枕乾冈，貌类异祖”之语，仁宗留中不出。孔道辅为中丞，继之为言，遂罢枢密使，知随州。①

王德用罢免枢密使初知外州，与狄青嘉祐初遭诬一模一样。“得军情”，被“聚观”乃其罪。可以说，能得“军情”的武将在文人政治时代，本身就是一项罪名。文臣士大夫的隐秘心态就在于此。嘉祐初京师大水，狄青搬家相国寺，一日穿浅黄袄子，指挥军卒搬器物，立即遭官僚们有“异心”的弹劾。但这种方式并不新鲜，武将曹利用就曾遭此陷害。真宗驾崩后，刘太后垂帘听政，中官跋扈，利用“屡抑其请”，由是“谗嫉日至”。“因其从侄汭于乡墅间服黄袍为戏，遂构成其狱”。②曹利用最终被逐，途中遭中官威逼，自缢而死。狄青的命运与之极相似。“狄青以一介武人身份，竟赢得如此之高的社会威望，既使众多文臣感到不快，也使当政者产生了忧虑。如果军功业绩成为世人崇拜的对象，那么祖宗以来耗尽心血营造的‘崇文抑武’岂不是要在旦夕之间散落？而像狄青这样有威信的大将再掌握了枢密院的机密，对当政者来说显然不是一件好事”。③

---

① 《石林燕语》卷七，第 103 页。孙升《孙公谈圃》亦载：王德用号黑王相，年十九，从父讨西贼，威名大震。西人儿啼，即呼“黑大王来”以惧之。除枢密使。孔道辅上言：“德用状类艺祖，宅枕乾冈。即出知随州。”（《丁晋公谈录》外三种，卷上，第 114 页。）

② 田况：《儒林公议》卷上，中华书局，2017，第 113 页。

③ 陈峰：《北宋武将群体与相关问题研究》，中华书局，2004，第 285 页。

综上而言，北宋武将与文人集团的权力中枢始终是被疏离和严加防范的。狄青升到枢密副使，反对的文人就已经不少。升到枢密使的他，更使文人警惕防范有加，一有机会，文人们就毫不留情将他驱逐出中枢权力机构。

其次，狄青虽有自信的一面，并极力为提高武将的政治地位做了努力，但内心的隐忧依然很深，即对强大的文人集团的不安全感和一定程度的“畏慎”和自卑感。这是狄青政治人格的另一种自我呈现，也可以说是其性格在某种程度上的扭曲。宋人文献常常提到狄青性格中的“谨畏小心”。生活在文人为主体的政治权力空间，这是在所难免的，这是他坚持和认同武将的自我符号所付出的代价，潜藏的不稳定性和危险性。由于唐末五代军阀割据篡位和拥戴称帝的文化记忆还深深存留在人们心中，武将最担心的是被他人所谗，特别是背上谋逆或威胁皇权的罪名。如在械董士廉事件中，狄青的这种“畏慎”就被显露出来。王闢之《默记》云：

> 董士廉，关中豪侠之士，佐刘沪同擅筑水洛城，尹师鲁大非之。其后，狄青帅渭，希师鲁意，以沪擅兴，械送狱，将案诛之。时士廉已罢幕府至京师，青请于朝，槛车捕送，欲至渭而诛之。时士廉过华阴县，姚嗣宗知县事。姚、董，意气之交也。县当发人护送，而监者兵仗严密如护叛，送者不得语也。嗣宗交护送者于路，因呼士廉行第，屡引两手向上示之。士廉应曰：“会得嗣宗意，令作向上一路出此槛车也。”既至渭州，青方坐厅事，列兵仗，盛怒以待之。士廉在槛车中见青，大呼曰：“狄青，你这回做也！你只是董士廉碍着你，你今日杀了我，这回做也！”青闻之大惊，不敢诛。盖青起于卒伍而贵，尝有嫌疑之谤，心恶闻此语。因破槛车，械送狱。[①]

董士廉得计于知县姚嗣宗，嗣宗乃文人，与董交好，亦颇知武将软肋，故以手势暗示其友使“向上一路”之法，即污蔑狄青欲拥兵作乱，与朝廷作对。

① 王铚：《默记·燕翼诒谋录》之《默记》卷上，中华书局，1981，第12—13页。

果然董士廉一向狄青公高呼：“你这回做也！”狄青闻之即大惊而不敢诛之。后董士廉送有司，反讼尹洙脏罪，尹洙以贬死。狄青出入万军之中，尚无丝毫胆怯，却怕董士廉。原因就是他是行伍出身，在文人政治时代身份特殊，易遭“嫌疑之谤”，即被文臣诬为对皇权有异心，有谋逆作乱之嫌。狄青如此惧怕，乃是武人在北宋长期遭到打压的历史记忆所致。生活在文人主政的时代，作为武人的狄青其实是如履薄冰，战战兢兢的，他只能在文人权力的缝隙间生存。

皇祐四年冬，狄青征讨侬智高，为重振军心，至广西怒杀陈曙等三十余将，但对几位文臣皆颇优待，其实也有这种畏慎的考虑。《默记》载其事：

> 狄青宣抚广南，平侬智高。未出师，先大陈军仪，数诸将不俟大军之到，先出师不利。就坐擒陈崇仪等三十余人，拽出斩之。次问余襄公，襄公瞿然下拜，而孙元规颇申理之，得免。次及提刑祖择之，问诸将兵败亡之由。择之知必不免，勃然起对曰：“太尉不得无礼！无择来时，金口别有宣谕。”其客将在厅下，即呼牵提刑马，遂就厅事上马以出于甲胄兵戈之间。既至所舍，便溺俱下，满于鞍鞯。此所谓气胜也。盖青武人，非仓猝之间言“金口别有宣谕”，以折其谋，则必不免矣。[①]

祖择之拿出皇帝“金口别有所喻”就“折”了狄青之谋，不敢动他。其实也非其这点“气盛”就能让主帅狄青畏惧，主要还是所谓的皇帝的“金口”。无论是真是假，作为统帅宋廷数万精锐大军平南的武将，皇帝内心终究还是提心吊胆的。就算仁宗不疑心，旁边的文臣谗言也可怕。君不见，当年王翦帅秦国七十万大军灭楚，就不断写信要秦王封田赐爵，目的就是让君上放心。狄青之畏实在此。他对余靖和孙沔皆宽容，也是对文臣政治的趋向融合。

狄青不去“面涅”只是一种英雄本色示人的态度，他对文人政治其实并非抗拒而是尽量顺从与融合的。狄青平南，余靖等虑功劳被抢，迫使陈曙等将匆

① 王铚：《默记·燕翼诒谋录》之《默记》卷上，中华书局，1981，第13页。

忙出战而大败。但狄青却对余靖说："舍人文臣军旅之事，非所任也。"①

再次，狄青自我的气质和行为总的来说是不断趋向文臣所推崇的儒将，这是狄青政治人格与符号自我的必然归宿。此即后人诗云"折节读书能达变"。当初范仲淹一见狄青就要他读《春秋左传》其实有一个明确的目的，那就是希望狄青脱离粗鄙武夫从此向孙武或周瑜式的儒将靠拢，从而获得众多的士大夫官僚的心理认同。《左传》其实就是一个儒将的文化符号标志。自三国关羽开始，读《春秋》已成为标准的儒将风范的文化符号标记。特别是东汉以后，由于光武中兴的大将多是儒将，而宋代士大夫又最推崇东汉士风。如南宋谢采伯笔记专门叙述辅佐刘秀夺取天下的邓禹、冯异、贾复、耿纯和朱祐等十人皆为儒将，而冯异"好读书，通《左氏传》"。②可见通《左传》乃儒将之标志。北宋武将亦多仿东汉，如曹璨就喜读《春秋左传》。

> 璨起归胄，以孝谨称，能自奋励，以世其家。习知韬略，好读《左氏春秋》。虽无攻战之效，然累历边任，领禁卫十余年，善抚士卒，忠厚谦静，未尝有过。③

真宗时还令皇太子读《春秋》，仁宗亲政后还请士大夫讲《春秋》，可见《春秋左传》乃成为儒将归化儒家的重要符号。④自太祖陈桥兵变后，对武将潜在的对皇权的威胁，始终是耿耿于怀，儒家除了使用"杯酒释兵权"解除兵柄外，太祖大力鼓励武将读书，向儒转化。⑤一些武将世家子皆有文才，如太宗

---

① 司马光：《涑水记闻》卷一三，中华书局，1989，第 261 页。

② 《密斋笔记》续笔记，《全宋笔记》（第七编第八册）第 167 页。

③ 李焘：《续资治通鉴长编》（第四册）卷九十四，中华书局，1992，第 2162 页。

④ 李焘：《续资治通鉴长编》（第四册）："癸未，诏皇太子读《春秋》。辅臣奏曰：'臣等时入资善堂陪侍讲席，太子天姿英迈，好学不倦，亲写大小字示臣等，天然有笔法。'上喜曰：'赖卿等辅导也。'辅臣皆再拜。'"（卷九七，第 2246 页）

⑤ 李焘：《续资治通鉴长编》（第一册）：壬寅，上谓近臣曰："今之武臣欲尽令读书，贵知为治之道。"近臣皆莫对。（卷三，第 62 页）

朝的大将曹翰，有“宏材伟特之度，能诗，有《玉关集》”。太宗尝召见，赞赏其诗“曾因国难披金甲，耻为家贫卖宝刀，他日燕山磨峭壁，定应先勒大名曹”颇佳。[①]至真宗朝，这种武将的“儒化”渐趋成型，皇帝赐经，武将也被文人化，自觉读书。

> 乙未，赐殿前都指挥使高琼板本经史，从所乞也。上崇尚文儒，留心学术，故武毅之臣无不自化。[②]

在文人政治权力圈中，“武毅之臣无不自化”是必然的。可不幸的是，狄青固然如范仲淹所鼓励的，勤读《左传》，这是他对成为儒将的“自化”和认同。包括面对文人刘易的辱骂。狄青的“微笑”宽宏也是学习文臣士大夫的器量，虽有一定的被迫的成分，但也是一种自觉的转化。因为文臣瞧不起武人在宋代是司空见惯的事，而狄青必须磨砺性情，适应这种政治气息。《宋史·狄青传》谓其“能以畏慎保全终始”是很中肯的。[③]这种“自化”影响深远，成为武将的一种修养标准。如南宋岳飞读书很勤，籍其家时，有书籍数千卷。[④]其诗词写得很好，如《满江红》《小重山》等。然而狄青对读书虽是欣然接受。可是，他没有消除自己卑贱的出身符号——行伍士卒的“面涅”。也就是说他愿意融入文臣社会的宋王朝，当一个儒将，但却不愿消灭自己带有“原罪”意味的出身符号。这是狄青后来悲剧结局的重要源头。

可悲的是，狄青在文人政治的压迫下，最后却没有全始全终。其任枢密使四年，默默无闻，史书笔记几无其任何政绩记载。在文人主政的权力格局的压抑下，一代名将徒有枢密使之位，却不敢也无法施展作为，只能是碌碌自保，

---

① 文莹撰，郑世刚、杨立扬点校：《湘上野录·续录·玉壶清话》之《玉壶清话》卷七，中华书局，1984，第67页。

② 李焘：《续资治通鉴长编》（第三册）卷六〇，中华书局，1992，第1347页。

③ 脱脱等：《宋史》（第二十八册）卷二九〇，中华书局，1985，第9721页。

④ 袁褧、袁颐：《枫窗小牍》卷下，商务印书馆，1939，第18页。

然最终却还是被文人官僚驱逐出局。嘉祐元年京师大水，天象异常，攻击他的流言蜚语弥漫京城，但狄青并无主动请辞之举。这一切都说明，他还没有意识到政治仕途已身处险境。也就是说，他虽皈依儒将，但却没有完全清醒地认识到文人政治的本质。他被自己的赫赫战功迷惑了，以为凭此可安度后半生，但是，他忘记了自己脸上还存留着与士大夫对立的“面涅”。

第五章 狄青之将略与政治眼光

第一节 良将智谋

文臣余靖在狄青的墓铭中赞其为“名震夷狄，勋在竹帛，近代之良将也”，此为至公之论。[①] 狄青的军事和政治才能在“征羌平蛮”中表现最为突出。在与西夏的战争中，他智勇兼备，才略已经不同凡响。在众多粗豪庸将中显得异常的出类拔萃。他为裨将时先以勇知名，曾经中敌军流矢，“创甚，闻寇至，裹创而行，帅不能止。”[②] 这是符合拿破仑打胜仗三原则之“要有光荣战死的决心”。[③] “披发铜面”是他在西夏作为英勇战神的符号形象。但其战斗虽勇敢无畏，然绝非一味粗豪，其军事智谋和才能也很突出，宋人笔记于此多有记载，如王闢之《渑水燕谈录》所言的“西边用兵，公以才勇知略，频立战功”。[④] 邵伯温云：“狄武襄公青初以散直为延州指使，时西夏用兵，武襄以智勇收奇功。”[⑤]

在整个仁宗朝对西夏的战争中，突出的边将并不多，如欧阳修所言：“国家

---

① 余靖：《宋故狄令公墓铭》，曾枣庄、刘琳主编：《全宋文》（第二十七册）卷五七三，安徽教育出版社、上海辞书出版社，2006，第 119 页。

② 同上，第 118 页。

③ 拿破仑：《拿破仑日记》，伍光建译，时代文艺出版社，2013，第 93 页。

④ 王闢之：《渑水燕谈录·归田录》，中华书局，1981，第 16 页。

⑤ 邵伯温：《邵氏闻见录》卷八，中华书局，1983，第 83 页。

兵兴以来，五六年所得边将，惟狄青、种世衡二人而已。”[①] 在北宋一般文人眼中，武将大多就是粗鲁无教养之人，多没有头脑，只能供文臣驱使。如狄青就被余靖说是“粗豪”和“粗率”，并认为狄青是“刚果堪为斗将”。文臣们有这样的偏执理解，并非偶然。当宋王朝与元昊爆发战争后，勇将出现不少。如田朏、郝质、王凯、张岊和王吉等。王凯是名将王全斌的曾孙，曾“入兔毛川，贼众三万，凯以兵六千陷围，流矢中面，斗不解，至暮敌溃，又斩首百八十六级，自蹂践死者以数千”。[②] 张岊更是勇悍，被西夏人赞为“勇儿”。《续资治通鉴长编》载：

> 张岊者，府谷人，以赀为牙将，有胆略，善骑射。天圣中，西夏伪观察使阿遇寇麟州，虏边户约还子，然后归所虏。麟州还其子，而阿遇辄背约。安抚使遣岊诘问，岊径造帐中，以逆顺谕阿遇，阿遇语屈，留岊共食。阿遇抽佩刀贯大脔啖岊，岊引吻就刀食肉，无所惮。阿遇复弦弓张镞，指岊腹而彀，岊食不辍，神色自若。阿遇抚岊背曰：“真勇儿也。”翌日，又与岊纵猎，双兔起马前，岊发两矢，连毙二兔。阿遇惊服，遗岊马、橐驼，悉归所虏如故约。州将补为来远寨主。手杀伪首领俄易儿，夺其甲马。时年十八，名动一军。[③]

面对阿遇以箭射腹的威胁，而“神色自若”，张岊之胆可见一斑。后与元昊战，身披数创而不减其勇。

> 至青眉浪，遇贼接战，流矢贯双颊，岊拔矢，斗愈力，夺马十二匹而还。贼围府州，攻甚急，城西南隅庳下，贼将登，众嚣曰：“城破矣。”岊乘陴大呼，令两人持一人来，贼为之稍却，众乃安。飞矢中右目下，身被

---

① 李焘：《续资治通鉴长编》（第六册）卷一四四，中华书局，1992，第3489页。

② 李焘：《续资治通鉴长编》（第六册）卷一三三，中华书局，1992，第3179页。

③ 同上，第3180页。

三创，昼夜督守。又帅死士开关，护州人汲于河北，围解，城中不乏水，以劳迁右班殿直。[①]

另一位勇将王吉亦与张岊齐名，“吉每战所杀不过一矢，即舍弓肉袒而入，手杀数人，然后反，曰：‘及其张弓挟矢之时，直往抱，彼仓卒无以拒我，则成禽矣。吾前后数十战，未尝发两矢也。’”[②]王吉临阵战斗不喜射箭而愿近距离的“肉袒而入”敌阵，可与狄青披发铜面的冲锋之勇气相媲美。不过，这些勇将均缺乏谋略和智慧，且多不识字通兵法，故宋人笔记少有他们逸事的记载。而狄青的相关记录却颇多，盖因其勇且多熟读兵书多智谋耳。这表明狄青绝不仅是个单有勇气的“斗将”，在西夏的战争中就已经显露出胆识和智谋。他绝非只有一般武将的勇猛，只能炫武艺，他是兼通兵法战术的，如尹洙认识狄青后，就曾和狄青谈兵法而不能屈，可谓智勇兼备。须知北宋在神宗熙宁变法前，朝廷是公开禁止民间习兵法的。文臣宰执对武将长期都是搞“愚昧政策，录用和提拔武官时，侧重弓矢等武功，而轻视文化水平”。[③]至元昊叛宋，仁宗才重开武举，作《神武秘略》。因此狄青之熟悉兵法，多靠私下的自学。《孙子兵法》和北宋许洞的《虎钤经》对他均有深刻的影响，这是狄青在西陲战场成名的关键因素。狄青在陕西升职非常快，也和他的突出表现密切相关。正如尹洙所称的“青自殿直，不三年至刺史，委以一路兵柄，此必其忠力材智有过于人”。[④]王珪更是赞叹狄青在北宋与西夏的战争中“奇谋纵横，以詟戎心。”[⑤]余靖记录了其在与夏人作战中，经常以八阵法训练士卒的事迹。

---

① 李焘：《续资治通鉴长编》（第六册）卷一三三，中华书局，1992，第3181页。

② 同上，第3182页。

③ 陈峰：《北宋武将群体与相关问题研究》，中华书局，2004，第286页。

④ 李焘：《续资治通鉴长编》（第六册）一四四，中华书局，1992，第3490页。

⑤ 王珪：《狄武襄公神道碑铭》，曾枣庄、刘琳主编：《全宋文》（第五十三册）卷一一五四，安徽教育出版社、上海辞书出版社，2006，第204页。

> 公天赋明智，世推权勇，临事董众，识与机会。其行师也，所统步骑不以众寡，常取诸葛武侯八阵法为模楷，宿息坐作，悉成部伍，故虽仓卒遇敌，而师徒无挠。[①]

可见，宋与西夏的战争给了狄青非常好的磨砺，其智勇谋略都得到施展和锻炼。首先，狄青最善用战术计谋取胜。兹列沈括《梦溪笔谈》有关狄青作战几则故事，即可见一斑。狄青在战场上能够灵活多变地运用智谋奇计，所谓兵不厌诈，虚虚实实。如以易旗以欺骗敌人的方式。

> 宝元中，党项犯塞，时新募万胜军，未习战阵，遇寇多北。狄青为将，一日尽取万胜旗付虎翼军，使之出战。虏望其旗，易之，全军径趋，为虎翼所破，殆无遗类。[②]

从沈括的叙述来看，狄青精通兵法却从不死板地遵循，而是能够根据战场实际情况，随时随地、灵活多变地运用。孙子兵法强调的“兵者，诡道也”的精髓，狄青是真学到了并融化无间，这是他最了不起的地方。兵法是死的，若不能运用，生搬硬套，则必将反受其害。狄青与西夏作战，对兵法之通变运用已很娴熟，临阵作战，常以逆向思维的方式迎敌，“善用诈巧”。[③]沈括笔谈载其一事。

> 又青在泾、原，尝以寡当众，度必以奇胜。预戒军中，尽舍弓弩，皆执短兵器。令军中闻钲一声则止；再声则严阵而阳却，钲声止则大呼而突之，士卒皆如其教。才遇敌，未接战，遽声钲，士卒皆止；再声，皆却。虏人大笑，相谓曰：“孰谓狄天使勇？”时虏人谓青为“天使”。钲声止，忽

---

① 余靖：《宋故狄令公墓铭》，曾枣庄、刘琳编：《全宋文》（第二十七册）卷五七三，安徽教育出版社、上海辞书出版社，2006，第 118 页。

② 沈括撰、胡道静校注：《新校正梦溪笔谈》（卷一三），中华书局，1957，第 141 页。

③ 王晓卫：《兵家史话》，社会科学文献出版社，2011，第 107 页。

前突之，虏兵大乱，相蹂践死者，不可胜计也。[①]

以寡击众，必以“奇”胜，这正是狄青善用兵法的高超之处。“寡”者即用兵在精而不在多。狄青怎样用精兵，宋人笔记对此记载很少，唯龚鼎臣《东原录》有一条珍贵却被忽视的文字。其云狄青善用兵曰：“狄青善用不满千人之法，盖择锐敢死者而已。”[②]龚氏按年龄与狄青是同辈人，仁宗景佑元年进士。故其所记很可信。盖狄青西夏作战带兵人数常常不满千人，但却都是精挑细选，淘汰老弱，挑出来的打仗勇猛敢死之辈，可谓宋军精锐中之精锐。《孙子兵法》云：“兵非益多也。”[③]没有一个坚毅的将领，人数再多的军队亦如乌合之众。此即拿破仑所言“作战的时候，人数多算不了什么，而什么都只靠一个人”。[④]狄青深谙此道。这是他临阵多有胜仗的根本。否则，只是一味依赖战术之奇，未必能有连连胜绩。后来狄青征侬智高，步兵不过二万，蕃骑亦只三千，却能一战溃敌，盖其精锐之故耳。[⑤]再谈所谓的“奇”，就是突破常规战术思维，反其道而行之。如此篇记载。一般古代作战皆鸣鼓进攻，所谓“一鼓作气”。而狄青却命士卒一钲而止，二钲佯退却，使敌人顿生轻敌之心。然钲声止，宋军反而执短兵器猛烈进攻，敌军遂败。尝随狄青征讨侬智高的余靖赞其“天赋明智，世推权勇，临事董众，识与机会”。“权”即智谋，“勇”即英勇，[⑥]可谓狄青作战经验的精炼总结。北宋著名武臣马知节尝对真宗言：“‘将帅之才’，非可坐而知

---

① 沈括撰、胡道静校注：《新校正梦溪笔谈》（卷一三），中华书局，1957，第141页。

② 《东原录》，上海师范大学古籍整理研究所编：《全宋笔记》（第八编第九册），大象出版社，2017，第191页。

③ 《十一家注孙子校理》卷中行军篇，中华书局，1999，第202页。

④ 拿破仑：《拿破仑日记》，伍光建译，时代文艺出版社，2013，第192页。

⑤ 滕元发：《孙威敏征南录》，朱易安等：《全宋笔记》（第一编第八册），大象出版社，2003。“明年正月，达宾、象间，大军辎重凡四万人出昆仑关。”

⑥ 余靖：《宋故狄令公墓铭》，曾枣庄、刘琳编：《全宋文》（第二十七册）卷五七三，安徽教育出版社、上海辞书出版社，2006，第118页。

之，顾临事机变何如耳。”[①] 狄青的“机变”与善用“奇”正是其将帅之才的证明，故春秋兵法大家孙子云：“凡战者，以正合，以奇胜。”[②] 并特别强调用“奇”致胜的厚度。“故善用奇者，无穷如天地，不竭如江河。”[③] 狄青得之矣。

其次，狄青能识人。在延州时，狄青就颇能识人，如他对蒋偕的看法。庆历四年冬十二月，蒋偕筑堡大虫巉，堡未筑成而为西夏明珠、灭藏伺间袭击，蒋偕逃回，伏经略庭下请死。主帅王素欲赦其罪，令其戴罪立功。狄青就劝谏说：“偕轻而无谋，往必更败。王素不听。[④] 狄青之所言确中蒋偕之弱点，其后广南侬智高反，蒋偕往讨贼，果以“轻肆”败亡。[⑤] 这是狄青的军事和政治眼光。

再次，狄青的智谋还表现在善于鼓动士气，振奋军心。征讨侬智高前，因官军的接连失利，侬智高军队的藤盾长枪的战法让人生畏，朝廷上下士气低沉。狄青巧妙地利用当时民间流行的“命定”的意识，撒钱励士。蔡絛《铁围山丛谈》载：

> 南俗尚鬼。狄武襄青征侬智高时，大兵始出桂林之南，道旁偶一大庙，人谓其庙甚神灵。武襄遽为驻节而祷之焉，因祝曰：“胜负无以为据。”乃取百钱自持之，且与神约：“果大捷，则投此，期尽钱面也。”左右或谏止，“一倘不如意，恐沮师。”武襄不听，万众方耸视，已挥手倏一掷，则百钱尽面矣。于是举军欢呼，声震林野，武襄亦大喜。顾左右取百钉来，即随钱疏密布地而钉帖之，加诸青纱笼覆，受自封焉，曰：“苟凯归，当偿谢神，始赎取钱。”其后，破昆仑关，败智高，平邕管。及还师，如言赎取钱。与群幕府士大夫共视之，乃两字钱也。诏封庙曰灵顺。吾道过时梦甚异，又得是

① 李焘：《续资治通鉴长编》（第三册）卷七三，中华书局，1992，第 1660 页。
② 《十一家注孙子校理·势篇》卷中，中华书局，1999，第 87 页。
③ 同上，第 88 页。
④ 李焘：《续资治通鉴长编》（第六册）卷一五三，中华书局，1992，第 3728 页。
⑤ 李焘：《续资治通鉴长编》（第七册）卷一七三，中华书局，1992，第 4171 页。

事于其父老云。[①]

“百钱尽面”预示了“大捷”的命运，鼓舞了消沉的士气，胜过了很多语言和物质的激励。这个故事很能说明狄青“计事必审中机会而后发”的性格。这种“两字钱”的战争利用，后来还被清代大将军年羹尧所袭用。

年羹尧西征，誓师日，与部下约曰：“此行胜负未必，余愿以百钱卜之，果所掷尽字面者，当捷。”既而挥手一掷，居然皆一色也。全军欢呼，声震林谷。亟令封而钉之，毋窃视，违者罪勿赦。于是所向披靡，势如破竹。及凯旋，亲与幕客共观，乃预铸之两字钱也。用兵之诈如是。[②]

总的看来，狄青在西夏的战争中，虽已名扬天下，但因宋廷在这场战争中还是依赖文臣作经略使和安抚使等统兵，对涌现出来的杰出武将一直未能超常提拔，故狄青的将才并未能完全发挥，只能说是颇为挫折了西夏的锋芒。所谓尚“未立奇功”。黄震总结较全面：“带铜面具，大小二十五战，胜元昊，易虎翼旗，胜党项，裨将事也。”[③]但与西夏的作战经历却很好地磨砺了狄青。在征伐侬智高前，狄青就已凭着西夏战争的功绩进位枢密副使，已算是西夏战争中行伍出身的战将的最高官位了。这些经历为后来南征的胜利奠定了坚实的基础，毕竟成为一个大将是需要时间的。

---

① 蔡絛：《铁围山丛谈》卷二，中华书局，1983，第35页。

② 汪恸尘：《苦榴花馆杂记》，中华书局，2013，第18页。

③ 黄震：《黄氏日抄》，上海师范大学古籍整理研究所编：《笔记宋全》，第十编，第六册，大象出版社，第16页。

第二节　统帅方略

宋代是典型的文人政治体制，凡遇兵事，一般都是文人带兵作战，所有武将均受其节制。然文臣虽富韬略，却多纸上谈兵。多赖固守防卫，又多喜遥控指挥，运筹帷幄，少有亲临战阵者。如田况就说："夏竦、陈执中以儒臣委西路，不能身当行阵，为士卒先。"①就是仁宗朝的名臣范仲淹、韩琦等皆非真正的将帅之才。韩琦领兵，举兵轻进，元昊设伏，大军惨败好水川，任福战殁。韩琦还途中，"亡卒父兄妻子号于马首者几千人"，只留下"大凡用兵，当先置胜负于度外"的笑柄。②韩琦领兵完全是一种书生的思维方式，因为真正的兵家统帅认为"打仗的秘诀，首先是在于计算胜败的成数，要算的极准。"③范仲淹"为将务持重"。④一意谨守，少与敌交锋。清代王夫之云：

> 种氏以外，无一人之可将，中枢之地，无一策之可筹。……狄青初起，抑弗能乘其朝气，任以专征，不得已而委之文臣。匪特夏竦、范雍之不足有为也。韩、范二公，忧国有情，谋国有志，而韬钤之说未娴，将士之情未浃，纵之而驰，操之而烦，慎则失时，勇则失算。⑤

所谓"韬钤之说未娴，将士之情未浃"等恰中文臣的软肋，故文臣领军常常是"有总帅之名，而无总帅之实"。⑥这是士大夫领兵连连败仗的根源。甚至像

---

① 李焘：《续资治通鉴长编》（第五册）卷一三二，中华书局，1992，第3132页。

② 魏泰：《东轩笔录》卷七，中华书局，1983，第82页。

③ 拿破仑：《拿破仑日记》，伍光建译，时代文艺出版社，2013，第34页。

④ 范成大：《吴郡志》卷二六，《宋元方志丛刊》，中华书局，1990，第886页。

⑤ 王夫之：《宋论》卷四，中华书局，1964，第93页。

⑥ 苏辙：《龙川略志·龙川别志》，中华书局，1982，第86页。

滕元发这种对武夫很蔑视的文臣亦不得不承认“近世文臣，罕有躬战伐，成功名者”。[①]“韬钤”盖指为将的谋略；“将士之情”是说军情，军心。而行伍出身，亲自冲锋陷阵的狄青恰好有“娴于韬钤，浃于将情”的独特才华，也就是说他既熟悉军事谋略，又深谙将士作战的实际情况，完全符合作为大将所要求的“智、信、仁、勇、严”等五个重要素质。这五种素质按照北宋文人的注解是“智能发谋，信能赏罚，仁能附众，勇能果断，严能立威。”[②]而狄青平定侬智高叛乱的过程可谓完美地实践了这五种要素。狄青作为统帅的大将风范，也较集中体现这五种素质里，本节从狄青的“韬钤”与“将情”这两个方面来综合剖析其中所蕴含的五种将才。

一、狄青非常娴于“韬钤”

征讨侬智高时的狄青，已然位居高位，但勇气不衰，然其作为主帅的政治眼光，运筹帷幄的大将谋略却更为成熟，远远超过当时文臣士大夫。《宋史·狄青传》评曰：“青为人慎密寡言，其计事必审中机会而后发。行师先正部伍，明赏罚，与士同饥寒劳苦，虽敌猝犯之，无一士敢后先者，故其出常有功。尤喜推功与将佐。”[③]在南征过程中，狄青战略上做了许多决定性的战略性全局部署。这是作为主帅的“发谋”——“智”。

第一，消除借外兵的隐患。狄青不仅是优秀的统帅，也具有自觉的政治敏感。讨伐侬智高是维护大宋王朝的统一，而不是由此引狼入室。唐代安史之乱，因求回纥出兵，带来了很多后患。狄青挂帅宣抚广南，立即请仁宗皇帝罢请交趾出兵之策。这是符合宋廷根本利益的，因为“战争是政治交往通过另一种手段的实现”。[④]据《安南志略》云：“皇祐元年秋九月，岭南蛮侬智高寇边，交趾请

---

① 滕元发：《孙威敏征南录》，朱易安，等主编：《全宋笔记》（第一编第八册），大象出版社，2003，第9页。

② 梅尧臣注，见《十一家注孙子校理》卷上计篇，中华书局，1999，第7页。

③ 脱脱等：《宋史》（第二十八册）卷二九〇，中华书局，1985，第9718—9721页。

④ 克劳塞维茨：《战争论》（第一卷）商务印书馆，1978，第43页。

出兵助讨。"当时余靖等文臣就"以为便，益许于朝"。[①] 并上疏朝廷请借兵交趾。

交趾今岁当入贡，属侬智高叛，道阻不通，累移文乞会兵讨贼，而朝廷久未报。观其要约甚诚，纵未能剿灭贼党，亦可使益相离贰。[②]

当时朝廷未允，但余靖文臣等已被侬智高军队接连胜利的气焰所慑，畏战心理甚重。至皇祐四年十二月还在不断请求朝廷答应交趾出兵，全然不计出兵将可能带来的严重政治后果。

戊子，知桂州余靖言："交趾今岁当入贡，属侬智高叛，道阻不通，累移文乞会兵讨贼，而朝廷久未报。观其要约甚诚，纵未能剿灭贼党，亦可使益相离贰，已于邕钦州备万人以待之。"诏亦给缗钱二万助兵费，候贼平更赏缗钱三万。始，朝廷不听交趾出兵，靖言智高，交趾叛者，宜听出兵，毋阻其善意。今不听，必忿而反助智高，因以便宜许之。朝廷从其请。[③]

就在此关键时刻，刚刚肩负主帅重任征南的狄青表示坚决反对。他认为这是一个短视的误国之举，他立即上疏朝廷，首先指出交趾多虚，非真心助讨，因为"李德政声言将步兵五万，骑一千赴援，此非情实"。接着狄青又清晰地指出借外兵所带来的重大隐患。

且假兵于外以除内寇，非我利也。以一智高横蹂二广，力不能讨。乃假蛮夷兵。蛮夷贪得忘义，因而启乱，何以御之！愿罢交趾兵勿用。且檄靖无通交趾使。[④]

---

① 黎崱：《安南志略》卷一二，中华书局，1995，第 298 页。
② 李焘：《续资治通鉴长编》（第七册）卷一七三，中华书局，1992，第 4183 页。
③ 李焘：《续资治通鉴长编》（第七册）卷一七三，中华书局，1992，第 4182—8183 页。
④ 李焘：《续资治通鉴长编》卷一七三，中华书局，1992，第 4183 页。

司马光《涑水记闻》亦载：

> 交趾王德政请出兵二万助收智高，狄青奏曰："官军自足办贼，无用交趾兵。"丁未，诏交趾毋出兵。[①]

柔弱寡断的仁宗采纳了狄青建议，没有让交趾出兵。后来的事实证明，狄青反对交趾出兵是具有战略眼光的，否则后患无穷。反对交趾出兵说明狄青"在计虑讨敌方略时，不仅只考虑如何取胜，还考虑用何种方略取胜才可不留后患"。[②]

第二，在征讨侬智高的具体排兵布阵上，狄青有一项重要措置，即善用骑兵。后来的事实证明，归仁铺大战，宋军之所以最后大获全胜，蕃部骑兵的果断出击确实起到了奇兵的关键作用。吴曾《能改斋漫录》记云："仁宗以广源侬智高寇岭外，陷数州，乃遣狄武襄出督战。用延州蕃落骑兵，一鼓而破。"[③]可见此役蕃部骑兵的重要性。盖狄青的对手侬智高并非等闲之辈，亦是非常之人。余靖《宋故狄令公墓铭》就说"智高趫勇而善用兵，……拓地寖广，胜兵寖盛，交趾不能制"[④]。侬智高颇精兵法战阵，他独创了三人一组的长枪盾牌战法。关于此种战法，北宋文士唯滕元发的《孙威敏征南录》记载稍详：

> 又闻贼之长技，用蛮牌捻枪，每人持牌以蔽身，二人持枪夹牌以杀人。众进如堵，弓矢莫能加，大为南患。[⑤]

这就是侬智高独树一帜的"三人小组"阵法。具体战法是：将部队全体战

---

① 司马光：《涑水记闻》卷一三，中华书局，1989，第260页。

② 王晓卫：《兵家史话》，社会科学文献出版社，2011，第107页。

③ 吴曾：《能改斋漫录》（下册）卷一二，上海古籍出版社，1960，第351页。

④ 曾枣庄、刘琳主编：《全宋文》（第二十七册）卷五七三，安徽教育出版社、上海辞书出版社，第117页。

⑤ 滕元发：《孙威敏征南录》，《全宋笔记》（第一编第八册），大象出版社，2003，第6页。

斗人员分为若个小组，以小组为基本战斗单位，每组三个人。作战时，一人手持藤牌，藤牌的优势在于能从藤条缝隙中窥见敌人的一举一动，另外二人持枪夹牌只管奋勇前进杀敌，而毋需旁顾，而持藤牌者掩护进攻，随时割取被杀之敌的首级。故此，三人小组阵法打战时，前进如一堵堵墙浪，所谓“众进如堵”。宋军战斗力本来就弱，飞箭标枪碰墙即落，无所破之。故一败再败，大将张忠、蒋偕等皆殁于阵前。侬智高依靠这种战法，连连得胜。侬智高军队临阵“执大盾、标枪，衣绛衣，望之如火”。宋军败多遂愈来愈怕，畏之如鬼神。李觏《寄上孙安抚书》中感叹道：

> 皆以贼为鬼将神兵，非人可敌，故锋刃未交，而心胆已碎。后败甚于前败，今日甚于昨日，徒使狂童谓天无网。此所谓我失于速也。①

面对官军的惨败，当时尚未上战场的宋廷文臣武将皆思破此阵之法。选择骑兵成为有识之士的共同想法。狄青向天子上表请战时，就提出使用骑兵的方略，而且特别强调请拨蕃部锐骑，盖蕃骑比内地更强悍。② 王偁《东都事略》载其自言云：“臣起行伍，非战伐无以报国，愿得蕃落骑兵数百，益以禁卒，当羁首至阙下。”③《续资治通鉴长编》记载：“臣起行伍，非战伐无以报国，愿得蕃落骑兵数百，益以禁兵，羁贼首至阙下。”④ 所谓的“蕃落骑兵”是狄青在延州的旧部嫡系，是宋朝对付西夏的重要力量，由归顺宋廷的西北边境的羌人熟户丁壮组成。“蕃兵熟悉边情，勇悍善战。”⑤ 其马匹的强壮与士兵战斗力皆远远高于内地骑兵。可见击溃侬智高叛军，骑兵起着举足轻重的关键作用。狄青如此青睐骑兵，原因大略有二：其一狄青在西夏为裨将时就以骑马冲锋陷阵为其长处，

① 李觏：《李觏集》卷二十八，中华书局，1975，第 324 页。

② 吴曾：《能改斋漫录》（下册）卷一二，上海古籍出版社，1960，第 351 页。

③ 王偁：《东都事略》卷八五，《二十五别史》，齐鲁书社，2000，第 507 页。

④ 李焘：《续资治通鉴长编》（第七册）卷一七三，中华书局，1992，第 4174 页。

⑤ 刘昭祥、王晓卫：《军制史话》，社会科学文献出版社，2011，第 112 页。

又经多年与西夏的战争使得他熟悉骑兵的战法，有丰富的实战经验；其二是他看到侬智高军队的软肋，即步兵三人组虽勇，然而却怕骑兵的冲锋，特别是在较平坦之地作战时。

当时文臣中亦有提出这种想法者，如跟随狄青征战的文臣孙沔。《续资治通鉴长编》云："沔以南方兵连为贼所破，气慑不可用，请益发骑兵，且增选偏裨二十人，求武库精甲五千。"[①] 狄青的想法是否受到孙沔的影响，不易推断，但以狄青之久经沙场，与之不谋而合是完全可能的。曾巩笔记《杂识》尝记曾公亮问狄青"贼之标牌殆不可当，如何"？青曰："此易耳。标牌，步兵也，当骑兵则不能施矣。"以骑兵对付侬智高的想法，当时并不止孙沔一人，枢密使高若讷也说骑兵"善射，耐艰苦，山下如平地，当瘴未发时，疾驰破之，必胜之道也"。[②] 客观而言，孙沔也提出增骑兵的建议，但最终还是凭借狄青的威望落实了蕃落骑兵的调遣。诚如毕仲游所言："狄青来，始益骑兵三千。"[③] 作为主帅对战局的影响无论如何也不能低估。如曾巩所言：

> 青先为曾公亮言立军制，明赏罚，贼不可得见，标牌不能当骑兵，皆如所料。青坐堂户上，以论数千里之外，辞约而虑明，虽古之名将何以如此，岂特一时武人崛起者乎"？[④]

狄青征南用蕃落骑兵，隐蔽工作也做得非常好。马知节曾说善用骑兵者，"不以多为贵，但能设伏，观戎寇之多少，度地形之险易，寇少则邀而击之，众则聚而攻之，常依城邑以为旋师之所，无不捷矣"。[⑤] 狄青正是做到了这一点。

---

① 李焘：《续资治通鉴长编》（第七册）卷一七三，中华书局，1992，第 4168 页。

② 同上，第 4175 页。

③ 《孙威敏公神道碑》，《文渊阁四库全书》，台湾商务印书馆，1986。

④ 曾巩撰、陈杏珍、晁继周点校：《曾巩集·杂识二》（下册）卷五二，中华书局，1984，第 721 页。

⑤ 李焘：《续资治通鉴长编》（第三册）卷七三，中华书局，1992，第 1660 页。

据宋人笔记载，为了临阵时取得出奇制胜之效，他命令将西边蕃落马，“用毡裹蹄”，使得战马行进时不发出声音，以迷惑侬智高，使其未做出相应的对策。广南这边虽有人预料狄青会用骑兵，曾劝智高遣兵守昆仑关，但不为所纳，遂将战争引入归仁铺这个有利于骑兵冲锋的平原。临阵时狄青又设伏，“使步卒居前，匿骑兵于后”。①让侬智高一直放松警惕，在战斗的紧要关头，突以骑兵两翼齐飞冲锋，截断侬军长枪队伍，最终获胜。此即兵法所谓“攻其不备，出其不意”。②如此，则狄青的骑兵行军较为隐蔽，侬智高丝毫没有料到会遭遇锐骑的冲锋。拿破仑尝言：“打仗之法，并不要复杂地调动。最简单的就是最好的，以常识为根本。”③狄青以蕃骑冲垮侬智高步兵三人组合，正是以骑兵对付步兵的标牌的“常识”为判断，用简易之战术取胜的典范。

第三，狄青征南用兵大胜，还有一个最重要的军事策略就是以快制胜。所谓兵贵神速，其时广西瘴气易发之地，宋朝军队久驻必为瘴毒所袭，故击败侬智高，速战速决是最有利的选择，否则迁延下去，对宋军非常不利。兵法云：“故兵闻拙速，未睹巧之久也。”④通晓兵法的狄青对此是有充分领悟的。他决不会让侬智高以逸待劳，有充分的时间固守或进行旷日持久的相持战，让瘴毒消耗宋军。雪夜夺昆仑关是狄青的军事妙笔，很好地显现了孙子兵法所云的“其疾如风”的闪电战术。南宋罗大经总结最妙，他说：“狄武襄夜半破昆仑关，只是一易字。”⑤此所谓“易”者，简易也。易则快。不过，进兵速度虽快，狄青心却很细，他充分利用上元节晚上的庆祝活动，用了“三夜”的大宴来麻痹侬智高的探马。沈括《梦溪笔谈》载：“青至宾州，值上元节，令大张灯烛，首夜燕将佐，次夜燕从军官，三夜飨军校。首夜乐饮彻晓。次夜二鼓时，青忽称疾，暂起如内。久之……至晓，各未（敢）退。忽有驰报者云，是夜三鼓，青已夺

① 司马光：《涑水记闻》卷一三，中华书局，1989，第261页。

② 《十一家注孙子校理》卷上，中华书局，1999，第18页。

③ 拿破仑：《拿破仑日记》，伍光建译，时代文艺出版社，2013，第321页。

④ 《十一家注孙子校理》卷上，中华书局，1999，第31页。

⑤ 罗大经：《鹤林玉露》甲编卷三，中华书局，1983，第56页。

昆仑矣。”[①] 狄青进兵广西，战略上虽是讲究速战速决，然并非一味盲目求快，而是有快有慢，他亦有“其徐如林”的战法，不让敌人探子很容易地知道行军方式。到宾州后，他故意驻扎十天，声称粮草未齐。《宋史·和斌传》云：“狄青南征，使部骑兵为前锋。青驻宾州十日以怠寇，既乃倍道兼行。”[②] 狄青用兵善奇谋多变，可能与他读过北宋兵学家许洞的《虎钤经》相关。许洞是真宗朝著名兵法家，擅武艺，通《左传》。其兵书《虎钤经》是中国古代十大兵书之一。这部北宋兵书最讲究“出奇应变”。认为“为将者必须‘知变，知吉凶、险易、利害等战场态势的相互转化’”。[③]

第四，狄青通兵法，其行兵布阵强调严守纪律，但在临阵指挥战争的过程中，却并不死板，有一定的变通之道。如贾逵违反军令，独自行动，占领高地，成为胜利的关键，狄青事后却并不责怪他，反赞其机智灵活。陈均《皇朝编年纲目备要》载：

先是，青誓曰：“不待令而举者斩！”右军将贾逵恐贼先据高，乃引军趋山。贼至，逵拥众而下击，断其阵。贼既溃，诣帐下请罪，青拊其背曰：“违令而胜，权也，尚何罪！”[④]

《宋史》贾逵传所记更详。

（贾逵）从狄青征侬智高，战于归仁驿。既陈，青誓众曰：“不待令而举者斩！”时左将孙节战死，逵为右先锋将，私念所部兵数困易衄，兵法先据高昂者胜，苟复待命而贼乘胜先登，吾事去矣。即日引军趋山。既定，贼至，逵麾众驰下，仗剑大呼，断贼为二。贼首尾不相救，遂溃。逵诣青

① 沈括撰、胡道静校注：《新校正梦溪笔谈》（卷一三），中华书局，1957，第141页。

② 脱脱等：《宋史》（第三十二册）卷三五〇，中华书局，1985，第11080页。

③ 王晓卫：《兵家史话》，社会科学文献出版社，2011，第105页。

④ 陈均：《皇朝编年纲目备要》（上册）卷一四，中华书局，2006，第318页。

请罪，青拊其背劳谢之。[①]

狄青作战之法，很符合拿破仑所说的打胜仗战术三原则之一的“灵活”。[②]他很善于灵活多样地运用兵法，机智多变，虚虚实实，所谓“兵以诈立”。[③]故其对部下的违令机动，便不会惩罚。这正如克劳塞维茨所说：“在军事获得中就必然更多地依靠才能，较少地运用理论上的规定。”[④]

第五，狄青作为主帅指挥作战还有一个极具个性特色的战略思想，这就是沈括所说的“主胜而已，不求奇功”。狄青虽披发冲锋，勇冠三军，然绝不鲁莽。在保证胜利的情况下，绝不贪功冒进，故其少有败绩。这种战略思想在与西夏作战时就已萌芽。

狄青戍泾原日，尝与虏战，大胜，追奔数里。虏忽壅遏山踊，知其前必遇险。士卒皆欲奋击。青遽鸣钲止之，虏得引去。验其处，果临深涧，将佐皆悔不击。青独曰：“不然。奔亡之虏，忽止而拒我，安知非谋？军已大胜，残寇不足利，得之无所加重万一落其术中，存亡不可知。宁悔不击，不可悔不止。[⑤]

狄青所言之“军已大胜，残寇不足利，得之无所加重”一直是他后来指挥作战的总体战略思想。狄青挂帅征南时，这种战略更得到更多体现。归仁铺大战，侬智高军队大败，而狄青并未穷追猛打，而让其奔大理，原因还是这种“主胜”的思想。不少文人也看到这一点。“是时，智高可擒，青疑有伏兵，乃

---

① 脱脱等：《宋史·贾逵传》（第三十二册）卷三四九，中华书局，1985，第 11050 页。

② 拿破仑：《拿破仑日记》，伍光建译，时代文艺出版社，2013，第 93 页。

③ 《十一家注孙子校理》卷中，中华书局，1999，第 142 页。

④ 克劳塞维茨：《战争论》（第一卷）商务印书馆，1978，第 121 页。

⑤ 沈括撰、胡道静校注：《新校正梦溪笔谈》（卷一三），中华书局，1957，第 144 页。

止”。[①]当时朝野不少人颇为狄青未追侬智高遗憾，但是著名的士大夫沈括却很能理解狄青的战略思维，并对其思想作了比较全面而透彻的分析。

> 青后平岭寇，贼帅侬智高兵败奔邕州，其下皆欲穷其窟穴。青亦不从，以谓趋利乘势，入不测之城，非大将事。智高因而获免。天下皆罪青不入邕州，脱智高于垂死。然青之用兵，主胜而已。不求奇功，故未尝大败。计功最多，卒为名将。譬如弈棋，已胜敌可止矣，然犹攻击不已，往往大败。此青之所戒也，临利而能戒，乃青之过人处也。[②]

常胜将军之所以也常败，往往就是贪功，而狄青“主胜而已，不求奇功”，故未尝大败，故“计功最多”。沈括认为这是他成为一代名将的重要原因。狄青还以形象生动的“弈棋”作比，指出“胜敌可止矣，然犹攻击不已，往往大败”。沈括充分肯定了狄青此种作战思想的独特作用。狄青此种战争思想完全符合兵法所说的“故兵贵胜，不贵久”的制胜之道。[③]这种战争思想也与现代军事理论相合，如普鲁士著名军事家克劳塞维茨就强调战争所追求的目的“必然始终是而且只能是打垮敌人，也就是使敌人无力抵抗”。[④]狄青不是系统的军事理论家，但其“主胜”的战略却与这种“打垮”敌人为目标的战争思想不谋而合。沈括在这里还特别强调了“临利而能戒，乃青过人之处”。一般将领得胜之后，在即将到来的利益面前，欲望增多，却往往因此而失利。沈括将狄青的行事纳如其笔记的“权智”类，可见他对狄青大将谋略的钦佩。

黄震说狄青是“大有识者”[⑤]，明代李贽承袭此言。在其历史著作《藏书》武

---

① 孙升：《孙公谈圃》卷下，《丁晋公谈录》（外三种），中华书局，2012，第112页。

② 同上。

③ 《十一家注孙子校理·作战篇》中华书局，1999，第39页。

④ 克劳塞维茨：《战争论》（第一卷）商务印书馆，1978，第48页。

⑤ 黄震：《黄氏日抄》卷五〇，上海师范大学古籍整理研究所编，《全宋笔记》（第十编第十册），大象出版社，2018，第16页。

臣传中将狄青列为大将，并注明为“大见识”，可谓慧眼识英雄。[①]狄青作为大将而有“大见识”，就体现在具有恢宏的器度和战略家的眼光上。

二、狄青熟悉军事，能浃于将士之情

狄青统帅南征是军队胜利的核心。他是行伍出身，一步一步由一个兵卒逐步登上大将的高位，是真正的从士兵到将军的历程。长期的戎马生涯与战争经验使得他很了解军心，知道怎样鼓舞士气，故得到将士的拥护，在军队中有很高的威信。战前最重要的事就是整顿涣散的军心，重振士气。这是作为主帅的“信”的重要体现。所谓“师行，先正部伍”。[②]狄青做了几方面的努力。

第一，宣抚广南后，立即消除朝中历来就有的请托之风。“请托”乃当时官场陋习，一有战事，京城纨绔浪子弟多托官吏，混入军队，希取一官半职或金钱财物，然皆不能战。宋代文臣带兵，多有此弊，严重影响军中士气。征侬智高，文臣孙沔就“大受请托，与行者乃朱从道、郑抒翊、扬干曜之徒。皆险薄无赖，欲有所避免邀求。沔引之自从。远近莫不嗟异，既至潭州沔遂称疾观望不敢进”。[③]狄青挂帅后，也有不少子弟来请托，他就对他们说：

> “君欲从青行，此青之所求也。何必因人之言乎。然智高小冦，至遣青行可以知事急矣。从青之士能击贼有功朝廷有厚赏，青不敢不为之请也；若往而不能击贼，则军中法重，青不敢私也。君其思之。”于是闻者大骇，无复敢言求从青行者。其所辟取，皆青之素与，以为可用者，人望固已归之矣。[④]

---

① 《藏书》（第四册）卷五一，第860页。

② 李焘：《续资治通鉴长编》（第八册）卷一八五，中华书局，1992，第4471页。

③ 《宋名臣言行录》前集卷八，文渊阁四库全书本，台湾商务印书馆，1986。

④ 曾巩撰，陈杏珍、晁继周点校：《曾巩集·杂识二》（下册）卷五二，中华书局，1984，第720页。

第二，“立军制，明赏罚”。[①]全面整顿军纪，严明奖惩。狄青心仁，然“御军以严”。皇祐间侬智高叛乱势愈烈，朝野皆忧，士大夫曾公亮尝问狄青制胜方略，据曾巩记载：

> 翰林学士曾公亮问青所以为方略者，青初不肯言，公亮固问之，青乃曰：“比者军制不立，又自广州之败，赏罚不明，今当立军制，并明赏罚而已。”[②]

文臣孙沔、余靖等带兵，治军不严，纪律松懈，“所遇残掠”。[③]狄青为帅后，“有妇人卖蔬于道，一卒倍取，青曳卒马前，斩之。[④]狄青随后规范严密南征的行军制度，士气斗志复振。曾巩所记最详。

> 于是一军肃然，无敢出声气，万余人行，未尝闻声。每青至邮驿，四面严兵，每门皆诸司使二人守之，无一人得妄出入，而求见青者，无不即时得通。其夜宿皆成营栅，青所居，四面陈彀弓弩皆数重，所将精锐列布左右，守卫甚严。方青之未至，诸将屡走，皆以为常。……青至宾州，悉召陈与裨校凡三十二人，数其罪，按军法斩之。……于是军中人人奋励，有死战之心。

治军以严乃是狄青战胜侬智高的保证。同时，为了鼓励军队上下一心，团结一致。出征前狄青特地犒赏三军，恩威并施，充分表现了将帅的“信”和

---

① 曾巩撰，陈杏珍、晁继周点校：《曾巩集·杂识二》（下册）卷五二，中华书局，1984，第719页。

② 同上。

③ 孙升：《孙公谈圃》卷下，《丁晋公谈录》（外三种），中华书局，2012，第149页。

④ 同①，曾巩《杂识》所记更详：“军人有夺逆旅菜一把者，立斩之以徇。于是一军肃然，无敢出声气，万余人行，未尝闻声。”狄青治军有法可见一斑。（《曾巩集》，第720页。）

“严”。按《默记》所云：

狄青善用兵……其出师讨侬智高也，既行，燕犒士卒于琼林苑中，将士皆列坐。酒既行，青自起巡而问之曰：“儿郎若肯随青者，任其愿同去。若有父母侍养，及家私幼小，畏怯不愿去者，便请于此处自言。若大军一起之后，敢有退避者，惟有剑耳。”于是三军之士感泣自励，至岭外，无一人敢有怠惰者。①

此节文字颇似宋太祖当年的“杯酒释兵权”的描绘，显示了统帅狄青富于权谋的形象。其待将士可谓立威得当，宽严适中。为避免将士相互残杀以冒功之旧弊，狄青上言请罢军中首级请功制，这是他作为大将之“仁”。据吴处厚《青箱杂记》载：

青临行上言，“古之师还，以讯馘首告，割耳鼻则有之，不闻有获首者。秦汉以来，方有是事，故获一首则赐爵一级，因为之首级。然开争启幸，莫此之甚，故军士争首级以致相杀。又其间多以首级为货，售于无功不战之人，非所以劝，愿一切寝罢。如师有功，则差次其劳，全军加赏；无功则斟酌其罪，全军加罚。庶令上下一心，不专自为私计，则决胜之道也。”从之，遂大捷。②

军卒安定后，狄青对不听号令的将官采取“首戮骄将”严惩措施。当时武将多不听将令。“先是诸将视其帅如僚采，无所严惮，每议事，喧争不用命。”③带兵将官无威信，军无斗志“先是，命广西钤辖陈曙击智高于金城驿。曙素无

① 王铚：《默记·燕翼诒谋录》之《默记》卷上，中华书局，1981，第10—11页。

② 吴处厚：《青箱杂记》卷一〇，中华书局，1985，第107页。

③ 《言行龟鉴》卷八，文渊阁《四库全书》，台湾商务印书馆，1986。

威令，既遇贼，士卒犹聚博营中，乃仓卒被甲以前，遂致覆军。王承吉等并死之”。[①] 侬智高起兵后，宋将又多轻敌冒进，张忠、蒋偕皆以此致死。陈曙等闻狄青挂帅南征，恐青独有功，“乘青未至，以步卒八千犯贼，溃于昆仑关。”[②] 狄青至岭南后，立斩陈曙等不听号令的将领三十余人，军纪整肃，军心遂稳。黄震赞曰：“立军制，明赏罚，以翦平侬智高，大将事也。”[③]

第三，粮草的及时供应是取得胜利的重要保证，狄青对于转运使狡黠欲欺主帅者，以厉辞震慑之。这是“断”的大将风范。王闢之《默记》载：

> 青南讨至岭下，随军广南转运使李肃之等迎于界首，具櫜鞬谒青，曰：“某等随军转运使，今已入本界，请大军粮食之数，及要若干硕数，月日多少，请预备之。”青答曰：“此行亦无东西南北远近所在，亦无岁月多少之期。既曰随军转运，须着随军供赡，人人足备。若少一人之食，则先斩转运使。”肃之等悚然而退。故其军食足而成功，此善为将帅者也。[④]

狄青征南前的整顿军队，严明纪律赏罚，保证后勤供给，是后来击败侬智高的重要支柱。它再次证明“军事活动的效果只能从部署和实施战斗中产生，决不能从部署和实施战斗以前存在的条件中直接产生”。[⑤] 故文人赞扬狄青“善为将帅者”。

第四，狄青能够团结文臣武将，共同进退。北宋朝野武将杰出者，几乎都被集中征召南征。如杨业的后人杨文广成为狄青部下，参与了这次北宋著名的战争。《宋史·杨文广传》说：“文广字仲容。范仲淹宣抚陕西，与语奇之，置

---

① 陈均：《皇朝编年纲目备要》（上册）卷一四，中华书局，2006，第327—328页。

② 同上。

③ 黄震：《黄氏日抄》卷五〇，上海师范大学古籍整理研究所编：《全宋笔记》（第十编第十册），大象出版社，2008，第16页。

④ 王铚：《默记·燕翼诒谋录》之《默记》卷上，中华书局，1981，第11页。

⑤ 克劳塞维茨：《战争论》（第一卷），商务印书馆，1978，第57页。

麾下。从狄青南征，知德顺军。”①曾被仁宗赞扬为“真勇将”的张玉，善使铁枪，号张铁筒。是狄青的旧属。与狄青同在延州的孙节，“及青讨智高，辟隶麾下。至归仁铺，节为前锋，直前搏战，贼锐甚，节鏖山下，俄中枪而没”。②文臣方面，狄青不计前嫌，如余靖曾反对他，狄青挂帅后，他还企图抢功，命陈曙等轻率出战大败。但狄青从大局出发，对待文臣皆宽宏待之。《涑水纪闻》载：

> 己酉，狄青悉集将佐于幕府，立陈曙于庭下，数其败军之罪，并军校数十人皆斩之。诸将股栗，莫敢仰视。余靖起拜曰：“曙之失律，亦靖节制之罪。”青曰：“舍人文臣，军旅之责，非所任也。”于是勒兵而进，步骑二万人。③

文臣是宋代政治的主体，团结了文人，则军心可稳。这是狄青作为主帅的眼光与大器。狄青很虚心地多方听取他们对战争的意见，于是一起征南的文臣们也敞开胸怀，争相献计献策。出现了孙沔献料敌三策，刘几献计和陶弼献策等佳话。孙沔料敌三策事见滕元发的笔记。

> 狄与公议事。公以三策料曰：“贼出，上计归其巢穴；中计守邕城自固，以久王师；下计与吾战。今度其必出下计焉。何者？彼以天幸，横行岭之外，有骄我心。骄则必出，出则必败。使吾二人者心和而谋协，狂寇奚容不诛。④

---

① 脱脱等：《宋史》（第二十七册）卷二七二，中华书局，1985，第 9308 页。

② 脱脱等：《宋史·孙节传》（第二十八册）卷二百九十，中华书局，1985，第 9722 页。

③ 司马光：《涑水记闻》卷一三，中华书局，1989，第 261 页。

④ 滕元发：《孙威敏征南录》，朱易安，等编《全宋笔记》（第一编第八册），大象出版社，2003，第 7 页。

按滕氏之《孙威敏征南录》一卷，其意乃在为文臣张目，然亦保存部分史料。“心和而谋协”正道出征南中文武臣共谋乃取胜侬智高的重要原因。孙沔除了料敌三策外，还想到具体的破敌之计。特别是针对侬智高特殊战阵的“长刀大斧”。孙沔料敌三策与另一位谋士刘几差相似，这大概是当时有识之士所见略同。《宋史·刘几传》载：

疾弛至长沙，见狄青献言：“曰：‘贼若退守巢穴，瘴毒方兴，当班师以俟再举。若恃胜求战，此成擒耳。’”①

刘几后来随主帅狄青征南，归仁铺大战时，侬智高军势头很猛，宋军前锋战死，在胜败的危急关头，刘几起了关键作用。

贼果悉众来，大战于归仁铺。前锋孙节死。几以右军搏斗，自辰至巳，胜负未决。几言于青，出劲骑五千，张左右翼捣其中坚，贼骇溃。”②

可见，宋军从左右两翼冲锋敌阵中军乃刘几的建议。陶弼事则见于《默记》。

侬智高犯广南，破诸郡，官军屡败，朝廷震动，遂遣狄青作宣抚招讨使。青至洪州，闻陶弼在外邑丁忧，盖弼久作广南官也。青至，微服往见弼，问筹策。弼察其诚，为青言广南利害曰：“官吏皆成贪墨不法，惟欲溪洞有边事，乘扰攘中济其所欲，不问朝廷安危，谓之‘做边事’，涵养以至今日。非智高能至广州，乃官吏不用命，诱之至此。智高岂能出其巢穴至广州哉？今诚能诛不用命官吏，使兵权在我，一变旧俗，则贼不足破也。”青大奇之，所以初至广州，按法诛不遵节制、出兵而败陈崇仪而下三十余

① 脱脱等：《宋史》（第二十六册）卷二六二，第9075—9076页。

② 同上。

人。明日一鼓而破贼，二广晏然者，用弼之策也。[1]

由此看来，狄青至宾州诛杀陈曙等不用命将领，正是用了陶弼之“诛不用命官吏，使兵权在我”之策。“微服往见弼”亦体现了狄青宣抚广南后，虚心求教文人谋士的心态。

第五，作为主帅的狄青不贪赏赐和功劳，“喜推其功以与将佐”。如此则将士用命，军心稳定。狄青虽出身行伍，但其作风行事与将门世家的杨家将的著名代表人物杨延昭（杨六郎）的领军作风却很相似。

延昭即延朗也，智勇善战，所得俸赐，悉以犒军，未尝问家事。性质素，出入骑从如小校，号令严明，与士卒同甘苦，寒不冒絮，暑不执盖。遇敌必身先行阵，克捷推功于下，人乐为用。[2]

杨延昭“质素”的性情与狄青颇相似。“遇敌必身先行阵，克捷推功于下，人乐为用”。亦可为狄青治军的写照。

狄青征侬智高，赢得干净利落，宋朝军队损失很小。他并没有以做作怪异的举动来显示主帅的权威，而是以本色示人，严明军纪。后来郭奎征交趾就很拖泥带水，其指挥与狄青相比，大相径庭。

郭逵伐交州，行师无纪律，其所措置，殆可笑也。进兵有日矣，乃付诸将文字各一大轴，谓之“将军下令”。字画甚细，节目甚繁，又戒诸将不得漏泄，诸将近灯火窃窃观之。徐禧尝见之云：“如一部《尚书》多。”禧三日夜读之方竟。则诸将仓猝之际，何暇一一观也。内一事云：“一，交人好乘

① 王铚：《默记·燕翼诒谋录》之《默记》卷上，中华书局，1981，第 11 页。

② 李焘：《续资治通鉴长编》（第三册）卷八二，中华书局，1992，第 1862 页。

象，象畏猪声，仰诸将多养猪，如象到以锥刺猪，猪既作声，象自退走。”[①]

与狄青务实干的智慧相较，郭奎虽亦当时名将，但却显得笨拙不堪，愚蠢可笑。其伐交趾最后也死伤惨重，得不偿失。狄青的对手侬智高也是统兵高手，余靖说他是“趫勇而善用兵”。[②]所以，能够击败侬智高叛军，充分展现了狄青作为一个智勇兼备、领军有方的将帅风采。北宋著名兵法家许洞所言为将者要“正而能变，刚而能恤，仁而能断，勇而能谋，以策驭吏士，未有不振拔勋业以戡祸乱者也”。[③]狄青是当之无愧的，征南的业绩成就了他成为北宋一代名将的千秋功名。

① 孔平仲：《孔氏谈苑》卷三，载《丁晋公谈录》（外三种）卷三，中华书局，2012，第242页。

② 余靖：《宋故狄令公墓铭》，曾枣庄、刘琳主编：《全宋文》（第二十七册）卷五七三，安徽教育出版社、上海辞书出版社，2006，第117页。

③ 许洞：《虎钤经》卷三，中华书局，2017，第4页。

第六章　宋代文献中狄青的叙述

第一节　正史与碑铭

现存宋代正史关于狄青的记载，最原始的和最严谨的首推南宋史学家李焘的《续资治通鉴长编》。此外，《宋史全文》亦有记录，然多从李焘所录，多无新材料。元代修的《宋史》亦采纳不少宋代原始资料，除狄青本传外，他人传记中还保留了不少珍贵的与狄青相关的史料。

李焘的《续资治通鉴长编》所记与狄青相关及提及之处大概在四十处。李焘是南宋著名的史学家，其《续资治通鉴长编》为北宋一代历史事迹的编年史巨著。为写作此书，他收集资料可谓竭泽而渔，并有细密的辩证考伪。他把每一年的资料放在一个箱子里，满满的一屋子。《续资治通鉴长编》关于狄青的记载多采自北宋文臣的笔记和文章，尤以笔记为多。如叙述狄青征讨侬智高得胜归来，仁宗欲大加封赏，为庞籍所阻，后在梁适等人的政治博弈下，狄青进位枢密使。这个材料就来自司马光的《涑水记闻》。李焘是很杰出的史学家，他多方采集资料，很多失传的北宋文献记载均赖其搜集之功。不少有关狄青的资料都是此书独有的历史记录。如征讨侬智高关键一役的归仁铺大战，侬智高军队的装束和气势均不见诸家记载，而唯《续资治通鉴长编》所记最详。“戊午，贼率其众，列三锐阵以拒官军，执大盾、标枪，衣绛衣，望之如火”。[①] 再如狄青

① 李焘：《续资治通鉴长编》（第七册）卷一七四，中华书局，1992，第4192页。

部将贾逵违将令占领抢先重要山头，立下大功之事，宋人诸家笔记野史均无文字记载，[①]亦是靠《续资治通鉴长编》所记而存世，可见李氏收集史料之努力和勤奋。李焘对狄青是由衷地钦佩，他丝毫没有像滕元发的《孙威敏公征南录》那样扭曲史事，把文臣塑造为征南战胜侬智高的主角，而是实事求是地描述归仁铺之战中，狄青作为主帅所起到的至关重要作用。

> 贼气锐甚，沔等俱失色。青起，自执白旗麾蕃落骑兵，张左右翼，出贼后交击，左者右，右者左，已而右者复左，左者复右，贼众不知所为，大败走。[②]

嘉祐二年二月狄青薨于陈州。李焘在此条记载后有一个史评，对狄青多有赞叹惋惜之情。

> （狄青）为人谨密寡言，其计事必审中机会而后发。师行，先正部伍，明赏罚，与士同饥寒劳苦，虽敌猝犯之，无一士敢后先者，故其出常有功。喜推其功以与将佐。始，与孙沔破贼，谋一出青，贼已平，经制余事悉以委沔，退然如不用意者。沔始服其勇，既又服其为人，自以为莫及也。尹洙以贬死，青悉力赒其家事。[③]

李焘饱含感情的叙述突出了狄青极具个性的魅力。一是“与士同饥寒劳苦”；二是“喜推其功与将佐”。并以孙沔既服其“勇”，又钦佩“为人”来烘托狄青的大将风范。所谓“勇”不过是文臣对杰出武将的一贯看法而已，但一道共事后，孙沔才知道狄青的成功绝不仅仅是匹夫之勇，他其实是一个深通兵法、

---

① 王偁：《东都事略》：提及此事，然语焉不详。师战于归仁铺，既陈，青誓言曰：“不待令而举者斩。”时左将孙节死。逵为先锋，受命击贼。大败之，青附逵背曰：“君之功也。”（《二十五别史》卷八五第十四册，齐鲁书社，2000，第705页。）

② 李焘：《续资治通鉴长编》（第七册）卷一七四，中华书局，1992，第4192页。

③ 李焘：《续资治通鉴长编》（第八册）卷一八五，中华书局，1992，第4474页。

治军有方，能得士心，气度恢弘的大将。这种描述代表了李焘对狄青的历史定位。元修《宋史·狄青传》史料多来自宋人碑铭和笔记等文献。如其所记狄青在西夏的战功就采自余靖的《宋故狄令公墓铭》。范仲淹见狄青而喜授《左氏春秋》，仁宗示意狄青除“面涅”等则来自宋人笔记。征南平侬智高等内容均来自诸家笔记或《续资治通鉴长编》等文献。最后对狄青的史评则袭自李焘，唯个别文字是稍异耳。

> 青为人慎密寡言，其计事必审中机会而后发。行师先正部伍，明赏罚，与士同饥寒劳苦，虽敌猝犯之，无一士敢后先者，故其出常有功。尤喜推功与将佐。始，与孙沔破贼，谋一出青，贼既平，经制余事，悉以诿沔，退若不用意者。沔始叹其勇，既而服其为人，自以为不如也。[①]

关于狄青的碑铭是除笔记小说外研究狄青一生事迹最重要的原始资料。盖狄青薨后，最重要的碑铭皆当时文臣所构，作者又基本上皆是狄青的同时代人，离狄青去世亦很近，其所录多可信。最有史料价值的当是曾跟随狄青征南，作为副手的文臣余靖所作的《宋故狄令公墓铭》。王珪的《狄武襄公神道碑铭》所叙亦很翔实，颇能补史料之阙，被誉为“尤有史法而贵气粲然”。[②]熙宁初，神宗所作的《御祭狄武襄公碑文》亦有很重要的价值。当时的翰林学士，尚书兵部员外郎，知制诰郑獬为神宗碑文所作的序也较有价值。盖郑獬与狄青相去不远，其父又曾为狄青幕僚，从其远征侬智高，故对狄青的评述较少文臣之偏见而更符合史实。

余靖和王珪的墓铭与神道碑铭集中保存了狄青生平事迹的很多重要史料。盖二人为写碑铭，多方收集当时文人文献，包括不少重要的笔记和野史等。而

① 脱脱等：《宋史》（第二十八册）卷二九〇，中华书局，1985，第9721页。

② 陈鹄录正：《耆旧续闻》，上海师范大学古籍整理研究所编：《全宋笔记》（第六编第五册），大象出版社，2013，第58页。

弥足珍贵的是，二人的碑铭记录了士大夫笔记所不载的资料，如狄青的家世和子女情况。因为狄青出身贫寒农家，故宋人笔记和正史对其家庭几乎都未有记载，提到他的子女的，也仅狄咏和狄谘二人。大概余靖和王珪在撰写墓铭和神道碑铭之时，应是参照了汾阳地区的文献，并对狄青家乡做了实地调查，获得不少家世方面的资料。当然，余、王的碑铭均抬高并还原了狄青的家世，如余靖谓之为“远祖唐纳言梁文惠公仁杰，本家太原，危言直节，再复唐嗣，子孙或徙汾晋，世为著姓。”①

除了狄青生平资料征战事迹的记录，余靖和王珪两人的墓铭与神道碑铭均说到狄青“尚节义”。此尚未引起学界足够的重视，故此处多为论述，以为一种文化探索视域的开拓。余靖在《故狄令公墓铭》中言：“公于是晚节益喜书史，既明见时事成败，尤好节义。”②王珪的《狄武襄公神道碑铭》也说：“公为人慷慨，尚节义，有大虑，慎密寡言，外刚锐而内宽。”③两人碑铭不约而同以“节义”来概括狄青的文化人格和重要品质。“节义”属于儒家话语范围。所谓“忠孝节义”是一体的。按“节”字，许慎《说文解字》解释为“节，操也”。“节义”又谓“节谊”。二字连用有特定的含义，《管子·君臣上》云：“是以上之人务德，而下之人守节义。”狄青发迹于最底层的黥面军卒，故余靖、王珪说他“尚节义”，其实是有深意存焉。狄青为一代名将，非仅靠智勇，尚有武德，有高尚之内在品格。清代顾炎武《述古》诗有“节义生人才”之句，正可为其注脚。而“义”乃是儒家所最推崇的重要文化符号。传统所谓之“义”，即是强调人的行为必须遵循一定规范准则的伦理观念。儒家将“义”确定为其学说的重要伦理观念，并以儒家的观点重新对它进行解释。孔子曰：“君子义以为

---

① 余靖：《宋故狄令公墓铭》，曾枣庄、刘琳编：《全宋文》（第二十七册）卷五七三，安徽教育出版社、上海辞书出版社，2006，第 116 页。

② 曾枣庄、刘琳主编：《全宋文》（第二十七册）卷五七三，安徽教育出版社、上海辞书出版社，2006，第 118 页。

③ 曾枣庄、刘琳主编：《全宋文》（第五十三册）卷一一五四，安徽教育出版社、上海辞书出版社，2006，第 202 页。

上。君子有勇而无义为乱；小人有勇而无义为盗。”[①] 强调“义”是儒者的立身之本，是其行为的最高准则。然须注意者儒家所言之“义”并不是一般伦理意义上的“义”而是有了特定的内涵，即必须符合“君君、臣臣、父父、子子”的三纲五常的等级次序。儒家之“义”，是上层社会统治阶层所必须遵循实践的道德规范。恰如孟子所说的“非礼之礼，非义之义，大人弗为。”[②] 就个体的修身而言，“义”首先是君子的做人标准，孔子说：“君子喻于义，小人喻于利。”[③] 其次，“义”乃是个体内心完善的一个目标，如孔子说：“君子之于天下也，无适也，无莫也，义之与比。”[④] 再次，“义”代表符合道义的行为。如孔子说“不义而富且贵，于我如浮云”。[⑤] 到孟子时，“义”成为“仁义礼智”四端之一，同时把“义”拔高到生死荣辱的高度。当面对生死之际，君子要“舍生取义”。所谓“生，亦我所欲也；义，亦我所欲也，二者不可得兼，舍生而取义者也”。[⑥]“义”后来派生出“忠义”“孝义”“仁义”“侠义”等概念，乃儒者处事和交往的符号体现。可见余靖和王珪以“尚节义”来叙述狄青的交际行为，遮掩了狄青行伍的低贱出生，无形中提高了狄青作为杰出武将的地位。用儒家的话语来阐释狄青言行，代表了儒门士大夫对一代名将道德人生的最高评价，无疑极大地提高了狄青的历史地位和人格符号。因为“‘义’是中国传统社会普遍认同的为人处世的准则，是超乎个人利益之上的道德范畴。”[⑦] 具体而言，余、王二位文臣对狄青的“尚节义”的描述主要体现在以下几个方面。

第一，是一致赞赏狄青对所交往者，皆心存感恩情怀，所谓“在亡不渝”。这是持守师友或朋友之情义。如余靖的墓铭云：

---

① 刘宝楠《论语正义·阳货》，《诸子集成》（第一册）卷二〇，上海书店出版社，1986，第384页。

② 焦循：《孟子正义·离娄下》，《诸子集成》（第一册）卷八，上海书店，1986，第325页。

③ 《论语正义·里仁》，《诸子集成》（第一册），上海书店，1986，第325页。

④ 同上，卷五，第78页。

⑤ 同上，卷八，第142页。

⑥ 焦循：《孟子正义》，《诸子集成》（第一册）卷一一，上海书店，1986，第461页。

⑦ 谢谦：《国学词典》，中国人民大学出版社，2007，第107页。

其在泾原也，副起居舍人、知渭州尹洙与公同经略招讨安抚使事。洙字师鲁，有文武才略，博通古今，公与虑事，尤为精密。师鲁尝称公：“古之名将，无以过也。”公于交游，在亡不渝，师鲁后以贬死，公厚恤其孤，如至亲焉。文正既没，其子纯礼服除还台，当莅吴中市征，公首为启陈，得署河南宾幕，以便坟垄，识者称之。[①]

王珪《狄武襄公神道碑铭》也说到狄青与尹洙的友谊。“其后洙以贬死，为周旋其家事，唯恐不及。”[②]狄青与尹洙的交游，可谓北宋武将与文臣相互尊重的典范。而狄青不忘故友恩师范仲淹，积极帮助范纯仁，亦让天下文士感慨不已。如周辉就赞叹“狄乃武将，能知义不忘恩，可书也。”[③]这正是“君子喻于义”的见证。“知义”是宋代士人最倡导和尊崇的道德风尚。如范仲淹本人就很尊师重道，晏殊曾荐其入馆阁，仲淹“终身以门生事之，后虽名位相亚，亦不敢少变”。[④]按狄青对尹洙和范仲淹后人的诸多高义之举，北宋诸家笔记皆有所载，而被文人载入墓铭，无疑是充分肯定了狄青生前坚守道义、看重友义的高节风范。

第二，狄青仕途显达后依然不忘本，谦逊柔和，保持英雄本色，也是一种守节尚义的表现。盖君子有勇且又有义，世并不多见矣。如余靖墓铭回忆狄青庆历八年秋回到乡梓的表现。

其徙真定也，过家上冢，还谒县长，步趋令庭，以修桑梓之恭，然令

① 余靖：《宋故狄令公墓铭》，曾枣庄、刘琳主编：《全宋文》（第二十七册）卷五七三，安徽教育出版社、上海辞书出版社，2006，第118—119页。

② 曾枣庄、刘琳主编：《全宋文》（第五十三册）卷一一五四，安徽教育出版社、上海辞书出版社，2006，第203页。

③ 周辉撰；刘永祥校注：《清波杂志校注》卷五，中华书局，1994，第219页。

④ 《言行拾遗事录》，上海师范大学古籍整理研究所编：《全宋笔记》（第八编第十册）卷一，大象出版社，2017，第319页。

不敢当，议者重其得体。遂留里中，与故老釃酒相欢，挥金而去。①

王珪的神道碑的文字叙述与之相似，唯文字稍简略，如“其徙真定，道过故乡，谒县，先下车趋至令庭，遂燕故老于纛下，里中荣之”。②这里没有一般朝廷高官衣锦还乡后的傲慢或炫耀，而只有“还谒”当地“县长”所表现出的谦和。所谓“乡居不比在朝，乡间乃序齿为先”。③这也是一种遵循伦理孝义的表现。他没有让乡里知县出来迎接他，而是“下车”而“步趋”。乡民们被其感动，遂与家乡故老亲朋把酒言欢，其乐融融。“挥金而去”显出狄青身为大将的豪迈风采。“里中荣之”，是故老对狄青的由衷赞赏和以之为荣。富贵荣华而不忘本乃是义的重要体现。北宋士大夫多颂此举，如王曾状元及第，还青州故郡，地方官乃命父老娼乐迎于郊外。而王公却“易服乘小骑由他门入，先谒守，守惊曰：‘闻公来，已遣人奉迎，门司未报君至，何为抵此？’公曰：‘不才幸忝科第，岂敢烦太守父老致迓，是重其过也。故变姓名诳迎者与门司而来谒’守叹曰：‘君真所谓真状元矣！”④狄青谒县趋庭的心态，文中没有描述，而王曾的话似可作为狄青当日的心理阐释。

狄青还乡的这段文字叙述异常珍贵，因为现存所有的北宋笔记均不见记载。余靖和王珪二公的叙述生动而丰满，大概是为写狄青墓铭亲自到西河故居做了寻访所得。后来南宋黄震的《黄氏日抄》赞扬狄青“虽古名将不及也”，就说他

---

① 余靖：《宋故狄令公墓铭》，曾枣庄、刘琳主编：《全宋文》（第二十七册）卷五七三，安徽教育出版社、上海辞书出版社，2006，第118—119页。

② 王珪：《狄武襄公神道碑铭》，曾枣庄、刘琳主编：《全宋文》（第五十三册）卷一一五四，安徽教育出版社、上海辞书出版社，2006，第203页。

③ 此话见于清代小说《狄青全传》前传，第445页。明清乡间生活礼仪与宋代差别不大，小说家言正是最好的注解。

④ 赵善璙：《自警编》，上海师范大学古籍整理研究所编：《全宋笔记》（第七编第六册），大象出版社，2016，第27页。

“过故乡下车趋谒县令”，[①] 乃是取材于余、王碑铭。

余靖和王珪在碑铭中都谈到狄青的“纯孝”，此乃其“孝义”的具体表现。如余靖《故狄令公墓铭》描述征南前，狄青母亲侯夫人生小病，为不使忧虑，故不让其知行军打仗之事。

当是时，衮国太夫人侯氏微疾，公朝服而入，戒家人无得言治兵事，第云“奉使将表”，故得不忧。其纯孝如此。[②]

王珪神道碑所叙狄青事亲“孝义”之事更详。

公事亲孝，遭中书令之丧，虽任金革之事，而哀戚过人。方秉枢于朝，奉衮国太夫人膝下，举觞于堂，间又天子赐珍其家，极荣养矣。征南之日，戒内外不以闻，惧遗其亲忧。[③]

余、王二人所叙狄青之孝，不见于北宋文人诸家笔记野史，后来南宋朱熹将其编入《宋名臣言行录》。狄青碑铭中除了写狄青对朋友有义，事亲以孝，余靖、王珪碑铭还将狄青治军有方、赏罚严明，与士卒同甘共苦的行为作为其“节义”之一的体现。如余靖叙述其不贪功赏，喜“分功与人”。

公好以众整，又能分功与人，而令在必行，故师之所过，秋毫无犯。为小校延安也，大里、南安、安远之功，初不自言，物议多之。其征南也，

---

① 黄震：《黄氏日抄》，上海师范大学古籍整理研究所编：《全宋笔记》（第十编第十册），大象出版社，2018，第16页。此处引文修正：“过故乡下车趋谒县令”。漏了“下车”两个字。

② 曾枣庄、刘琳主编：《全宋文》（第二十七册）卷五七三，安徽教育出版社、上海辞书出版社，2006，第119页。

③ 《宋故狄武襄公神道碑铭》，曾枣庄、刘琳主编：《全宋文》（第五十三册）卷一一五四，安徽教育出版社、上海辞书出版社，2006，第203页。

今观文殿学士孙公时经制贼盗，与公偕行，其军中之政，公实专之，至于南夏经久之制，多让孙公裁处，议者嘉其谦挹。①

狄青不仅分功部下将卒，而且自己也不邀功请赏，有能让权推功同事文臣官僚之胸怀。这在宋代武将确实是少有的。“推让”本身就是一种“义”的表现，那就是“仁义”。②王珪神道碑则不仅叙述狄青乐于“分功与人”，还描述了他与士卒同甘共苦而得士心的高尚品格。

其行师必正部伍营阵，明赏罚，虽敌猝犯之，无一士敢后先者。故常以少击众，而所向无不靡。与士同寒饥劳苦，而又分功与人，未尝自言。安远之战，方被创甚，寇且至，即挺身以前，众莫不争为用。③

余靖和王珪在碑铭中将狄青善治军而胜的秘诀揭露出来，除了严明军纪和明赏罚外，其“分功与人”、与士卒同甘共苦的细节展示了颇具“仁心”的大将风范。此即欧阳修所言之“颇以恩信抚士”。④文字毫无一般碑铭常见的夸大溢美，文字质朴而语含敬意与赞赏。宋人笔记《野老记闻》尝言其“怙惜士卒”也佐证了这种记载。⑤后来李焘的《续资治通鉴长编》和元修《宋史·狄青传》皆采纳了这些关于狄青喜推功部下和与士卒同极寒困苦的叙述。狄青善待士卒，可与汉代李广相比。余靖和王珪之所以如此赞赏狄青的“节义”，有一个隐含目的，就是为狄青晚年遭文臣之诋毁而鸣不平。两人碑文对狄青被罢枢密使的原

---

① 《宋故狄令公墓铭》，曾枣庄、刘琳主编：《全宋文》（第二十七册）卷五七三，安徽教育出版社、上海辞书出版社，2006，第119页。

② 《后汉书·安帝纪》：“其赐人尤贫困、孤弱、单独谷，人三斛；贞妇有节义十斛。”李贤注：“节谓志操，义谓推让。”（卷五，中华书局，1960，第230页。）

③ 王珪：《狄武襄公神道碑铭》，曾枣庄、刘琳主编：《全宋文》（第五十三册）卷一一五四，安徽教育出版社、上海辞书出版社，2006，第202页。

④ 《论狄青札子》，《欧阳修全集》（第四册）卷一〇九，中华书局，第1656页。

⑤ 王楙：《野客丛书》附录，中华书局，1987，第356页。

因，均讳莫如深，然却通过大量文字描写狄青的“尚节义”，实际上就是在为狄青洗清莫名冤枉了。

神宗熙宁改元初，想有所作为，改变宋王朝对西夏的屈辱求和，对仁宗朝名将狄青的功绩，大为赞赏，亲写《御祭狄青文》，该文以四言诗形式高度肯定狄青安邦报国的“忠义”，并详叙狄青平定侬智高的过程，蕴含了神宗对狄青英年早逝，时无名将之憾。

惟天生贤，佑我仁祖。沉鸷有谋，重厚且武。昔居校联，功名自喜。既登筹帷，益奋忠义。惟是南荒，有盗猖獗。陵轹二广，震惊宫阙。群公瞻顾，莫肯先语。惟卿请行，万里跬步。首戮骑将，大振吾旅。金节一麾，孰敢龃龉。遇贼于原，亲按旗鼓。彼长排枪，我利刀斧。马驰于旁，捣厥背膂。驱攘歼禁，如手探取。①

此祭文由士大夫郑獬所作序，也是一篇重要文章。作者郑獬与狄青有特殊渊源，盖其父郑纾尝从狄青大军南征侬智高。最为传奇的是郑獬中状元之日正是归仁铺获大捷之时，据王性之《默记》载：

郑翰林獬，郎官纾之子也。獬虽负时名，然累赴殿试、省试，俱不利。纾为狄青征广南辟客。是时侬智高鸱张，未知胜负，留家在雍丘舟中；而獬赴殿试罢，在京师候唱名。其母与尽室忧纾从军未知吉音，又忧獬仍旧黜于殿试。一家屏默惶惑之次，忽舟尾晨炊釜鸣，声甚厉，震动两岸，举家不知所为。釜鸣未定，忽岸上亟寻郑郎中船，乃报捷者南来，且附纾书云：“已破侬贼，杀戮殆尽，走入溪洞，且议赏超迁矣。”语次，又有北来报榜者驰至云：“二秀才昨日唱名而出，已状元及第矣。”釜鸣盖有为吉者。②

① 吴曾：《能改斋漫录》（下册）卷一二，上海古籍出版社，1960，第417页。

② 王铚：《默记·燕翼诒谋录》之《默记》卷上，中华书局，1981，第33页。

由于父辈南征的经历，郑獬算是狄青属下后人。故其所作的神宗御制祭文序，迥异于他人。文字中充满对狄青的敬意和赞颂，并对其后来所遭受的不公正的陷害颇有微辞。序文开始就叙述神宗对狄青悲凉结局的感叹。

谘即以《平蛮记》及《归仁铺战阵》二图，以进。上览之。于是拊髀而叹。思云台之故将，今不复见也。乃发乎昭回之光，披而为文。遣昭宣使内侍押班张若水斋上奠大官之馔，即所居祭之。上又曰："图中见乃父遗像，恨不及识之。如闻当时，亦有谗之者。朕为之怆然。①

神宗"拊髀而叹"，对嘉祐初群臣陷害狄青的谗言者，痛感"怆然"。其实就是对狄青的政治清白作了定论，也为狄青的不白之冤，作了昭雪。然此段文字，不见于任何宋代文献，唯见郑獬所录。盖文臣亦有所讳矣。狄青以裨将征战西夏，立功最多，超拔升职，然文臣多言其未有"奇功"，反对升其为枢密副使。郑獬遂一反此说。在序言中就说："窃按公在仁宗时，奋于戎马间。捍西羌，连取奇功，即为枢密副使。"② 这算是对历来文臣的偏见做了颠覆性的判断。郑獬接下来对狄青临危请命，挂帅南征，平定侬智高的巨大功勋作了回顾，笔端蕴情，崇敬之意溢于言表。

于是峒蛮侬智高出广源州以惊南。缴屡择名臣以往迄无成绩。贼锋弥漫，绕邕广数千里，民舍无遗堵。天子侧席而谋，筹议将臣。公即进言："小丑猖獗，请为陛下破之。"天子叹其忠，乃以大将军鈇钺出行天讨。既就道下，令诸将无得妄发兵。裨将陈晓辄率所部出昆仑关，与贼战，军覆。公以兵法诛之。诸将皆震恐，不敢后。遂自邕败贼归仁铺。贼穷奔海而遁。③

① 《汾阳县志·古迹》卷七，光绪八年刊刻本。
② 《汾阳县志·古迹》卷九，光绪八年刊刻本。
③ 《汾阳县志·古迹》卷七，光绪八年刊刻本。

文章最后，郑獬的序文重点叙述狄青之“忠勇”报国，却不得善终。对于文臣士大夫对狄青“起而攻之”，并不让其有所辩解的行为非常不满。

进公以枢密使。久之，有蜚语不复自辨。遂请解机轴而去。天子加赐丞相印出莫淮阳。明年遂薨。公负谤言，殁于地下矣。方夷狄之暴横，公提枹鼓，厉三军，与锋镝之间。北向以报功，世皆称其忠勇。及解组而还边境，无所事。或者起而攻之。而世亦未能尽辨也。及上亲为制文以祭之，又以一言明其诿。则公之功烈表表愈明白，亘乎无穷。而不可磨其生平郁积之气。负于九泉者，亦以爆然破坏矣。[①]

“方夷狄之暴横，公提枹鼓，厉三军，与锋镝之间……或者起而攻之。而世亦未能尽辨也。”一段批判了北宋文人权势者为了自身的政治利益，对于立大功勋的武将的凉薄寡恩。一句“公负谤言，殁于地下”，是对北宋文人政治痼疾的悲剧总结。一代名将忠勇为国，结局却很凄凉。狄青帅军战胜侬智高后，余靖等曾在桂林之崖刻词以记其功勋，叙述归仁铺大捷的经过。狄青薨后二年，其子狄谘及族人等将桂林所刻碑别立汾州奉亲显庆之佛寺，以为流布传诵其功。嘉祐五年，文臣谢景初尝写有序，亦是研究狄青的重要文献。其文虽不长，但总结狄青一生功业中肯而精炼。文字富有激情而回肠荡气，画出一代名将之魂。

武襄公实西河人，繇自布衣，自奋暴露，斩馘裁十余载，拥旌开府，出入宿卫，以至枢密副使，固已耸动天下之耳目矣。及其破贼邕管。盖自数十年征讨四方，未有禀受圣算，当长帅之任。其成绩实效可与之比者，不唯四夷君长因是而詟直，亦中州士大夫惊视骇叹，以为一时之异也。已而擢拜枢密使，遂平章政事，进位外相。[②]

① 《汾阳县志·古迹》卷七，光绪八年刊刻本。

② 同上。

第二节　武襄自叙

历来研究狄青者，多忽略了其自我的叙述，特别是狄青所书写的文章。盖缘于重其武将的身份，而未关注其转化为儒将的文字表述。其实探究狄青的文章不仅可见其文化修养，亦可考察历史的细节。狄青留存至今的文字并不多。《续资治通鉴长编》《皇朝编年纲目备要》等宋代史书保留了两则狄青上奏朝廷的文字。《乞给军官闲田奏》文字简短，内容核心是请求朝廷给十将至指挥使，“更等第益以闲田”。[①]狄青现存比较长的文章有《平侬智高露布》《论御南蛮疏》和《京观记》，皆是皇祐中平定侬智高叛乱前后所留文字。神宗时，其子狄谘还献上狄青所著之《平蛮记》和《归仁铺战阵》图，[②]惜今皆佚矣。狄青现存自叙文章，虽不多，然却有极高的史料价值和文化视域的意义。

首先，从狄青文章的自我叙述可见其文化素养。狄青固是武将，但绝非一介莽夫粗汉。其少年即能识字，尝为西河书佐，入伍后又得种世衡“授以兵法”。他悟性很高，不久即贯通兵法战术，并能灵活运用。“如果仅把狄青看作一介不通文墨的武夫，那就很难理解儒学大师级人物范仲淹为何会以《左传》这种令今天大学本科生都感到高深莫测的儒家经典传授狄青”。[③]尹洙结识狄青后，就很钦佩他的才略。后既经范仲淹赏识，勉以读《春秋》，且“自勉励无怠”，自此戎马间隙，不废读书，著名儒者何涉在军中为诸将讲《左氏春秋》，狄青每日捧书“横经以听”。[④]经过这种长期的自我修养学习，狄青的文化修养确有很大的提高。王珪说他自从范公授书后，“自春秋、战国，至于秦汉以来成

① 曾枣庄、刘琳主编：《全宋文》（第四十一册）卷八九〇，安徽教育出版社、上海辞书出版社，2006，第300页。

② 刘永祥校注：《清波杂志校注》卷五，中华书局，1994，第66页。

③ 张立新、贾平：《狄青传》，北岳文艺出版社，2017，第13页。

④ 脱脱等：《宋史·何涉传》（第三十七册）卷四三二，中华书局，1985，第12843页。

败之迹，概而能通”，[①] 这种修养水平在当时是超过不少武将的。其一生虽无较多的诗词流传，然依其现存的几篇文章和一首平侬智高四言诗看，却文笔流畅，论识亦不凡。如《请勿假交趾兵讨侬智高奏》云：

> 李德政声言将步兵五万、骑一千赴援，此非情实。且假兵于外以除内寇，非我利也。以一智高横蹂二广，力不能讨，乃假蛮兵。蛮夷贪得忘义，因而启乱，何以御之？[②]

狄青反对借兵交趾的理由很充分，分析也很准确，语言清晰简断。他首先指出交趾出兵的数量并不实，所谓“声言”，皆有诡诈欺骗朝廷之意；其次，也是最重要的一点是侬智高叛乱而大宋不能讨平，则必定会被交趾所轻视。一旦引狼入室，交趾因“贪得忘义”，之后的祸乱必将出现。正因为狄青将借交趾兵所带来的隐患说得很准确，宋廷最终以狄青之言为是，下诏罢借兵交趾事。狄青的远见卓识，于此可见一斑。这显示了狄青作为大将的深谋远虑，其眼光绝非一些坐拥富贵厚禄却短视浅薄的文臣所能及。

为讨平侬智高之乱，当时朝廷文武大臣纷纷上疏建策，狄青亦上《论御南蛮疏》一文，全面具体阐述平定广西侬智高叛乱的策略。疏文首先分析平定南方的不利条件，特别是南蛮地区特殊的气候对进兵的制约。

> 岭南外区，瘴痢熏蒸，北方戍人往者，九死一生，多发兵则粮乏，少则事不集。急直功则蛮遁逃，不肯出。缓则复来扰人，是宜有以制至也。[③]

---

① 王珪：《狄武襄公神道碑铭》，载曾枣庄、刘琳主编：《全宋文》（第五十三册）卷一一五四，安徽教育出版社、上海辞书出版社，2006，第 203 页。

② 曾枣庄、刘琳主编：《全宋文》（第四十一册）卷八九〇，安徽教育出版社、上海辞书出版社，2006，第 301 页。

③ 同上，第 299 页。

因此种“瘴疠熏蒸”，北方来的士兵多遭病毒侵，粮草亦难为继。急功则蛮兵遁入深山，缓攻蛮兵骚扰不停，故平定侬智高至乱必须稳扎稳打，步步为营，不急于求成。

> 臣谓不如选一二健将，岁留北兵五千人，分屯要害处，得善吏上数人，分置诸州。募土人为乡军，复其租调，视州大小、户多少为之数，统以步伍，教以进退，皆以彼所长技相与追逐。率百人给北兵三千，以劲利兵佐之。冬春则使深入扰其居，夏秋则使谨守防其略。彼来。与之盟则固，许之臣则久。远期五年，近止一年，南方无事矣。①

狄青“募土人为乡军”的战略与宋朝在西边，招募羌人蕃落，以夷制夷相似。冬春扰敌，夏秋谨守，是为持久之战略。他预期一到五年平定南方，后果然一年之内打败侬智高，可谓识见高明。自皇祐元年始，侬智高叛日久，岭南震动，当时朝野皆以为忧。对于战胜侬智高缺乏信心，所谓“说者谓征蛮无全胜之策”。狄青首先分析了宋廷所担忧的最核心的原因，即瘴疠之病的横行。

> 盖以其地炎卑瘴，瘴疠特甚，中原士卒不服水土，不待戈矛之及，矢石之交，自相疾疫而死。虽有百万之兵，亦无所施故也。②

接着，狄青分析瘴毒横行之因，主要有两点：一是“贫弱”；二是“不善调摄”。“贫弱”者，贫寒之家，多无药方抵御瘴气之袭；身体虚弱者又易为瘴气所侵。所谓“不善调摄”者，即无抵御瘴气的医治之方和养生之法。而军中居高位的将帅显要之人，则“罕焉”，就是因为他们有特权，善于调养身体，故抵

---

① 曾枣庄、刘琳主编：《全宋文》（第四十一册）卷八九〇，安徽教育出版社、上海辞书出版社，2006，第 299 页。

② 同上，第 300 页。

抗力较强。狄青随即提出具体的解决之道：

> 请命彼处守土重臣，多方询察久谪彼地之人寿而健者，问其所以起居调摄之方，详稽备述刻梓，以颁士卒。每队伍中选一人专司其事，有不遵条示而自姿不检者，必加以罪。其所当备药饵器具，令有司给之。①

广西自古属瘴气之地，然当地土人却多数能够寿而健，就在于已经适应这种气候，且有不少土法医方，故狄青提出向这些人，“问其所以起居调摄之方”，并详细记录核查后刻成防瘴毒之书，颁发给士兵，让战士们熟悉预防瘴气之法。每一队伍中选一人专门负责此事，相当于现代的防疫卫生兵。军营中还要根据需要，配置防病的“药饵器具”。对于不遵守防病毒者，严惩不贷。这是未战而先做好抗瘴气病毒袭击的最好的方法，所谓“未战而庙算胜者，得算多也”。②神宗熙宁末，郭奎率大军伐交趾，对安南瘴毒未作周密防范，致死大军未战而死亡殆尽。《孙公谈圃》载：“交趾地热，死者十八九，至富梁江，止存一二。人所过，暴犯无噍类。”③与之相较，狄青可谓有远见卓识。《论御南蛮疏》也许没有当时文人论兵略的词彩飞扬和滔滔不绝，但却充分体现了其“计事深思熟虑，用兵先定远略”的统帅思维。④

而狄青的《平侬智高露布》从艺术表现上看，全文语言清亮，尤为劲健，气势豪放。

> 臣青言：臣出身行伍，备位要枢。属岭表之虔刘，致圣情之宵旰。董师而出，承命不遑。受斧钺之初，皆亲禀于睿算；当矢石之际，则全仗于

---

① 曾枣庄、刘琳主编：《全宋文》（第四十一册）卷八九〇，安徽教育出版社、上海辞书出版社，2006，第 300 页。

② 《十一家注孙子校理》，中华书局，1999，第 20 页。

③ 孙升：《孙公谈圃》卷下，《丁晋公谈录》（外三种），中华书局，2012，第 106 页。

④ 王晓卫：《兵家史话》，社会科学文献出版社，2011，第 107 页。

天威。石投卵以何虑，竹迎刃而解。臣戊辰自连州整兵，甲戌至浔州遇寇。荡平小蠢，若蹑无人，度越重江，始逢大敌。戊寅，侬贼领乌合之众，帅蚁附之徒，亲统全军，结为一阵，轻兵搏我，骄气凌人。臣坚壁不争，张翼而待。候其锐锋稍挫，刚气微衰，奋骁勇而斩将搴旗，侮败亡则追奔逐北。自旦至暄，杀获无遗。[①]

此外乃在狄青获胜后所写，激动欣喜之情溢于言表。开首的“臣出身行伍”云云，颇神似诸葛亮《出师表》开篇之“臣本布衣，躬耕于南阳”的开朗自信。对于决战归仁铺，提供了不少此战狄青的战术思想的真实史料。如“坚壁不争，张翼而待。候其锐锋稍挫，刚气微衰，奋骁勇而斩将搴旗，侮败亡则追奔逐北”。也即是说，狄青是故意让宋军有退避之态，因为敌人“轻兵搏我，骄气凌人”。此正合兵法“善用兵者，避其锐气，击其堕归”之略。[②] 北宋诸家笔记的描述也均有初战稍有不利之势，然皆似有模糊之处，较多暗示性的叙述语言，如前锋孙节战死，文臣孙沔等皆“失色”等。当时文献唯余靖《宋故狄令公墓铭》明确说到两军对垒，宋军大阵有退却。“至归仁铺，贼悉其众据高迎战，前锋遇之，少却，左第一将孙节死之”。[③] 余靖的描述应该是受到狄青自述的影响。后来的《续资治通鉴长编》就有：“及战，前军稍却，右君将开封孙节死之。”[④] 元修的《宋史·张玉传》也采此说。

从征侬智高，抵归仁铺，贼列三锐陈以逆官军，军小却，玉率右厢突

---

① 曾枣庄、刘琳主编：《全宋文》（第四十一册）卷八九〇，安徽教育出版社、上海辞书出版社，2006，第 301 页。

② 《十一家注孙子校理》，中华书局，1999，第 150 页。

③ 曾枣庄、刘琳主编：《全宋文》（第二十七册）卷五七三，安徽教育出版社、上海辞书出版社，2006，第 117 页。

④ 李焘：《续资治通鉴长编》（第七册）卷一七四，中华书局，1992，第 4192 页。

骑横贯贼垒，贼大溃。①

所谓“将欲去之，必固举之；将欲夺之，必固予之”，示弱不过是诱敌之策耳。盖侬智高自叛乱起，尚未有败绩，已是骄兵，然士气尚在，故“小却”不过是诱敌候其锐锋，接着使勇将张玉“率右厢突骑横贯贼垒”。此皆乃狄青所预先安排，这是非常合乎“善用兵者，避其锐气”的用兵之法的。官军入邕州善后，筑京观，狄青又作《京观记》。前一部分用散文叙述出兵平蛮的缘由，后一部分以四言诗的形式记录征南的历程。这是狄青仅留存于世的唯一的一首四言诗，非常珍贵。其语言亦精炼劲健而富有形象性。如描述侬智高叛乱震动岭南。“顺流而东，列城皆空。岭表骚然。师徒桓桓，失劲摧完，天下恻然。”② 其中“空”“徒”等字描绘出宋王朝的南疆的岌岌可危与所遣兵将的无能。诗中一段叙述领军之谋划，包涵了狄青此次征战的用兵之法。

师行以律，赏罚贵必，其谋乃专。兵家之势，动静有制，所击无坚。吁嗟群丑，狃于长胜，敢当其前。驱彼犬羊，敌此熊罴，血膏于原。

严格军纪，明确赏罚，正是狄青帅大军赴岭南前的重要举措。如消除请托之风，斩杀侵扰老百姓的军卒等。到前线后又果断斩杀陈曙等违令罪将，立威南疆，士气顿时高涨。这为战胜气焰正盛的侬智高，奠定了坚实的基础。“兵家之势，动静有制，所击无坚”，乃是其领兵奇袭昆仑关，占得先机的写照。在《京观记》中狄青提到自己向皇帝“抗章请行，愿授陈算。”但未有“抗章”的内容，现存关于狄青的史料皆无所记，唯王珪为狄青所写神道碑尚留有残句。

---

① 脱脱等：《宋史》（第二十八册）卷二九〇，中华书局，1985，第 9721 页。

② 曾枣庄、刘琳主编：《全宋文》（第四十一册）卷八九〇，安徽教育出版社、上海辞书出版社，2006，第 301 页。

自言："臣结发起行伍，顾无以报国。今远夷跳梁，不足为陛下忧，愿将锐兵数千，当羁叛蛮之颈致之阙下。"①

虽话语不多，然却铿锵有劲，报国之心，大将风范，可见一斑。神宗时，有意西边，颇重狄青的功绩。其子狄谘还献上狄青所著之《平蛮记》和《归仁铺战阵》图，② 惜今皆佚。可见，进入中年以后的狄青，真正成为文武兼修、智谋深算的一代大将统帅。

第三节　文人笔记逸事

一、传奇英雄的传奇故事

北宋著名的铜面将军狄武襄公青和其他的北宋武将一样，都是生不逢时，恰好处在一个文人掌控政治，最歧视和防范武人的朝代。北宋武人的身份是最低微的，其形象与自我符号始终受到士大夫的束缚和压抑。狄青尽管异常杰出，并取得了平定侬智高这样的光辉胜利，进位枢密使，但他最终还是没有逃过文臣集团的陷阱。不过，狄青从一个小卒成为一代名将和统帅这样一个事实，终究对文人触动还是很大的，所以士大夫笔记中有关狄青的记载为数不少。据笔者的不完全的统计，记载了狄青故事的小说笔记至少在四十种以上。在北宋所有的武将中，狄青是被关注得比较多的。在具有传统史传文风的文人笔下，狄青形象蕴含了传奇色彩的英雄和蕴含悲剧性的卑微武人的双重特质。按照符号

---

① 王珪：《狄武襄公神道碑铭》，曾枣庄、刘琳主编：《全宋文》（第五十三册）卷一一五四，安徽教育出版社、上海辞书出版社，2006，第 201 页。

② 刘永祥校注：《清波杂志校注》卷二，中华书局，1994，第 66 页。

学的观点“自我并不能靠冥想建立，自我必须在与他人，与社会的符号交流中建立”。[①]而宋代文人笔记的叙述恰好给我们传递了一个文人世界中武将人格符号的存在方式。

狄青既以一卑贱的隶籍卒伍而位至枢密使，其经历本身就颇具传奇性。在善于文字表现的士人笔下，狄青的人生就更显卓尔不群，与众不同。如其少年时代唯一的一个著名的传奇故事“铁罗汉事件”，这个故事完全符合民间的传奇色彩。狄青兄长与人打斗，溺杀之。为人所缚，狄青，而为其所复活。“青默祝曰：‘我若贵，罗汉当苏。’乃举其尸，出水数斗而活人。人咸异之。”[②]“默祝”乃狄青的狡黠，他应该是感觉铁罗汉并未气绝，不过为水所堵，但却让人产生神秘感。狄青这个少年逸事流传广泛，引起北宋著名文学家苏轼的注意。苏轼比狄青年龄小三十岁，与狄青之子狄咏相交甚深。元祐初，他恰好与狄咏同在馆舍，便向他追问此事的真实性。可见，当时民间流传的狄青少时故事肯定是很多的，这只是其中流传下来较有代表性的一个。[③]狄青自从军后，表现就非同一般，为种世衡、范仲淹、尹洙和韩琦等名公所器重。

狄青非一般武将的粗鲁无识，其卓越的见识度量颇有儒将之风，故一直为士大夫们所看重。王闢之《渑水燕谈录》就说：“公识度宏远，士大夫翕然称之。”[④]狄青的志向与见识自小便不同凡响。如徐度《却扫编》所载狄青从军之时正值王尧臣状元登第时，数人皆叹息“穷达不同如此”！唯狄青不以为意，独以“能力”为重。狄青的宏大宽容的气度也为不少文臣所欣赏。如韩琦的回忆：

> 狄青作定副帅，一日宴公，惟刘易先生与焉。易性疎讦，时优人以儒为戏。易勃然谓：“黥卒敢如此。”诟骂武襄不绝口，至掷樽俎以起。公是

① 赵毅衡：《身份与文本身份，自我与符号自我》，《外国文学评论》，2010年第2期，第6页。

② 王偁：《东都事略》卷六二，《二十五别史》（第十四册），齐鲁书社，2000，第506页。

③ 按王偁《东都事略》体裁介于传记史与笔记之间，其内容亦多取流传故事。

④ 王闢之：《渑水燕谈录·归田录》卷二，中华书局，1981，第16页。

时观武襄气殊自若，不少动，笑语温然。次日，武襄首造刘易谢之。公于是知其有量。①

这是一则很有戏剧性的故事片断，面对刘易的使酒骂座，作为副帅的狄青始终“气殊自若，不少动，笑语温然”，已显出大将的风范。主帅韩琦亦不说话，只是默默观察狄青，就是考察其是否可为将领。所谓“神气安详者，重德而善安众人也”。② 刘易是“忻州人。性介烈，博学好古，喜谈兵”。③ 狄青以“笑语温然”对待刘易醉后“诟骂”，凸显其宽宏大量。狄青对待这种蔑视，不仅仅是显示出一种大度，更能知其性情，投其所好，制其脾气，为其所用。邵伯温笔记云：

陕西豪士刘易多游边，喜谈兵，宝元、康定间，韩魏公宣抚五路，荐于朝，赐处士号。易善作诗，魏公为书石。或不可其意，则发怒洗去，魏公欣然再书不惮。尹师鲁帅平凉，延易府第尊礼之。狄武襄代师鲁，遇之亦厚。每燕设，易嗜食苦马菜，不得即叫怒无礼。边城无之，狄青为求于内郡。后每燕集，终日唯以此菜啖之，易不能堪，方设常馔。时称狄青善制也。④

为制刘易，狄青不惜悄悄派人到内地求“苦马菜”，遂使之服。宋人皆云狄青多智，盖非虚言。而对于取笑自己“面涅”者，狄青回答既很坚定却又幽默，绵里藏针，也显示出一种器量和特有的应变能力。如状元同僚王尧臣“常戏其涅

① 《韩忠献公遗事》，朱易安等编：《全宋笔记》（第一编第八册），大象出版社，2003，第 23 页。江少虞《宋朝事实类苑》卷一四亦载此事。并将其归入“德量智识”门类，可见宋士大夫较看重人之器识。

② 许洞：《虎钤经》卷三，中华书局，2017，第 30 页。

③ 脱脱等：《宋史·隐逸中·刘易传》（第三十八册）卷四五八，中华书局，1985，第 13444 页。

④ 邵伯温：《邵氏闻见录》卷一六，中华书局，1983，第 173 页。

文云：‘愈更鲜明。’狄答云：‘莫爱否，奉赠一行。’王大惭”。[①]

狄青一生最重要的当然是其征战沙场的事迹，宋人笔记对此更是不惜笔墨多加渲染。概而言之，早年在西陲战场的狄青主要是一个勇将的风采。如很多笔记都记述其戴铜面具上阵杀敌之事。范镇《东斋记事》云：“狄武襄公青初为延州指挥使，与西贼大小二十五战，每战带铜面具，被发出入行阵间。凡八中箭，累官至泾原路招讨副使。”[②]青之勇当可比昔日戴面具作战的北齐兰陵王，故京师赞其为“狄天使”和“敌万”等。狄青的战功与风采传至都下，甚至仁宗都“欲召见之，会贼寇边急，止令图其形以进”。[③]这在北宋中期宋夏战争爆发，武将平庸的时代，狄青的形象就显得更加耀眼了。“披发铜面”象征了青年狄青之勇。中年的狄青，笔记中较突出其作为大将的谋略，最典型的当属夜袭昆仑关之事。平定侬智高叛乱本就是狄青一生功业的顶峰。这次征战充分证明了狄青作为主帅所具有的深谋远虑，故战后流下了很多相关的传说。如“夜取昆仑关”，在一些文人笔记中几乎就是文学的浪漫笔墨，很有故事性，沈括《梦溪笔谈》浓墨重彩描绘此事。

> 狄青为枢密副使，宣抚广西。时侬智高守昆仑关。青至宾州，值上元节，令大张灯烛，首夜燕将佐，次夜燕从军官，三夜飨军校。首夜乐饮彻晓。次夜二鼓时，青忽称疾，暂起如内。久之，使人谕孙元规，令暂主席行酒，少服药乃出，数使人劝劳座客，至晓，各未敢退。忽有驰报者云，是夜三鼓，青已夺昆仑矣。[④]

沈括之笔墨可谓画面感很强，如电影的长镜头，军营中满张灯烛，火树银

---

① 孔平仲：《孔氏谈苑》卷三，载《丁晋公谈录》（外三种）卷二，中华书局，2012，第232页。

② 范镇：《东斋记事》卷三，载朱易安等编：《全宋笔记》（第一编第六册），大象出版社，2003，第28页。

③ 同上。

④ 沈括撰、胡道静校注：《新校正梦溪笔谈》（卷一三），中华书局，1957，第141页。

花，酒香扑鼻，乐鼓震天，一连几夜。“至晓”狄青不见，众人惊疑不定，给人一种悬念，驰报忽言主帅已夺昆仑关矣，很有戏剧效果。狄青作战的智慧谋略之出人意料被文学化，战争也被浪漫化。沈括并未去过前线，应是根据后来的调查所记，然文人妙笔已然生花。魏泰的《东轩笔录》的描绘亦很细腻，对夺取昆仑关后的描绘较详，也很有故事性和传奇性。

> 狄青之征侬智高也，自过桂林，即以辨色时先锋行，先锋既行，青乃出帐，受衙罢，命诸将坐，饮酒一卮，小餐，然后中军行，率以为常。及顿军昆仑关下，翌日，将度关，辰起，诸将张立甚久，而青尚未坐。殆至日高，亲吏疑之，遽入帐周视，则不知青所在，诸将方相顾惊怛，俄有军候至曰：“宣徽传语诸官，请过关吃饭。”方知青已微服，同先锋度关矣。[①]

沈括描写狄青度关之前的酒宴较多笔，而魏泰则多叙夺昆仑关后，众将士文臣的表现。从“翌日，诸将张立甚久”至“方知青已微服”描绘如小说段子。沈括所叙不过“至晓”，而魏氏将时间又推至“殆至日高”。这些细节想亦是史家笔法的想象。“貌似‘记言’，宜出史家之心摹意匠”。[②]从魏泰所叙可知，狄青夜袭昆仑关是早有预谋和策划，“先锋既行，青乃出帐等，率以为常”的把戏不仅迷惑敌人，连宋军内部皆不知其用意。

《宋名臣言行录》的叙述简练，但更有浪漫色彩：“是夜大风雨，青率众半夜时度昆仑关”。[③]盖与唐代李朔雪夜袭蔡州场景相仿，故后世有戏曲《雪夜夺昆仑》等戏。狄青与侬智高的归仁铺大战，宋代笔记记载颇多，然多写实，如司马光《涑水记闻》的叙述，写出战争的激烈和残酷。但也有一些文人的笔记

---

① 魏泰：《东轩笔录》卷四，中华书局，1983，第 40 页。

② 钱钟书：《管锥编》（第一册），中华书局，1986，第 347 页。

③ 《宋名臣言行录》前集卷八。（补全版本信息）文渊阁四库全书，台湾商务印书馆，1986。

以传奇法描绘此次战役，特别是北宋孙升的描述。

> 侬智高陷邕州，狄青讨之，列军阵城下。智高大宴城头，鼓吹振作。一人衣道服骂，官军有善射者，一矢毙之。青随行倚河东王简子为先锋，勇甚，为镖所杀，青见之，汗出如雨。世言青真武神也。至是，曳两皂旗，麾兵而战。先用蕃落马贯贼，乱之；大呼骑步夹进，遂破智高。①

孙氏的此段描绘，与他书均有所不同。官军和侬智高的决战是在归仁铺，而非邕州城下。其叙智高“大宴城头，鼓吹振作，”倒很像民间说书的方式，画面感和现场感均很强，传奇色彩较浓。“一人衣道服，骂官军，有善射者，一箭毙之”实在很像评书式的演绎，将残酷的战争浪漫化了。他书皆曰先锋战死者为孙节，此处却云王简子。至于“青汗出如雨”云云等，完全是把历史小说化了。一般来说，历史叙述越简略的越具有真实性，而细节越生动的，传奇性越强。宋代笔记为狄青的故事走向传奇化可谓增色不少。

狄青功名富贵后，却依然能保持纯朴的英雄本色，此尤为难得，故文人士大夫对此亦颇注意和欣赏。特别是狄青仕宦显达后却不攀附为狄仁杰之后，文人笔记多有赞扬。如邵伯温《邵氏闻见录》载：

> 武襄感服，自勉励无怠，后位枢密。或告以当推狄梁公为远祖，武襄愧谢曰：“某出田家，少为兵，安敢祖唐之忠臣梁公者。”②

学识渊博的文人沈括《梦溪笔谈》对此亦有关注。

---

① 孙升：《孙公谈圃》卷上，《丁晋公谈录》（外三种），中华书局，2012，第 111 页。
② 邵伯温：《邵氏闻见录》卷八，中华书局，1983，第 83 页。

狄青为枢密使，有狄梁公之后，持梁公画像及告身十余通，诣青献之，以为青之远祖。青谢之曰："一时遭际，安敢自比梁公？"厚有所赠而还之。比之郭崇韬哭子仪之墓，青所得多矣。[①]

此外，晁说之《晁氏客语》亦有记载，只是话语稍有别。"本朝狄青，人劝尊梁公，辞曰：'予鄙人，岂可以声迹汙梁公？'"[②] 狄青入枢密为使相后，成为朝廷高官，依然不攀附唐代名相狄仁杰为祖先，是非常难得的。一个自尊自信且有名将风范的狄青，的确让人钦佩。故士大夫沈括才由衷地表示赞赏"比之郭崇韬哭子仪之墓，青所得多矣"。

但文人笔下的狄青形象还有另一种符号自我的呈现。既卓尔不群却又时显卑微，具有浓厚的悲剧色彩。《宋史》本传言其以"畏慎保全始终"，其实这种"畏慎"恰好是一个出身行伍隶籍（较将门世家较卑贱）的名将无奈的选择。文人们对此却描绘生动，特别是王性之《默记》所载三事即可见一斑。狄青帅渭，械豪士董士廉至渭州，在知县姚嗣宗暗示下，他仅仅喊了一句"狄青，你这回做也！你只是董士廉碍着你，你今日杀了我，这回做也！"狄青闻之即大惊，不敢诛。"盖青起于卒伍而贵，尝有嫌疑之谤，心恶闻此语。因破槛车，械送狱"。[③] 沙场上英勇无畏的狄青之所以显得心怯，就是因为担心朝廷对武人的猜忌，董士廉之语恰中其心病。皇祐中，征侬智高，狄青为振军心，整肃军纪，毅然斩违令之陈崇仪等三十一人。"次及提刑祖择之，问诸将兵败亡之由。择之知必不免，勃然起对曰："太尉不得无礼！无择来时，金口别有宣谕。"[④] 祖择之色厉内荏的一句"金口别有宣喻"，就使狄青没有敢动他，原因还是对文臣的投鼠忌器。其实祖择之非常心虚，只是抓住了武将的软肋赌了一把。"既至所舍，便溺

① 沈括撰、胡道静校注：《新校正梦溪笔谈》卷九，中华书局，1957，第 109 页。

② 《晁氏客语》，朱易安等：《全宋笔记》（第一编第十册），大象出版社，2003，第 109 页。记载狄青此事尚有《杨公笔录》。

③ 王铚：《默记·燕翼诒谋录》卷上，中华书局，1981，第 12—13 页。

④ 同上，第 13 页。

俱下，满于鞍鞯”。[①] 面对文臣的忍耐是狄青身处士大夫政治体制下无奈的处事作风，不过，他很在意维护武将的尊严，如鞭笞侮辱武人的歌妓白牡丹。但当韩琦杀鸡儆猴，当其面斩其部将焦用时，他也只能忍气吞声。

> 青出立于陛下，恳魏公曰：“焦用有军功，好儿。”魏公曰：“东华门外以状元唱出者乃好儿，此岂得为好儿耶！”立青面而诛之。青甚战灼，久之，或曰：“总管久立。”青乃敢退，盖惧并诛也。[②]

“青甚战灼”的描绘，说明当时狄青真是体验到文臣的权力威严了。武人政治上的卑微地位在文臣面前暴露无遗。狄青曾很无奈地感叹：“韩枢密功业与我一般，我少一进士及第耳。”[③] 既道出了大多数武将的压抑心态，同时也是对自我身份符号的确认。其实韩琦帅陕西，兵败连连，就因其士大夫身份而无人指责。狄青的纯朴本色，使他没有早早全身而退。在文臣集团的强大势力面前，狄青最终因士大夫的构陷谗言“无罪而出典外蕃”的悲剧形象，让人哀悯。这是他退出宋代政治舞台时，留给世人最后的一个悲凉的身影符号。狄青没有死在战场，却被本朝的文人官僚联合陷害而终，可谓宋朝文人单极政治与繁荣的宋型文化隐藏的最大悲剧。

狄青淳朴的武将形象和悲剧人生在宋代文人笔记中基本得到完整体现。狄青形象体现了一个被压抑的武将符号自我的双重性，暗示了狄青在文人政治空间中被分裂的双重人格，这是长期政治压抑的结果。一个有智有勇的大将，谨慎小心甚至有不无怯懦拘束的，受制于文人政治的悲剧英雄被描绘出来了。这样一种矛盾统一体恰好显示一个真实而丰富复杂的历史人性的舞台。文人笔记对狄青叙述既是客观的历史记载，但渗透了文人的叙述立场和文化意识，他

---

① 王铚：《默记》卷上，中华书局，1981，第 13 页。

② 王铚：《默记·燕翼诒谋录》，中华书局，1981，第 16 页。

③ 同上。

们对狄青事迹的描写是有意识的、有重点的选择叙述，隐含了历史阐释的意味。

二、叙述目光与文化心态

总的来看，北宋士大夫的小说笔记对狄青的叙述多数还算比较正面和肯定，超越了士大夫社会惯常的傲慢态度。一般来说，成名之人，其早年事迹多会被人添枝加叶，润色渲染。但文人对这些民间流传的相关材料，还是有所选择的，如果我们从历史叙述学的角度来观察，就可以看到狄青描述背后所隐藏的一些复杂微妙的士大夫文化心态及其价值取向。因为叙述别人其实也就透露或暗示了自己的价值观，并可能隐喻了时代风尚。纵观宋人笔记，除了文人社会对武将的歧视偏见外，对狄青的形象描写透露出了士大夫对“命定”的迷信，对狄青戴铜面具的战神形象与其朴实和宽宏器识的推崇，也反映了文人立功心理的寄托。

笔记中较突出狄青人生中的非凡经历，如“铁罗汉”事件，由士卒到枢密使的传奇经历等。虽是描写狄青，但却隐隐透出了宋世士大夫对“命定”的迷信心态。这种文化心态源于文人士大夫中早已广泛存在的“科名前定”的心理。所谓科名前定，即是“‘神’与‘命’在冥冥中主宰着士子的前程。这是不可抗拒的力量，是悲喜剧的幕后总导演”。[①] 这种仕途命定观念表现最典型的莫过于王铚《墨记》所记一则故事。

> 吕文穆蒙正少时，尝与张文定齐贤、王章惠随、钱宣靖若水、刘龙图烨同学赋于洛人郭延卿。延卿，洛中乡先生。一日，同渡水谒道士王抱一求相，……明日，遂见之。文穆对席，张、王次之，钱又次之，刘居下座。坐定，道士抚掌太息。众问所以，道士曰：“吾尝东至于海，西至流沙，南

① 祝尚书：《宋代科举与文学考论》，大象出版社，2006，第367页。

穷岭峤，北抵大漠，四走天下，求所谓贵人，以验吾术，了不可得，岂意今日贵人尽在座中！”众惊喜。徐曰：“吕君得解及第，无人可奉压，不过十年作宰相，十二年出判河南府，自是出将入相三十年，富贵寿考终始。张君后三十年作相，亦皆富贵寿考终始。钱君可作执政，然无百日之久。刘君有执政之名，而无执政之实。”……久之，诏下，文穆果魁多士，而延卿不预。明年，文穆廷试第一。是所谓“得解及第，无人可压”矣。后十年作相，十二年，有留钥之命，悉如所言。①

狄青在“铁罗汉事件”中能使人起死回生，暗示了他日后必然命运显贵的注定。徐度关于狄青和王尧臣那段著名的佳话，固然丰满动人，然而真实性还是值得怀疑的。这样细微生动的对话，一般而言多为坊间传闻，徐氏采入笔记，无非还是为了突出宋人“命定”的观念。一个始入低贱的军籍，一个状元公登第。两人看似身份和未来的命运已有天壤之别，但最后却是军卒为枢密使，状元反为副，冥冥中好像预先就有了安排。这确实是宋人热衷于“命定”的潜意识的折射。魏泰《东轩笔录》的记载比较平实，只说王尧臣状元登第时正值狄青投军，“晚年同入枢密院，武襄为便，文安为副”，并无狄青与军卒之间的那段对话。从历史记载的逻辑推理，魏氏记载更接近历史原貌，但却不够“命定”。而狄青的话语大概是其功成名就后，坊间的增添，徐度写入笔记，加强了命运不可抗拒的意识。再比较一下曾巩《隆平集》所载则更加简洁，只言“天圣五年登进士第，累擢知制诰……”。真实的历史其实很单纯。狄青赏识蔡确也有“命定”的预示。孔平仲笔记云：

陈州有颛顼庙，狄青知州日，梦庙中有榜，题曰：“宰相蔡确”确是时方为举人，青访知姓字，召见之，语以所梦，云：“善自爱。”确后果相

① 王铚：《默记·燕翼诒谋录》，中华书局，1981，第32—33页。

神宗皇帝。[①]

狄青梦蔡确为宰相，完全是文人功名前定故事套路的叙述。文人笔记关于狄青征侬智高获得胜利，也有此种醉心于“命定”的心理。如狄青征南时见何仙姑问兵事。

> 何仙姑，永州民女子也。因放牧野中，遇人啗以枣，因遂绝粒，而能前知人事。独居一阁，往来士大夫率致敬焉。狄武襄征南侬，出永州，以兵事问之。对曰：“公必不见贼，贼败且走。”初亦未之信。武襄至邕境之归仁铺，先锋与贼战。贼大败，智高遁走入大理国，其言有证，类如此。阁中有遗像，尝往观之。[②]

狄青赴广西之前，之所以去见何仙姑，就是问胜败之兆。这个故事即是一种“命定”的传说。战争的胜负在冥冥中似早已决定了的。狄青之死也有“命定”的预兆。他被众文臣谗言构陷后，朝廷罢其枢密使外出知陈州，心情颇不怿，语所亲曰：“青此行必死。”问其然，曰：“陈州出一梨子，号‘青沙烂’，今去本州，青必烂死。”[③]一时虽笑之，未几果因背疾发而卒。“青沙烂”之“青”与狄青名讳相遇，似其命运之谶，而其背疽病情也正与“烂”的符号相符。狄青之死实因士大夫官僚的集体迫害，但在这里也被解释为“命定”了。《石林燕语》一则云：“狄武襄状貌奇伟，初隶拱圣籍中，为延州指挥使。范文正一见，知其后必为名将，授以《左氏春秋》。”[④]士大夫以其相貌之独特暗示狄青后来必然功名富贵，也是一种“命定”的观念。

---

① 孔平仲：《孔氏谈苑》卷四，《丁晋公谈录》（外三种），中华书局，2012，第214页。

② 曾敏行：《独醒杂志》，上海师范大学古籍整理研究所编：《全宋笔记》（第四编第五册）卷四，大象出版社，2008，第150页。

③ 刘永祥：《清波杂志校注》卷二，中华书局，1994，第66页。

④ 叶梦得：《石林燕语》卷九，中华书局，1984，第130页。

文人对狄青保持纯朴本色十分赞赏，特别是在其富贵后不攀龙附凤，在一定程度上也透露出文人对宋代社会现实中士风日益丑陋的不满。如《杨公笔录》在叙述狄青不受别人所献的“狄梁公家纶诰”后，却有意写了另一个文人攀附前朝名人的行为，来作为与狄青的对照。

宋何昌寓为礼部尚书，有一客姓闵求官。昌寓问曰：“君是谁后？”答曰：“子骞之后”。昌寓笑谓坐客“遥遥华胄”。今士人以此取丑者甚多，因书此为劝。[①]

士大夫对狄青作战不贪功亦较钦服，如沈括赞赏狄青“主胜而已，不求奇功”。[②]这在一定程度上也映照了文臣居官恋位，贪图事功的现象，如名臣韩琦帅陕西时，不懂军事，却冒进贪功，欲“先置胜败于度外”却惨遭好水川大败。[③]狄青的宽宏器度被不少笔记所提到，如对待刘易使酒骂座之事，这个故事反映了狄青的人品，但与士大夫普遍对器量的推崇风气有关。在宋人心目中，标准的士大夫不仅要学问深厚，器量的修养也非常重要。这首先是沉稳大度而不轻易发怒。最典型当是真宗朝宰相王旦，如他也曾被一狂生辱骂掷经击首。

王旦在中书，祥符末，大旱。一日，自中书还第，路由潘氏旗亭，有狂生号王行者在其上，指旦大呼曰：“百姓困旱，焦劳极矣！相公端受重禄，心得安邪？”遂以所持经掷旦，正中于首。左右擒之，将送京尹，旦遽曰：“言中吾过，彼何罪哉？”乃命释之。[④]

---

① 杨彦龄撰：《杨公笔录》，朱易安等：《全宋笔记》（第一编第十册），大象出版社，2003，第 148 页。

② 沈括撰、胡道静校注：《新校正梦溪笔谈》卷一三，中华书局，1957，第 144 页。

③ 魏泰：《东轩笔录》卷四，中华书局，1983，第 82 页。

④ 《丁晋公谈录》（外三种）之《国老谈苑》卷二，中华书局，2012，第 77 页。

狂生王行竟然敢诟骂击打当朝权贵的宰相，可王旦却很宽容，没有加罪于他，还说“言中吾过”，其肚量大矣！也许是王旦气度出了名，家人还曾故意做点事，以试探考验他到底是否会发怒生气。

王文正太尉局量宽厚，未尝见其怒。饮食有不精洁者，但不食而已。家人欲试其量，以少埃墨投羹中，公唯啖饭而已。问其何以不食羹？曰：“我偶不喜肉”一日又墨其饭，公视之曰：“吾今日不喜饭，可具粥。”[①]

王旦家人“欲试其量”，就如韩琦试狄青的度量一样，刘易骂坐也许就是韩琦的授意。有一次皇上赐其御酒十器，为其兄击碎，王旦归见之，未有丝毫动容，只云“人生光景几许时，其间何用较计”，“余无他言。兄与国封默愧也”。[②] 当刘易使酒骂坐时，韩琦暗中注意狄青反应，因为他自己就是一个很宽宏之人。宋人就赞其“气量过人”，[③] 如宋代笔记载其“燃须”一事，并不亚于王旦。

韩魏公帅定武时，夜作书，令一侍兵持烛于旁。侍兵他顾，烛燃公须，公遽以袖麾之，而作书如故。少顷回顾，则已易其人矣。公恐主吏鞭之，亟呼视之曰：“勿易渠，今已解持烛矣。”军中感服。[④]

其次，不记人之过，不记仇，亦是士之器度的表现，如名相吕蒙正的一个故事很典型。

---

① 沈括撰、胡道静校注：《新校正梦溪笔谈》卷九，中华书局，1957，第 101 页。

② 高晦叟：《珍席放谈》，朱易安等编：《全宋笔记》（第三编第一册）卷下，大象出版社，2008，第 185 页。

③ 赵善璙：《自警编》，上海师范大学古籍整理研究所编：《全宋笔记》（第七编第六册），大象出版社，2016，第 39 页。

④ 同上，第 24 页。

> 吕蒙正相公不喜记人过。初参知政事，入朝堂，有朝士于簾内指之曰："是小子亦参政邪？"蒙正佯为不闻而过之。其同列怒之，令诘其官位姓名，蒙正遽止之。罢朝，同列犹不能平，悔不穷问，蒙正曰："若一知其姓名，则终身不能复忘，固不如毋知也。且不问之，何损？"时皆服其量。[①]

唐介曾参劾名臣文彦博，后来文彦博为平章军国重事，却不计前嫌，推荐唐介之子义问为集贤殿修撰，帅荆南。朝野士大夫均赞其"德度绝人"。[②]魏泰《东轩笔录》尝记王韶一次宴客，"有客张绩沉醉'挽家妓不前，遽将拥之，妓泣诉于韶，做客皆失色'，韶徐曰：'此出尔曹以娱宾客，而乃令宾客失欢。'命取大杯罚家妓，'既而容色不动，谈笑如故，人亦伏其量也'"。[③]狄青对待刘易诟骂也是"气殊自若，不少动，笑语温然"，[④]显得沉稳量大，故为韩琦所赞许并被文人墨客记载。[⑤]

笔记中对狄青英勇善战是欣赏式的描述，特别是戴铜面具的形象，此固为实录，但实际上却已将狄青塑造成一个英武的战神形象。如周辉《清波杂志》

① 司马光：《涑水记闻》卷一三，中华书局，1989，第22页。

② 邵伯温：《邵氏闻见录》卷八，中华书局，1983，第103页。

③ 魏泰：《东轩笔录》卷四，中华书局，1983，第82—83页。

④ 《韩忠献公遗事》，朱易安等编：《全宋笔记》（第一编第八册），大象出版社，2003，第23页。

⑤ 韩琦本人亦有器量。据《墨客挥犀》载：韩魏公知北都，有中外亲献玉盏一只，云耕者入坏冢而得，表里无纤瑕可指，真绝宝也。公以百金答之，尤为宝玩。乃开宴召漕使显官，特设一桌，覆以绣衣，致玉盏其上，且将用之酌酒遍劝坐客。俄为吏将误触，台倒，玉盏俱碎，坐客皆愕然，吏将伏地待罪。公神色不动，笑谓坐客曰："物破亦自有时。"谓吏将曰："汝误也，非故也，何罪之有。"公之量，宽大重厚如此。（《侯鲭录·墨客挥犀·续墨客挥犀》卷七，中华书局，2002，第360页。）

就说“世言武襄乃真武神也”，看来这是当时坊间朝野的共识。[①]所以后来的《宋史》等正史就采用了文人笔记的这类记载，这也算是宋代这样一个文人掌权，武功衰微的王朝官僚士大夫们的一种心理上的补偿吧。他们虽然在政治上极力防范武将，但对军事功业却很感兴趣。士大夫们论兵者颇多，如范仲淹喜谈兵，刘易“博学好古，喜谈兵”[②]，萧注“磊落有大志，喜言兵”。他们亦善识和提携武人中杰出者，如《邵氏闻见录》卷八有一则记录，将狄青、郭逵、杨随及苗授四位武将一并叙述，赞美他们的功业和智勇，特别是与韩琦、范仲淹和文彦博等名臣巨公的遇合。[③]不少笔记对狄青取昆仑关事尤感兴趣，不惜笔墨渲染狄青的“一昼夜取昆仑关”的“快”字上，读来自令人神往。其意也是渲染狄青作为“战神”的不同凡响，也可看作是对文臣领军征南时的延宕不进和庸堕无能的不满的心理补偿和宣泄。当时朝野就有“文士不足用，而宿臣伟贤亦不能自解”的嘲讽。[④]

当然，笔记中亦反映文人对武将一贯的歧视心态。这方面的论述已颇多，此不赘言。文臣蔑视武人是宋代文人政治所无法避免的，弥漫于整个士大夫阶层，他们对狄青的叙述自然难以幸免。总的来看，通过分析文人笔记中狄青形象的描写，却可以看到一个丰富微妙的士大夫的心态。士大夫以他们的文化气质和人生价值取向来衡量武人狄青的功绩，选取符合他们口味的加以赞赏品评。士大夫向世人传播的是一个经过他们目光审视，过滤的狄青。他们有时也能抛弃偏见，以狄青的纯朴本色映现士风的龌龊阴暗，显示了一定的超越性。同时，文人的叙述多少有点望梅止渴的心理，在叙述狄青的过程中一定程度满

① 刘永祥校注：《清波杂志校注》卷二，第66页。孙升《孙公谈圃》亦云：“世言青真武神也。”（《丁晋公谈录》（外三种）中华书局卷上，第212页。）李焘：《续资治通鉴通鉴》说：“青猛锐善战，所向披靡，乃其勇略使然，非被发面具，足以制胜。史家艳称其事，洵为骛奇失实。”大概皆注意到了这种带传奇性的渲染。（卷三二五）

② 脱脱等：《宋史・刘易传》（第三十八册）卷四五八，中华书局，1985，第13444页。

③ 邵伯温：《邵氏闻见录》卷八，中华书局，1983，第83—84页。

④ 李焘：《续资治通鉴长编》（第七册）卷一七四，中华书局，1992，第4198页。

足了文人实现功业的潜意识和梦想，这也许是诸多笔记倾心于记载狄青事迹的内在心理。

三、武臣之政治困境

宋人笔记中狄青的双重形象，不仅真实描绘了一代名将的风采，反映了文人的叙述心态，同时也将武将的生存困境揭示出来。这种困境导致他们人格符号自我的分裂。“自我，作为可成为它自身的对象的自我，本质上是一种社会结构，并且产生于社会经验”。[①] 北宋的政治环境是导致狄青形象呈现双重符号自我的温床。北宋一代之武将多数难得善终，即使如太祖时著名的开国大将曹彬；尽管他有平南伐北之功，也深自韬晦，处处谨慎小心。北宋著名僧人释文莹的笔记载：

> 公虽兼将相之领，不以爵禄自大。造门者，皆降庑而揖。不名呼下吏，吏之禀白者，虽剧暑，不冠不与见。伐江南、西蜀二国，诸将皆稇载而归，惟公但图史衾簟而已。为藩帅，中途遇朝绅，必引车为避。过市戢，其传呼戒道导吏去马不得越十轮，恐壅遏市井。性仁恕，清慎无挠，强记，善谈论。清白如寒儒……”。[②]

曹彬之所以如此谨小慎微，不呼吏名，冠带见吏，引车避士绅等行为，乃是对宋廷崇文抑武国是的渗透理解，故不惜自我贬损，让士大夫官吏一头。这是非常聪明的避祸策略，也是他对太祖朝开始对武将的多方猜忌和防范以及文人势力崛起的自我保护意识。故其以武将为枢密、使相，却能够善终。卒赠济

---

① 米德著：《心灵、自我和社会》，赵月瑟译，上海译文出版社，1992，第125页。

② 文莹撰，郑世刚、杨立扬点校：《湘山野录·续录·玉壶清话》卷七，中华书局，1984，第4页。

阳王，配享帝食。

北宋前期的著名武将，杨业、王德用、曹利用等人都遭到文人的陷害和打击。曹利用与寇准同在枢府，却常遭寇准的嘲笑，后被逼自杀。王德用号“黑王相”亦是北宋名将，“年十九，从父讨西贼，威名大震。西人儿啼，即呼‘黑大王来’以惧之。除枢密使。”孔道辅上言：“德用状类艺祖，宅枕乾冈。”即出知随州。谢表云：“状类艺祖，父母所生；宅枕乾冈，先朝所赐。”时人莫不多其言。[①]这种文人陷害之辞可谓与陷害狄青如出一辙。狄青之谨慎与曹彬亦很相似。狄青善忍器量大，如面对刘易的谩骂，这不仅反映了他的气量大，更重要的是狄青对武人的现实处境有深刻的体会，他以一个依附文臣的“温顺”的符号自我融入士大夫的世界，所以才以“笑”面对刘易的辱骂。其实内心是很无奈的，也是很悲凉的举动。一个娼妓白牡丹敢于当面戏弄朝廷将领的狄青，也是因为武人社会地位的普遍低下。如果面对范仲淹、韩琦这样的文臣，她绝对不敢如此。由于士大夫政治压抑武将军人的价值观长期影响社会，一般民众对军人也少有尊重。

> 都下鄙俗，目军人为赤老，莫原其意。缘尺籍得此名耶？狄青自延安入枢府，西府迓者累日不至，问一路人，不知乃狄子也。既云未至，因谩骂曰：“迎一赤老，累日不来。”士人因呼为赤枢。[②]

这里的“赤老”就是普通大众对军人的身份符号的轻蔑。一般军人如此，故狄青虽入枢密院，亦不过一“赤枢”而已。“好男不当兵”之谚出现于北宋，这正是一个文人统治时代的文化符号。“重文轻武”不过是宏大叙事的说法，而狄青个人的遭遇及其扭曲的双重人格恰好是这个宏大叙事的历史细节。

---

① 孙升：《孙公谈圃》卷下，《丁晋公谈录》（外三种），中华书局，2012，第 114 页。

② 江休复：《江邻几杂志》，朱易安等编：《全宋笔记》（第一编第五册），大象出版社，2003，第 139 页。

在文人政治的笼罩下，狄青一生都很谨慎小心，尽量不得罪文人集团。但他终究没有被这种政治体制的游戏规则所包容，他也没有完全适应文人的权力规则。如他不肯去面涅，固然是脱颖而出的武将自信者的表现，但如此行事肯定会得罪士大夫。因为这暗示了要提高整个武人的待遇，有扩大武人的政治生存空间的目的，文人们绝对不会轻易放过他的，他们一有机会就会将狄青排除高层政治圈子。狄青绝非一般粗豪武将，如其上奏朝廷请罢交址出兵平侬，就很有眼光，避免了引狼入室的危险。

宋代文人笔记评价狄青的人品和功绩，当以黄震的《黄氏日抄》之论最当，可见世道人心终究还是公正的。

> 带铜面具，大小二十五战，胜元昊。易虎翼旗，胜党项，裨将事也。立军制，明赏罚，以翦平侬智高，大将事也。公两得之，其为大将曰："宁失智高，不敢欺朝廷。"此非将之大有识者不可及至。若过故乡下车趋谒县令。容狂生刘易叫怒。不祖狄梁公，而拜韩魏公庙庭下。终身执门人礼，虽古名将不及矣。[①]

宋人笔记记载尽管较零星分散，篇幅亦长短不一，但狄青从年少时的不凡经历见识到西夏战场上的勇将形象，挂帅平定侬智高时的沉稳果敢，最后黯然退出历史舞台的身影，都得到了富有文学色彩的描写。这实际上构成了狄青完整的人生画卷，而渲染泼墨的恰是时代骄子的文人们，他们的著述虽能够赞美真正的英雄，但在现实政治中还是不能容忍一个武将的崛起。这种矛盾确实体现了一个时代文化的某种悲剧性。

---

① 黄震：《黄氏日抄》，朱易安等主编：《全宋笔记》（第十编第十册），大象出版社，2018，第16页。

第四节　《孙威敏征南录》之叙述心态

无论是正史还是野史笔记，宋代文化视域里的狄青是属于文人的。总的来说，文人视野里的狄青既崇高也卑微，很符合一个文人政治时代文人眼里的武将形象。当然，文臣对武将惯有的歧视和偏见依然存在，最突出的表现在文人笔记《孙威敏征南录》。“征南”主帅本就是狄青，而且是统领各路军队的宣徽使。狄青挂帅是宋朝军队顺利平定侬智高的关键因素，这在宋人各种文献，无论是正史还是野史笔记，基本上都是公认的。但士大夫滕元发却将平南的功绩几乎全部归功于文臣孙沔，所以才有“孙威敏征南录”这样的符号指向。在滕氏的笔记中，狄青退居配角和丑角的地位，战争完全依赖英明的文臣孙沔获得胜利。

北宋滕元发的笔记《孙威敏征南录》[①]仅一卷，篇幅并不长。但引起笔者注意的是，此文所树立的一个能征善战的文臣典范，却是一个很好的解析宋士大夫一种特殊心态的个案。孙威敏即孙沔（996—1066年），字子规，“威敏”乃其谥号，会稽山阴人，天禧三年进士及第。《宋史》说他“材猛过人”。[②]后参与狄青平侬智高的征战，以功为枢密副使。该文题名《孙威敏征南录》，符号意味强烈，盖已把平定侬智高的主帅狄青换为文臣孙沔，孙氏遂被描述为平定侬智高的“主帅”和主角。其文首叙孙沔对南方叛乱有敏锐的判断，仁宗赞其“南贼果如孙某料”，[③]遂诏除江南西路、荆湖南路安抚使后，积极为征南作准备。继以巧计拖延侬智高过岭。“至十有一月，集军费得钱帛百万矣。又闻贼之长技用蛮牌捻枪。公乃多备长刀大斧，制其所长”。后“备成而狄（青）至”。孙沔又

① 以下行文皆简称《征南录》

② 脱脱等：《宋史·孙沔传》（第二十八册）卷二八八，中华书局，1985，第9686页。

③ 《宋史·孙沔传》即采此说：“明日，闻蒋偕死，帝谕执政曰：‘南事诚如沔所料。’”

向狄青料三策："贼出，上计归其巢穴；中计守邕城自固，以久王师；下计与吾战。"并预言智高必出下计。盖其有"骄我之心，骄则必出，出则必败"。[①]并甘愿"遇事密输计于太尉"，让其"自取美名"。狄青大喜，由此器重与孙沔。接下来写征南平侬之战的全过程。其文略云：

> 明年正月，达宾、象间，大军辎重凡四万人出昆仑关。……明日果遇贼于归仁铺……贼将战，余惧，弃所部入公军。公叱去之。象众据山而阵，孙节恃勇出，与之争地形。公疾呼曰："此岂争地利处耶？"节不听，兵小衄，死焉。狄素奇之，失声惊呼。遂用公之刀斧斫旗枪，响震山谷。先所命三百骑为奇兵，出山背突贼后，溃。杀伤数千人。贼遂遁保邕城。……明日，兵进邕州，狄嫌以恩悦军，不即赏。众皆恼恼，或偶语者。公乃与狄议曰："士卒冒万里险瘴以立功，奈何不赏耶？万一有变，非太尉计。"狄于是取下赏赏之，众遂定。[②]

文末叙狄青"自南还枢府，厚赏金宝，官其数子，赐第一区"，而孙沔等仅"加秩一等"而已。滕氏文末并赞曰："近世文臣，罕有躬战伐，成功名者。独公善用兵，又能身下狄以攘寇难。固已鲜哉。"[③]一般来说，士大夫叙述文臣出征，一定的偏向是可以理解的。但细读全文，不难得出一个结论，征南之胜实全凭孙沔一人的帷幄之才和临战的镇定机智，而一代名将狄青却成了胸无成算，临阵慌张，吝赏士卒，因人成事者。且文中于狄青只称其姓氏，却处处尊称孙沔为"孙公"或"公"，这显示了对武将的极度的蔑视。平定侬智高叛乱，是北宋少有的一次辉煌胜利。狄青作为此役的关键人物，无论是当时士人的笔记野史还是后来的正史对此都是承认的，此无须多言。本文主要对《征南录》中一

---

① 滕元发：《孙威敏征南录》，朱易安等主编：《全宋笔记》（第一编第八册），大象出版社，2003，第7页。

② 同上，第7—8页。

③ 同上，第9页。

些较易使人当真的细节，略举相应史料一一辩驳，以见其虚妄和夸大之迹。

一、孙沔的南征准备与治军能力

滕元发的《征南录》详述了孙沔南征前的准备工作，并不断暗示此乃宋军征南之战获胜的重要因素。但孙沔所为主要是增加兵马器械等物质方面。孙沔素以“材猛过人”和“以才力闻”，[①] 确是文臣中的佼佼者。《征南录》一再赞其“善用兵”。但善用兵者首先必能善治军，战前准备除了资源调配外，最重要的就是凝聚军心，严整纪律。一支战斗力强的军队对于取胜是至关重要的。在这方面孙沔究竟做得如何呢？北宋有部独特的文人笔记《碧云騢》，作者是著名的诗人梅尧臣，因其书多揭当时士大夫丑行，为官僚们所痛恨贬斥。然其价值恰好就在于暴露了当时文人官僚高尚的道德面孔下藏着的阴暗面，其真实性并不低。如写文彦博以织金线灯笼锦媚上就是事实，后唐介就以此事弹劾他。此书亦记载了孙沔的一些隐密之事：

> 庞籍与文彦博为婚姻，遂得誉。孙沔缘籍亲，又因中官石全彬而进，至枢密副使……籍欲与之弟，令取南蛮。沔至岭下，称疾不敢进，后因狄青破贼有功。既闻侬贼扰南方，乃入京。去赴秦州。庞籍上言，南方非沔不能成功。乃南征。未行，沔在大佛寺安下，其妻晓夕在籍家，沔晓夕在南省前陈家，通陈之妻。陈氏，沔之外生，既受沔奏为斋郎，沔又奏陈子掌南行机宜，归又奏为职官。南方效力有考弟者，不过得县令，人甚嗟恨之。[②]

---

① 脱脱等：《宋史·孙沔传》（第二十八册）卷二八八，中华书局，1985，第 9690 页。

② 梅尧臣：《碧云騢》，朱易安等，《全宋笔记》（第一编第五册），大象出版社，2003，第 81 页。

从这段叙述可知，孙沔的仕宦既靠姻亲庞籍的提携，又因中官石全彬的暗助。庞籍初欲让孙沔征南立功，然因其不敢进而罢。孙沔德行操守不好，宋人都是承认的。曾巩记载他在“杭、并，淫资贪暴，杭州黜配人以百数。及徙青州，皆窃其文案以行，而诉者无以自解”。[①] 南宋朱熹说他“操行不端”。[②]《宋史》本传亦言其“跌荡自放，不守士节”，“喜宴游女色，故中间坐废”。[③] 以道德评价历史人物常会有情绪化的论断，但孙沔的个人操行确已影响了朝廷大军的南征，如其以私心提携所通陈氏之子参与南征，“掌南行机宜，归又奏为官”就是明证。孙沔此种行径，尚有其他宋人文献佐证。文学家曾巩就说：“孙沔大受请托，所与行者乃朱从道、郑纡、欧阳乾曜之徒，皆险薄无赖，欲有所避免，要求沔引之自从，远近莫不嗟异。”[④] 孙沔如此领军，不过集一群乌合之众，焉有胜算？直到狄青宣抚广南，才清除了这些人。狄青对这些请托者说：

> “从青之士，能击贼有功，朝廷有厚赏，青不敢不为之请也。若往而不能击贼，则军中法重，青不敢私也。君其思之。”……于是闻者大骇，无复敢言求从青行者。其所辟取，皆青之素所与，以为可用者，人望固已归之矣。[⑤]

这与孙沔恰成鲜明对照。治军既不严，军纪就必然混乱松懈。孙沔、余靖等统兵“行不整，所遇残掠”。狄青为帅后，“有妇人卖蔬于道，一卒倍取，青曳卒马前，斩之。至广，召诸将，责陈晓违节制……遂斩之。孙、余坐上股

---

① 曾巩撰，王瑞来校证：《隆平集校证》上册卷一一，中华书局，2012，第 335 页。

② 朱熹：《伊洛渊源录》，文渊阁《四库全书》，卷七，台湾商务印书馆，1986。

③ 脱脱等：《宋史・孙沔传》（第二十八册）卷二八八，中华书局，1985，第 9690 页。

④ 曾巩撰，陈杏珍、晁继周点校：《曾巩集・杂识二》（下册）卷五二，中华书局，1984，第 719 页。

⑤ 同上，第 720 页。

栗。自是军声大振，秋毫无犯，遂破贼焉”。[①]可见所谓孙沔“善用兵”多有虚美。其实孙沔的“善用兵”主要还是体现军事物资的调配方面，特别是请求增加骑兵，多制长刀大斧这两点上。后来在归仁铺之战起了重要的作用。他提出增加骑兵，确是有眼光的。这一点除了《征南录》记载外，毕仲游《孙威敏公神道碑》、李焘《续资治通鉴长编》和元代所编《宋史》等均有提及。但须注意的是狄青上表请战时，也同样提出使用骑兵的方略。《续资治通鉴长编》载狄青语云：“臣起行伍，非战伐无以报国，愿得蕃落骑兵数百，益以禁兵，羁贼首至阙下。”[②]而且当时提出用骑兵破侬智高者绝非仅孙沔一人，如枢密使高若讷就说过骑兵“善射，耐艰苦，山下如平地，当瘴未发时，疾驰破之，必胜之道也”。[③]狄青以其威望最终了落实蕃落骑兵的调遣，作为主帅对战局的影响无论如何也不能低估。如曾巩所言：

> 青先为曾公亮言立军制，明赏罚，贼不可得见，标牌不能当骑兵，皆如所料。青坐堂户上，以论数千里之外，辞约而虑明，虽古之名将何以如此，岂特一时武人崛起者乎”？[④]

狄青为人“谨密寡言，其计事必审中机会而后发”。[⑤]战前准备是相当认真的，绝不会草率行事，更不可能是因人成事者。这方面早有论及，兹不赘言。因《征南录》还记狄青待卒凉薄（吝于赏军，赏之不厚），缘此亦关用兵治军大事，故略谈一下他对士卒的措置。与滕氏所言恰好相反，宋代文献对狄青领兵之道多有溢美之词。曾巩赞曰：“行师正部伍，明赏罚，虽敌在前，士卒无敢

---

① 孙升：《孙公谈圃》卷下，《丁晋公谈录》（外三种），中华书局，2012，第149页。

② 李焘：《续资治通鉴长编》（第七册）卷一七三，中华书局，1992，第4173页。

③ 同上，第4175页。

④ 曾巩撰，陈杏珍、晁继周点校：《曾巩集·杂识二》（下册）卷五二，中华书局，1984，第721页。

⑤ 李焘：《续资治通鉴长编》（第八册）卷一八五，中华书局，1992，第4474页。

后先者，故所向必有成功。”王珪亦云：“行师必先正部伍营阵，明赏罚，虽敌猝然犯至，无一士敢后先者。故常以少击众，而所向无不靡。与士同寒饥劳苦，而又分功与人，未尝自言”。[①]《续资治通鉴长编》也说狄青“喜推其功与将佐”。[②]其待将士可谓赏罚得当，士卒乐于效命。《青箱杂记》记狄青征南前上疏朝廷，请废首级请功制，避免将士相互残杀与冒功之弊，他说：“如师有功，则差次其劳，全军加赏；无功则斟酌其罪，全军加罚；庶令上下一心，不专自为私计，则决胜之道也。”[③]这些措施无疑都是为将士的利益和战争的胜利着想的。

以赏罚的公正来激励军心，非久历战阵者不能为此，绝非心胸狭窄之人，这些都与滕氏所叙截然不同。而这种治军能力恰恰是孙沔等文臣所最缺乏的。《征南录》又多赞孙沔的运筹帷幄之才，参当时史料，却并非如此。

二、孙沔逗留不进之真相

《征南录》中载孙沔与狄青商讨，孙以三策料敌，极为狄青所赏识，以此凸显孙之谋划能力。但料敌三策事，宋人除毕仲游的《孙威敏沔神道碑》外均少提及。李焘《续长编》虽采其说，但《隆平集》《东都事略》《宋史》《宋史全文》及后之《宋史纪事本末》等却都未载，足见史家对其真实性是有疑虑的。而这个料敌三策，笔者倒怀疑可能是从刘几事移植过来的，并受到陶弼献策的启发。据《宋史·刘几传》云：

> 侬智高犯岭南，几上书愿自效，见青曰：“贼若退守巢穴，瘴毒方兴，当班师以俟再举。若恃胜求战，此成擒耳。”大战归仁铺，……胜负未决。

---

① 王珪：《狄武襄公神道碑铭》，曾枣庄、刘琳主编：《全宋文》（第五十三册）卷一一五四，安徽教育出版社、上海辞书出版社，2006，第202页。

② 李焘：《续资治通鉴长编》（第八册）卷一八五，中华书局，1992，第4474页。

③ 吴处厚：《青箱杂记》卷一〇，中华书局，1985，第107页。

几言于青，出劲骑五千，张左右翼捣其中坚，贼骇溃。①

刘几所言与孙沔料敌三策较相似。在战斗的关键时刻也是刘几向狄青出计以骑兵破敌。但《征南录》却说“遂用（孙沔）公之刀旗枪，响震山谷。先所命三百骑为奇兵，出山背突贼后”击败蛮军。刘几“登进士高科，后换武官，数守边，号知兵”。② 其向狄青的建言应是可信的。陶弼献策见于王铚笔记《默记》。时狄青南征途中问策于弼，陶弼言：“今诚能诛不用命官吏，使兵权在我，一变旧俗，则贼不足破也”。③ 狄青大奇之，后来至广州，立即依法诛杀不遵命令、轻率出兵而败的陈崇仪等三十余人。然后奇袭昆仑关，归仁铺一战大破贼，两广晏然，岭南大定，此皆用陶弼之策。正是狄青诛曙等人结束了诸将“无所严惧，各执所见，喧争不用命”的混乱状态，对战局产生了决定性的影响。即使料敌三策等均出自孙沔，但狄青也绝不可能事事靠“孙沔擘画”。如上举刘几和陶弼之策，就可证明南征中为狄青出谋的文臣，非止孙沔一人。滕元发极力渲染狄青之胜实依赖孙沔之助，然检视《续资治通鉴长编》《皇朝编年纲目备要》及《宋史》诸文献，均言狄青“与孙沔破贼，谋一出青。沔始服其勇，既又服其人”。④ 足见滕氏所言多虚妄。而像夜袭昆仑关这样的名将手笔，亦绝非文臣孙沔等能想到的。《征南录》还写狄青睹前锋孙节战死即“失声惊呼”，借此突出孙沔战场上的镇定。事实果真如此吗？事实不难明辨，且看其他宋代史料。司马光《涑水记闻》云：“将卒畏青令严，力战莫敢退者。青登高丘，执五色旗，麾骑兵为左右翼，出长枪之后，断蛮军为三，旋而击之，枪立如来束，军大败”。⑤《隆平集》云：“前锋孙节战死山下，而贼势方锐，青躬执白旗麾骑兵

① 脱脱等：《宋史》（第二十六册）卷二六二，中华书局，1985，第 9075—9076 页。

② 滕元发：《孙威敏征南录》，朱易安，等主编：《全宋笔记》（第一编第八册），大象出版社，2003，第 29 页。

③ 王铚：《默记》中卷，中华书局，1981，第 11 页。

④ 李焘：《续资治通鉴长编》（第八册）卷一八五，中华书局，1992，第 4474 页。

⑤ 司马光：《涑水记闻》卷一三，中华书局，1989，第 261 页。

进，纵左右翼，出其意外，贼众大溃。”[①]《续资治通鉴长编》载：“及战，前军稍却，右将开封孙节死之。贼气甚锐，沔等俱失色。青起，自执白旗麾蕃落骑兵，张左右翼，出贼后交击，贼众不知所为，大败走。”[②]陈均《皇朝编年纲目备要》云：

> 阵归仁铺。智高悉众列阵，以拒官军。使骁勇执大盾，标枪，衣绛衣，望之若火，而羸弱在后。青阵少却，先锋将孙节死之。贼气锐甚，沔等惧失色。时青匿蕃落骑兵在后，前锋将杨遂出挑战，手杀十数人。青登高，自执五色旗麾骑兵，张左右翼，从后出交击。左者右，右者左，已而左者复左，右者复右。裨将张玉率骑兵出阵，前而横贯其垒。贼大溃。[③]

元修《宋史·狄青传》亦言：“出归仁铺为阵。贼既失险，悉出逆战。前锋孙节搏贼死山下，贼气锐甚，沔等惧失色。青执白旗麾骑兵，纵左右翼，出贼不意，大败之。”[④]综上文献记载可见，在战斗最激烈的时刻，慌张的恰是“沔等”。作为主帅的狄青，其坚毅不动起到了至关重要的稳定军心的作用。归仁铺之战，侬智高军队最初占上风，致官军先锋阵亡。不过因侬智高军自叛乱以来，连连获胜，其锋芒甚锐，而狄青采取“避其锋锐，击其堕归”的策略。而在战斗的紧急关头，他依然“不动如山”，登高执旗，沉着指挥，以隐蔽的奇兵——蕃骑从两翼冲击敌人，致大获全胜。“执旗”这一点很重要，诸家所记有执“白旗”或“五色旗”镇定指挥。然无论何种颜色旗，狄青执旗麾军乃是此战胜利的象征。孙子兵法云“旌旗动者，乱也”。[⑤]若当时主帅慌乱，则胜败势必有变。狄青这种大将风范是多年的征战形成的，绝非一般文臣所能做到的。正如拿破

---

① 曾巩撰、王瑞来校证：《隆平集校证》上册卷一一，中华书局，2012，第327页。

② 李焘：《续资治通鉴长编》卷二七四，中华书局，1992，第4192页。

③ 陈均：《皇朝编年纲目备要》（上册）卷一四，中华书局，2006，第328页。

④ 脱脱等：《宋史》卷三九〇，中华书局，1985，第9720页。

⑤ 《十一家注孙子校理》卷中行军篇，中华书局，1999，第199页。

仑所言“用兵最要紧的属性就是坚定不动，这却是天生的”。[①]这话于狄青最为合适，这种心态定力绝不是纸上谈兵的文臣所能够做到的。而《征南录》乃状狄青惊叫，余靖逃入孙沔军中犹被呵斥等事，犹如天方夜谭。盖滕氏为力颂孙沔而不惜颠倒事实耳。

客观而言，孙沔作为狄青南征中的重要文臣，其辅佐能力还是很强的，充分发挥了他的干练之才，这方面《征南录》叙述较多，其平侬后留治邕州亦很出色。但孙沔绝非此役胜利的真正主角，亦非最关键的人物，这才是历史事实。而狄青挂帅是源于文臣的无能。北宋士大夫政治体制确立以后，一般征战都是由文人总军，武将受其节制，这在与西夏的战争中是最明显的。对付侬智高，宋廷亦按此种模式遣文臣带兵，但惨败不断，侬智高声势却愈来愈大。甚至仁宗皇帝都“忧顾左右，未有可属者”。[②]可见，狄青最后的挂帅也就成为朝廷唯一的，同时也是最后的选择了。狄青宣徽征南具体说来主要有两个原因：一是文臣久讨无功；二是孙沔的逗留不进。自岭南侬智高叛乱，宋廷先遣杨畋、蒋偕和蒋忠失败后，继又委余靖和孙沔为安抚使经略讨贼事，但皆久拖无功。曾巩《隆平集》曰：“先命孙沔、余靖为安抚使，讨贼未克，故又用青。”[③]《东都事略》亦云：“朝廷以孙沔、余靖为安抚使，久未奏功。仁宗以南方为忧，青慨然请行。”[④]李焘《续资治通鉴长编》言：“杨畋、曹修经制蛮事，既无功，改命孙沔及余靖等，上犹以为忧。”[⑤]王明清《挥麈后录》明确地说：“侬贼犯交广，毒流数州，诸将久无成功。”[⑥]这些都表明，文臣已经无法取得胜利，朝廷的不安与日俱增。关于孙沔的逗留，《征南录》说得较冠冕堂皇，谓孙沔知狄青宣抚后，

---

① 拿破仑：《拿破仑日记》，伍光建译，时代文艺出版社，2013，第 320 页。

② 曾巩撰、王瑞来校证：《隆平集校注》上册卷一一，中华书局，2012，第 326 页。

③ 同上，第 327 页。

④ 王偁：《东都事略》卷六二，《二十五别史》（第十四册），齐鲁书社，2000，第 507 页。

⑤ 李焘：《续资治通鉴长编》（第七册）卷一七三，中华书局，1992，第 4174 页。

⑥ 王明清：《挥麈后录》卷二，上海书店，2009。

逗留长沙一月以待狄青，“且思所以制胜之具，朝夕不怠，公疾且病矣”。[①]滕氏之言意在说明孙沔逗留乃因病所致。但曾巩却说“既至潭州，沔遂称疾，观望不敢进。”[②]恰与《碧云騢》所言之“沔至岭下，称疾不敢进”相合。可见，孙沔之逗留并非是在狄青宣抚后，这可能既与朝廷只给其兵七百有关，但更与其治军乏力相关。“不敢进”才是仁宗“犹以为忧”的真正所在，也是狄青上表请行的真相。且余靖《大宋平蛮碑》说：“贼之再据邕也，农者辍耕，商者辍行，远迩惶惶，不聊其生。及公之拜命也，朝野之论中外欢然。以方召之，才兼机轴之重，出剪狂蛮无噍类矣。”这表明狄青出帅已是众望所归，并没有多少人把希望寄托在孙沔的身上。

滕元发将孙沔如此故意拔高，与其写作动机实有密切关系。《四库全书总目》有言及此事。

> 其书乃记皇佑四年孙沔平侬智高事。……甫以为南征之事本出沔议，其措置先备，又能以身下狄青，卒攘寇难。因述为此书以颂沔之绩。盖沔知杭州时尝奇甫才，授以治剧守边方略，具有知己之分，故力为之表暴如此。然此书备见于《宋史·艺文志》，陈振孙《书录解题》。当时皆不以为诬，殆必有说。[③]

可见，滕元发著此文主要有两个动机：其一是不满余靖专美狄青，认为孙沔的作用被掩盖；其二以报答孙沔的知遇之恩，即所谓“尝奇甫才”“知己之分”云云。宋人笔记《中吴记闻》也说：“（滕元发）通判湖州。时孙威敏公沔守钱塘，一见曰：‘后当为贤将。’授以治剧守边之要。”[④]故孙沔对滕元发确有恩德，

---

① 滕元发：《孙威敏征南录》，朱易安等主编：《全宋笔记》（第一编第八册），大象出版社，2003，第6页。

② 曾巩撰，陈杏珍、晁继周点校：《曾巩集》卷五十二，中华书局，1984，第719页。

③ 纪昀等：《四库全书总目》卷五八，中华书局，1965，第529页。

④ 《中吴记闻》，《全宋笔记》（第三编第七册）卷七，第196页。

故其颂孙沔可谓不遗余力。这两种动机都是比较情绪化的，不满余靖专美狄青还在其次，深层原因还是文人对武将赫赫战功的嫉妒。滕氏以“平南之功皆本孙沔，狄青之至，莫能出其右者”[①]的心态写作，真的历史也就更容易被掩盖而变形了。

综上而言，《征南录》看似“不诬”，其实恰恰编织了不少不实之词、夸饰之谈，以贬损狄青之功绩，颂扬文臣孙沔。孙沔确为南征做出了一定贡献，但其作用为滕元发所夸大。塑造孙沔这样一个儒将的高大形象，除了是对武将战功的诋毁和报答孙沔知遇外，在这种叙述的后面还暗藏了一种失落的隐蔽的士大夫心理。

三、文人自慰自欺的心态

《征南录》实可看作是宋代文化现象的叙述——士大夫自慰和自欺心态的符号象征，故尽管有较多夸饰和不实之处，但宋人“皆不以为诬”。这是很值得注意的现象。从历史看有两个因素促成了北宋士大夫带有自欺性的自慰心态的形成，一个是真宗朝的天书事件，另一个是士大夫的功业梦想。造天书这件事，过去一直认为是少数佞臣引导君主所为，其实这几乎是整个士大夫集团的合力造神，以此冲淡澶渊之盟在心理上的不安，如王钦若就对皇帝说此乃“城下之盟，古所深耻”。他劝真宗“非天表瑞贶，盛仪毕备，则无以耸敌人而掩兹丑”。[②]真宗君臣既无力收回幽蓟，一雪耻辱，遂以造天书行封禅等事来“镇服四海，夸示夷狄”[③]地自我麻醉，如孙奭就说真宗君臣造神之举不过是图个自慰的“虚名”罢了。

> 陛下必行此礼，不过如汉武帝、唐明皇，刻石颂功而已，此皆虚名也。

① 李焘：《续资治通鉴长编》卷七，中华书局，1992，第214页。

② 《儒林公议》卷下，中华书局，2017，第19页。

③ 李焘：《续资治通鉴长编》（第三册）卷六七，中华书局，1992，第1506页。

陛下天纵钦明，神资浚哲，固当追踪二帝、三王之事，岂止效此虚名乎？①

“如病狂热”的天书闹剧虽随真宗上仙而去，但士大夫自欺之风却已蔓延。士大夫的自欺亦是功业之梦受挫的一种补偿。文臣们虽说成为政坛宠儿，至有“将兵数十万，恢复幽蓟，其荣亦不可及”状元登第的心态，但实际上建功立业的欲望还是比较强的。②北宋中期以后，士大夫的人生目标就是从“内圣”到“外王”。“‘承当天下事’在他们的价值取向中占据了主导地位。”③文士们固然以道德自任，以诗书为业，但并非真以此为人生最终理想。如欧阳修平生多谈吏事，尝言“大底文学止于润身，政事可以及物”。④他的《听平戎操》诗就表达了强烈的建功心愿。

……尔知平戎竟何事，自古无不由吾儒。周宣六月伐猃狁，汉武五道征匈奴。方叔召虎乃真将，卫青去病诚区区。建功立业当盛日，后世称咏于诗书。平生又欲慕贾谊，长缨直请系单于。当衢理检四面启，有策不献空踟蹰。⑤

功业之梦始终缠绕压抑在士人心头。范仲淹最喜谈兵，诗人梅尧臣还注《孙子兵法》。最典型的是大文豪苏轼，其贬黄州，然怀古词中尚有对三国英雄“羽扇纶巾，谈笑间，樯橹灰飞湮灭”的歆慕。仁宗朝宋夏战事爆发，士大夫都急于为君分忧希图建功。号称当世名臣的韩琦、范仲淹、夏竦、庞籍、文彦博等人都去了西北前线，力图击败元昊的叛乱。

士大夫的“立功”心虽然很强，但文臣们多徒有高论，军事能力都很差，

① 李焘：《续资治通鉴长编》（第三册）卷七四，中华书局，1992，第1699页。

② 《儒林公议》卷下，中华书局，2017，第60页。

③ 余英时：《朱熹的历史世界》，三联书店，2004，第216页。

④ 吴曾：《能改斋漫录》（下册）卷一三，上海古籍出版社，1960，第393页。

⑤ 北京大学古文献研究所：《全宋诗》（第六册）卷二九八，北京大学出版社，1998，第3747页。

如狄青所言的“军旅之责，非所任也”。[①] 因此，失败几乎是注定的，宋人文献就说“庆历初，夏寇方盛，陕西四路并任儒帅，久而未有成功”，[②] 功业梦想被无情粉碎，这不能不使“以天下为己任”的时代骄子们产生严重的心理失落感。于是，便以编造虚假事迹，自我欺骗来作心理补偿。本来元昊“叛扰累年，官军频败”，宋军亦是“一战不及一战”。[③] 范仲淹虽有忧天下之大志，毕竟是文臣，只能死守营垒，但却流传出夏人“无以延州为意，今小范老子腹中有数万甲兵，不比大范老子可欺也”之说，[④] 更有“军中有一韩，西贼闻之心骨寒；军中有一范，西贼闻之惊破胆。元昊大惧，遂称臣。”等奇谈。[⑤] 这种押韵文字颇有游戏式的心态。然而自我麻醉般的鼓吹，虽可暂时陶醉，但却极不可靠。宋朝军队的惨败在当时文人诗词中均有反映，如梅尧臣的《故原战》、苏舜钦的《庆州败》和范雍的《纪西夏事》等。夏人败宋军多次后就嘲笑云：“汉儿方藏头膝间。”[⑥] 亦有作诗讽宋朝云：“夏竦何曾耸，韩琦未足奇。满川龙虎辇，犹自说兵机。”[⑦] 范雍的诗可谓实录。

> 承平废边事，备预久已亡。万卒不知战，两城皆复隍。轻敌谓小丑，视地固大荒。愿因狂狡叛，从此葺边防[⑧]

韩琦领兵，惨败好水川，归途中，“亡卒父兄妻子，号于马首者几千人”。

---

① 司马光：《涑水记闻》卷一三，中华书局，1989，第261页。

② 《儒林公议》卷下，中华书局，2017，第60页。

③ 同上，第89页。

④ 王偁：《东都事略》卷五十九，《二十五别史》（第十四册），齐鲁书社，2000，第467页。

⑤ 孔平仲：《孔氏谈苑》卷四，《丁晋公谈录》（外三种），中华书局，2012，第252页。王偁《东都事略》：仲淹与韩琦俱有威名，军中为之语曰：“军中有一韩，西贼闻之心骨寒；军中有一范，西贼闻之惊破胆。”（《二十五别史》第十四册卷五十九，第469页）

⑥ 李焘：《续资治通鉴长编》（第六册）卷一三三，中华书局，1992，第3172页。

⑦ 刘永祥校注：《清波杂志校注》卷二，中华书局，1994，第71页。

⑧ 《儒林公议》卷下，中华书局，2017，第71页。

只留下“大凡用兵，当先置胜败于度外”的笑话。[①] 这场失败是官军惨败，韩琦降知秦州，范仲淹亦因擅答元昊书而降耀州。可是王尧臣却赞美二人“忠义智勇，名动夷狄”，[②] 可谓文臣之间的相互包庇、相互歌颂。范仲淹镇守西部，也未有胜仗。他固以身许国，但“为将务持重”，一意稳守，少与敌交锋。其边塞词《渔家傲》没有豪迈的战斗情怀，却抒发着“将军白发征夫泪”的哀愁。他在陕西前线，如徐度所言主要是整顿队伍，训成精卒，“约束既定，总领不贰，劳逸又均，人乐为用，边备寖修，寇不敢犯矣”。[③] 南宋叶梦得评价范仲淹在西夏战争的作用亦说得较客观。“范文正欲力持守策，以岁月经营困之，无速成功。率故无大胜，亦无大败”。[④] 但朝臣们却硬吹捧其“威德著闻，夷夏耸服，属户蕃部率称曰龙图老子，至于元昊，亦以是呼之”。[⑤] 对这种自欺欺人的虚骄之气，明人谢肇淛的批评极犀利。

宋人高自夸诩，毁誉失实，如韩、范二公，将略原非所长；元昊、跳梁二公，心力俱惫尚不能支，而乃有西贼破胆之谣。”[⑥]

其实西夏战事，文臣并非不努力，所献破敌策略亦不可谓少，但正如李焘评范雍“好谋而少成”耳。[⑦] 尽管宋代文臣掩耳盗铃地自吹自擂颂扬范仲淹等，但亦有如田况这样的清醒之士，他总结元昊侵宋以来的局面是“夏寇叛扰累年，

① 魏泰：《东轩笔录》卷八，中华书局，1983，第 56 页。

② 《言行拾遗事录》，上海师范大学古籍整理研究所编：《全宋笔记》（第八编第十册）卷二，大象出版社，2017，第 330 页。

③ 徐度：《却扫编》，朱易安等：《全宋笔记》（第三编第 10 册），大象出版社，2008，第 130 页。

④ 叶梦得：《石林燕语》卷九，中华书局，1984。

⑤ 王闢之：《渑水燕谈录·归田录》之《渑水燕谈录》卷二，中华书局，1981，第 14 页。

⑥ 《五杂俎》（下册）卷一四，中华书局，1959，第 391 页。

⑦ 李焘：《续资治通鉴长编》（第八册）卷一八五，中华书局，1992，第 3818 页。

官军频败，关中物价翔踊，天下为之骚动”。[①]后来朝廷让庞籍与元昊求和，终究是“纳贡”送银绢和茶等换得了和平，而宋廷使者至西夏为元昊所轻视。“封册、重币，如委之榛莽”。[②]但宋廷依然是自欺为“岁赐银绢”云云，似乎元昊已然臣服大宋了。文臣领军确如清人王夫之所言之“忧国有情，谋国有志，而韬钤之说未娴，将士之情未浃”。[③]

王氏所谓“韬钤之说未娴，将士之情未浃”，真是看到了文臣带兵的弊端所在，这也是宋朝与西夏作战连连败仗的根源。孙沔同样也没有摆脱这种遗传。其治军无方，纳“险薄无赖”之徒，逗留不敢进就是明证。不过他能“以身下之”辅佐狄青，确超过其他文臣。但滕元发却片面夸大其谋划能力，使《征南录》成为士大夫们心灵上的一贴自慰剂，以此补偿一种长期的失落感。宋之武功本极弱，平定侬智高亦属于少有的胜利，但主帅却是出身卒伍的狄青，这对居政治主角的士大夫来说，是难以接受的。如闻狄青宣抚征南，余靖即迫陈曙抢功，说穿了就是不愿看到武将领军得胜。战后，曾力举狄青的庞籍却反对重赏他，其意固在保全狄青，但也有不愿突出武将战功之意。因当时朝野就有了“文士不足用，宿儒伟贤亦不能自解”的舆论。[④]狄青不重赏，那么功劳还属于文人的指挥，毕竟狄青就是庞氏所力荐的。庞籍所为，最能反映文臣的心理，即武将的胜利终究离不开士大夫的运筹帷幄。《孙威敏征南录》其实亦是此意。

因此，塑造一个能够抵消武将成功的文臣典型，就成为文人们的共同心愿了。故此对《孙威敏征南录》所叙之事，尽管存在夸大不实，但心灵自慰的满足仍超过了面对真实的勇气，毕竟塑造一个“善用兵者”的儒臣总比没有的好。难怪南宋士大夫王十朋捧其“大槩逮我国朝，尤号多士，二百年间不可胜纪。

① 《儒林公议》卷下，中华书局，2017，第 76 页。

② 同上。

③ 王夫之：《宋论》卷四，中华书局，1964，第 93 页。

④ 李焘：《续资治通鉴长编》（第七册）卷一七四，中华书局，1992，第 4197 页。

大则杜正献之勋德，次则孙威敏之功名”。[①] 更有人竟赞其为“人中之龙，谠言将略，声动华戎”。[②] 为贬低武将，不惜无视事实、夸饰弄虚、自我陶醉、自我欣赏。一意拔高文臣功绩成为宋一代文人政治的一种精神痼疾。

① 《梅溪集》后集卷一，文渊阁《四库全书》，台湾商务印书馆，1986。

② 王之望：《汉滨集》卷一四，文渊阁《四库全书》，台湾商务印书馆，1986。

第七章　清代狄青小说之话语特质

狄青作为北宋名将，其故事亦进入后世文艺作品之中，如戏曲和小说，元代陶宗仪的《辍耕录》卷二十五载有杂剧《说狄青》的原本名目。元代还有《狄青复夺衣袄车》和《狄青扑马》等杂剧。后来京剧中最有名的有《雪夜夺昆仑》，将狄青征讨侬智高事移到西夏。清代是狄青小说最盛之时，如所谓的狄青四大小说，即李雨堂的《狄家将》《万花楼》、嘉庆年间文人编辑的《五虎平南》和《五虎平西》。后两者又被合编为《狄青全传》。《狄青全传》讲狄青为帅后的故事，乃清代狄青故事集大成者，《万花楼》则多叙述狄青年轻的故事，故本章以此二书为重点进行探讨。

第一节　狄青之独特形象塑造

《狄青全传》无论是平西还是平南均与历史事实差之千里，唯一的一点点历史影子，那就是狄青戎马生涯的第一站是与西夏作战，最重要的战绩是征讨广源侬智高。除了这一点影子，再加上狄青这一个真实存在的历史人物外，其他故事情节和人物多是虚构。

主要人物狄青的塑造，性格和大将谋略上与宋代史事相近。如说他的性情“平生梗直，铁性无私，智勇双全”。[①] 说他家乡在山西也是对的，《万花楼》说

① 《狄青全传》凤凰出版社，2008，第 7 页。

得较为准确些，说他是“山西太原府西河人”。[1]狄青的相貌描写虽然也是说书式的套路赞叹，但却恰与真实的狄青相仿，如小说第四回叙述狄青下山于逆旅吃饭，店主人发现狄青很“清秀”。书中云：

> 这狄青生来堂堂一表，身躯不长不短，肥瘦合宜。面如傅粉，唇如丹朱，目秀眉清，看来不甚像有勇力有武艺之辈。[2]

宋代文献都说狄青相貌“奇伟”。狄青作战常戴铜面具，也是因为担忧其面目过于秀气，恐敌人没有畏惧。《狄青全传》之前传第十回写双阳公主见狄青“年方弱冠，下无须”，也与历史上狄青相似。[3]据《汾阳县志》有曹梦龄者书《宋狄武襄公墓碑》一文云：“将军起戎行，威名何赫然。间代钟伟人，梁公实后先。远祖绝攀附，黥面无须镌。折节读《春秋》，文武一身全。”流传下来的狄青画像也少须，足见小说描写有一定真实性。

不过，小说极力渲染狄青的传奇色彩，如说他年仅八岁，父亲狄广染病突然去世，他和母亲孟氏又遇到大洪水，幸被峨眉道人王禅老祖所救，并授以武艺和“六套三略奇门”。这个情节非常像《说岳全传》中岳飞出世。岳飞刚出生，黄河即发大水，岳和被淹死，岳母抱着婴儿随水飘荡到汤阴县。这很可能是说书人之间相互抄袭情节。所谓奇人出生必不平凡。王禅老祖相当于岳飞师傅周侗的角色但却有仙术，使得这部小说的描绘过于离奇。譬如洪水是在山西西河，但狄青被老祖的“狂风一卷”就到了峨眉山，狄青下山寻亲，又被老祖风送千里，一下到了河南开封府，这又有点像嫁接了《西游记》孙悟空的十万八千里的筋斗云似的。老祖还送狄青一枚子母金钱，可每日钱生钱。但是很奇怪，狄青打仗披发铜面这样一个英雄符号形象，在《狄青全传》和《万花楼》中却都没有一个字眼提

---

① 《万花楼》第五回，豫章书社，1981，第32页。

② 同上，第27—28页。

③ 《狄青全传》，凤凰出版社，2008，第41页。

到。可见铜面这种“战神”形象并不为清代市井细民所赏。

《万花楼》算是《狄青全传》的前传。小说作者不仅把狄青描写得传奇，而且还将狄青的家世地位大大提高了。如其第一回介绍狄青之父云：

> 此人姓狄名广，现为本省太原府总兵，祖上原居山西，他祖父狄泰，五代时曾为唐明宗翰林院。父亲名狄元，于本朝先帝太宗时，职居两粤总制，威震边夷，名声远播，中年而亡。①

这与历史上狄青的家世完全不同。按宋人文献特别是余靖和王珪墓铭与神道碑铭所载，狄青曾祖父叫狄应之，祖父狄真，父亲狄普。狄青曾祖父到父亲的“太师”“太傅”和“中书令”等官爵皆是狄青显达后所追赠。其实狄青只是一个贫寒的农家子弟，而小说中狄家三代皆为官宦，狄元还“威震边夷，名声远播”不过都是小说家的虚饰。而小说中却说狄青有一个姑姑唤千金者，因选妃入宫，被真宗皇帝赐予八贤王，生下赵璧，后又被仁宗尊为两太后之一的狄太后，如此则让狄青成为皇亲国戚了。小说如此描述，首先这是明清这类演义小说的套路，可以突出狄青的“三代忠良，卫国为民”的地位。故书中说他是“武曲星降世，为大宋撑持社稷之臣”，这是对狄青很高的褒奖。与宋人赞其为“武神”“天使”等相符。其次，狄青成为皇亲，满足了市井细民那种艳羡权贵荣华的心理，如狄青在小说中是平西王，可谓荣耀集一身。不过，真实的狄青位至枢密使，宋人称为外相。而历史上狄青“黥卒”的真实出身自然而然也就被抹去了。狄青出身也就从卑贱的行伍转变为将门世家。

狄青母亲是衮国太夫人侯氏，也非书中所言之孟氏。不过，也许是编写者略知一点宋史，遂又叙述狄广死后，家里“一贫如洗”，狄青“只得倚靠园中蔬菜之类，与母苦度。”② 然后又描写洪水灾害，狄青为王禅老祖所救，因祸得福，

---

① 《万花楼》，豫章书社，1981，第 3 页。

② 同上，第 21 页。

学得一身高强武艺和兵法韬略，奠定一代名将的基础。小说叙述狄青初进汴京，万花楼打死胡少爷，又投入林贵兵营当一个兵卒，其实又还原了真实历史的狄青。此与历史上狄青二十岁逋罪入京师拱圣营相符，只是小说写狄青当兵才十六岁。《狄青全传》说狄青娶了番邦双阳公主，生下双胞胎兄弟，狄龙和狄虎。这些都是虚构。按狄青墓铭所记，狄青正妻是魏氏，封定国夫人，生五男二女，其中狄咏和狄谘较为有名。[①]狄咏颇有父风，智勇善战。狄青兄长狄素亦有五子，也未有叫狄龙和狄虎者，盖龙虎命名，足见一般市井的爱好。历史上的狄青最后遭到文臣陷害，小说中有些话像是为其鸣不平。如《狄青全传》之前传说："单我狄青不靠着什么王亲势力，全靠两条膊子把江山定，丹心报国把社稷安。"[②]

狄青与张忠、李义、刘庆和石玉等号称"五虎将"。然除狄青外，其他四人皆虚构。张忠和李义其实是"忠义"的意思。清代狄青小说模仿杨家将故事，如孟定国和焦廷贵为狄青左右手，与杨延昭身边的焦赞和孟良一般。

无论是《狄青全传》之前后传还是如《万花楼》等小说，都有一个重要文臣——包公。小说中有时又称"包爷"，与"狄爷"相呼应。包公就是包拯，是真实的历史人物，他的符号标记代表文人士大夫的诸多美好品格，如清正廉洁、忧国忧民、敢于直谏等。宋代笔记特别强调他的清廉，其家训至今仍有教育意义。

> 包孝肃公拯字希仁，家训曰："后世子孙仕宦，有犯赃滥者，不得放归本家，亡殁之后，不得葬于大茔之中。不从吾志，非吾子孙！"[③]

---

① 参见余靖《宋故狄令公墓铭》。

② 《狄青全传》，凤凰出版社，2008，第155页。

③ 赵善璙：《自警编》，上海师范大学古籍整理研究所编：《全宋笔记》（第七编第六册），大象出版社，2016，第79页。

包公，字希仁，庐州合肥人。曾任龙图阁直学士和天章阁待制，故世称“包龙图”或“包待制”。包公晚年官至枢密副使。包公至孝，“进士及第，以亲老侍养，不仕宦且十年”，人称其孝。[①]故薨后谥曰孝肃。《宋史》记其任天长县知县时巧断割牛舌案，这是包公善于破案的记录。这大概是后世包公案的源泉，包公从此具有了“吸收传说和故事的能力”。[②]包公进入狄青故事，也是因为这种吸收能力。年龄上包拯比狄青大九岁，他在狄青当兵的那一年，天圣五年及第，这也许是狄青和包拯的特殊缘分。但包公却比狄青晚去世五年左右。他虽与狄青曾同朝，然基本无任何交集。现存宋代文献无论是正史还是野史笔记等均无二人交往的记载。包公所存诗文奏章中也没有任何与狄青相关的文字。仁宗嘉祐元年，当京师大水，天象异常，文臣如欧阳修等连篇累牍上疏皇帝，请求罢免狄青枢密使时，包公并没有加入这个文人官僚疯狂的构陷活动中。这个也许是清人所编撰的狄青的多部小说中把包公和狄青联系在一起的一个内在原因。包公“为人刚毅，不可干以私。京师为之语曰：‘关节不到，有阎罗包老。’”[③]一心为国、从不徇私，这是包公与狄青的相似之处。包公代表宋代文臣的清廉公正形象，狄青则是武将忠勇报国的典范，两者一文一武，成为小说的叙述动力和情节编织的牵引。宋元以后民间说书者将狄青和包公比喻为武曲星和文曲星，这也是清代小说家叙述狄青时将二人联系起来的重要因素。

《万花楼》和《狄青前传》都有一个重要的奸臣，即当朝国丈庞太师——庞洪，他常和其女婿孙秀多次陷害狄青。这个庞太师在现在的宋代影视剧也中经常出现。庞洪是有历史原型的，他就是宋代仁宗朝的名臣庞籍。庞籍和狄青是有重要交往的，在西夏战争中，他是狄青的上司。按《宋史》本传记载：

---

① 司马光：《涑水记闻》卷一〇，中华书局，1989，第190页。

② 赵景深：《中国小说丛考》，齐鲁书社，1980，第481页。

③ 同①。

> 庞籍，字醇之，单州成武人。及进士第，为黄州司理参军，知州夏竦以为有宰相器。调开封府兵曹参军，知府薛奎荐为法曹。迁大理寺丞、知襄邑县。①

庞籍中进士是在真宗大中祥符八年（1015年）。专政十多年的章献刘太后死后，又有所谓“遗诰”要章惠太后听政。庞籍坚决反对，并“请下阁门，取垂帘仪制尽焚之。”被孔道辅赞为“天子御史”。元昊反，蚕食宋土，西部兵祸连连，庞籍先后任陕西体量安抚使，都转运使、知延州兼鄜延总管、经略安抚缘边招讨使、延州观察使等职。尝使部将狄青筑招安寨等，多有功绩。元昊称臣后，庞籍升枢密副使，主张“近塞之兵就食内地”，颇省兵费。这之后，他一路平步青云，从参知政事、枢密使到拜同中书门下平章政事，且独相。皇祐间，广西侬智高反，宋廷兵败不断。狄青请战，谏官反对，独庞籍力挺狄青出战，这是有不少史料佐证的，特别是司马光的《涑水记闻》。后来狄青凯旋回朝，庞籍却不赞成封狄青为枢密使，但他主要是出于保护狄青周全的目的。庞籍的眼光和对狄青的支持功不可没，其治民亦“颇有惠爱”。

然而狄青身前身后都是名将忠臣之誉，而庞籍却被后世戏曲小说作为奸臣“庞太师”，此不知何故。他以太子太保致仕，封颍国公，以七十六岁高寿薨，谥号“庄敏”。“庄”可见朝廷对其人品道德的肯定。但他从未封赐什么“太师”，女儿也非仁宗的妃子。不过，他的“庞太师”的奸臣符号也许和他所干的一些阴事相关。《宋史》记录其尝令开封府吏冯士元市女口，当宰相后又有与堂吏共受亲戚之贿纳官，后又暗杀行贿者。且庞籍治军过酷，“持法深峭，军中有犯，或断斩刳磔，或累笞至死，以故士卒畏服”。② 也许这些给庞籍身后名声带来了麻烦。《宋史》说他为宰相后声望不如当地方官时，大概也是真实的。人都是这样，权力膨胀，欲望加深。宋代有个专挑士大夫刺的笔记《碧云騢》

---

① 脱脱等：《宋史·庞籍传》（第二十九册）卷三一一，中华书局，1985，第10198页。

② 脱脱等：《宋史·庞籍传》（第二十九册）卷三一一，中华书局，1985，第10201页。

也记载了他一些不好的事。

庞籍与文彦博为婚姻，遂得誉。……孙沔缘籍亲，又因中官石全彬而进，至枢密副使。沔与妻边氏俱淫滥，世人言沔已为秽矣。籍欲与之地，令取南蛮。沔至岭下，称疾不敢进，后因狄青破贼有功。初，沔受秦州，而怨谏官弹其秽迹，称疾，泊舟南京，上章求徐州。实以观朝廷意，阴结中官与庞籍相助。于是上遣尚医视疾，令中使押往。沔厚赂中时及医官，曰实病。既闻侬贼扰南方，乃入京。去赴秦州。庞籍上言，南方非沔不能城功。乃南征。未行，沔在大佛寺安下，其妻晓夕在籍家，沔晓夕在南省前陈家，通陈之妻。陈氏，沔之外生，既受沔奏为斋郎，沔又奏陈子掌南行机宜，归又奏为职官。南方效力有考第者，不过得县令，人甚嗟恨之。①

庞籍与孙沔因姻亲之宜而勾勾搭搭的事，在宋代士大夫官僚体系中是难免的。但这也许是导致庞籍成为“庞太师”奸臣形象的一点历史因缘吧。不过，总的来看庞籍也许做了一些不太厚道之事，但在仁宗一朝应该还是一个能吏贤相，绝非奸臣，更非大奸大恶之人。庞籍重守规矩，尝言“大臣尤当只畏绳墨，岂可自恃贵重乱天子法”。②宋人笔记野史中载庞籍的逸事也多是善举。中国的小说戏曲自古就是好人坏人之二元思维。民间对某人不满，就逐渐添枝加叶，况庞籍确有一些奸事，故众恶归之，于是名臣庞籍就成了“庞太师”这个冤大头。宋朝像这样的例子还有，如北宋初的潘美功勋卓著，但因为他没有接应杨业而导致杨业在陈家谷被俘而死，遂被后世塑造为“潘仁美”这样一个大奸臣。

---

① 梅尧臣：《碧云騢》，朱易安，等编，《全宋笔记》（第一编第五册），大象出版社，2003，第81页。

② 高晦叟：《珍席放谈》，朱易安，等编：《全宋笔记》（第三编第一册）卷下，大象出版社，2008，第182页。

第二节　历史细节的文学演化

相较《狄青全传》之前传《五虎平西》，《万花楼》历史情节要比《狄青全传》更接近真实历史一些。譬如写“元昊作叛，寇陷陕西”，就基本与史相合。结尾元昊兵败求和，基本上符合史实，只不过，元昊求和非因败，而是国力上无法长期与宋为敌，而宋廷又再次以金钱买到了屈辱的和平。而《狄青全传》却虚构了一个与大宋朝从未有过关系的所谓“西辽”。按历史上辽国被金灭后，辽国皇族的耶律大石确实率领一部分契丹人在阿尔泰山一带建国，史称西辽。然那时北宋王朝已经南渡了，与西辽国丝毫不接壤，可谓风马牛不相及。当然这就是小说虚构的魅力。北宋从未征服过辽或西夏，一直都是屈辱地纳贡换和平。故以狄青平“西辽”来为读者解闷。《万花楼》叙述“狄青押征衣”的故事完全是子虚乌有。

《狄青全传》之后传《五虎平南》写狄青征侬智高，不少大的地方比较接近历史。如说广西侬智高反，攻打邕州，正总兵是孙沔、副总兵余靖。狄青挂帅后，仁宗闻言大悦，“传旨就于偏殿排宴款待狄爷，又赐统领帅印”。历史上狄青宣徽广南，皇帝确赐宴垂拱殿。不过《五虎平南》一书对侬智高几乎没有什么描写，却主要写了段红玉、王兰英、王怀女等和狄龙兄弟及杨文广的一些爱情纠葛。历史上狄青平南，仅几个月即在归仁铺击败侬智高，获得胜利，而是书却说南征超过三年。书中将侬智高老巢放在昆仑关，杨金花先胜利后，狄青假意“班师回朝”，却“疾速催兵，发兵大进。……一连走了一月，进了西粤邕地，离昆仑关五十里安下大营”。[①] 史载狄青在皇祐四年十月挂帅出征，至明年正月到宾州。大概三个月，正月十五元夜，一昼夜奇袭昆仑关。书中写狄青五十万围困昆仑关，侬智高不敌而焚火逃跑，军士发现“后堂有尸，身覆龙衣”

① 《狄青全传》，凤凰出版社，2008，第 622 页。

等情节除了军队人数夸大外，其他皆与真实历史相符。而狄青对侬智高尸体的判断亦是据史。

当下，狄元帅一闻众人之言，谓这覆衣之尸骸乃侬智高尸首，说他自尽了。狄爷说："不然，岂非他之奸计欺诈也？今若草草不实察，不特有诬朝廷，且招了后日之患矣。"①

按王珪所作狄青神道碑云："又殓群尸，筑京观于城之北隅。初，有衣金龙之衣，又金饰神龙干楯仆其傍，或言智高已死乱兵中，有欲为公亟作奏者。公曰：'安知其非诈也，宁失智高，敢诬朝廷以贪功邪？'"② 小说的文字叙述几乎是从宋人史料而来，看来编书者有些地方还是很认真地参酌了相关文献的。《万花楼》受到岳飞故事的影响，如第三回写狄青九岁时，家乡遭洪水大难，"竟将西河一县变成海洋，不分大小屋宇，登时冲成白地，数十万生灵，俱葬鱼腹"。③ 而狄青与母亲被洪水冲开，狂风一卷，为老道人王禅仙师所救，救上峨眉山，收纳为徒，传授诸般武艺。这段描述与《说岳全传》岳飞出世遭洪水，后被周侗收为徒，教授武艺几乎是一模一样，只是狄青被救的神话性描述更多。

除了这些，《狄青全传》之后传中的故事尚有些细节有历史的影子，如侬智高的达摩妖道，法力高强，成为狄青的劲敌。虽然明清小说中多有此类道人摆阵弄法之事，如《杨家府演义》和《说岳全传》也有，均有北国老道摆阵的情节。不过，宋代文人孙升的笔记却有一条关于侬智高的道人的记载。

侬智高陷邕州，狄青讨之。列阵城下，智高大宴城头，鼓吹振作。一

① 《狄青全传》，凤凰出版社，2008，第624页。

② 王珪：《狄武襄公神道碑铭》，曾枣庄、刘琳主编：《全宋文》（第五十三册）卷一一五四，安徽教育出版社、上海辞书出版社，2006，第202页。

③ 《万花楼》，豫章书社，1981，第21—22页。

人衣道服，骂官军，有善射者，一矢毙之。[①]

“一人衣道服”指道士，或许编书者由此得到启发，遂编出一个大蟒蛇所化，能够上天遁地的达摩道人的描写。《狄青全传》和《万花楼》等书皆扯上杨家将，但其实狄青的时代，镇守边关的杨六郎延昭早已去世。杨家将也已衰微，或已向文官转化，如杨六郎后人杨畋，乃一儒者，侬智高叛乱时，朝廷派他去征战，落败而回。[②]《万花楼》中的宋朝边关元帅是杨宗保，宗宝历来是杨家将小说中的虚构人物。《狄青全传》之前传中的杨文广倒是真实历史人物，文广字仲容，杨六郎第三子。[③]征讨侬智高，他曾随狄青南下远征。[④]

《狄青全传》之前传中第二回提到御史范仲淹与狄青同守三关。历史上范仲淹确实是狄青的恩师。抗击西夏入侵时，范仲淹是镇守陕西的大帅，狄青当时乃是崭露头角的裨将。尹洙将他推荐给范公，范公与之一见倾心，很赏识这位年轻的武将，勉励狄青读《春秋左传》等书，后来狄青果然没有辜负范仲淹的期望，学得文武双全，成为一时名将。《狄青全传》之前传有些情节有历史的根据，如第一百十一回写狄青作为平西王还乡一节，就与真实历史相合。

再说平西王幼年撇却家乡，今日荣归故里，虽一人也相识不得。当时与四位兄弟乘了马，备了名帖，一干家将跟随，一路往拜探地方官与乡绅耆老。这是登门答稗，留飧款酒，又劳忙了几天。[⑤]

---

① 孙升：《孙公谈圃》，《丁晋公谈录》（外三种），中华书局，2012，第111页。

② 司马光《涑水记闻》：“初，直史杨畋，继业之族人也。畋儒者，迂阔无威，诸将不服，寻罢免之。”（卷一三，第206页。）

③ 曾巩：《隆平集》：诏录其子传永、德征、文广有差。

④ 脱脱等：《宋史·杨文广传》（第二十七册）：从狄青南征，知德顺军，为广西钤辖，知宜、邕二州。中华书局，1985。

⑤ 《狄青全传》，凤凰出版社，2008，第444—445页。

这段叙述与狄青墓铭所言之“过冢上冢，还谒县长，步趋令庭，以修桑梓之恭，遂留里中……与故老醧酒相欢，挥金而去”相符。[①]也许编书者曾看过这方面的材料，或者狄青这个还乡逸事流传颇广，故小说家者才有如此神似的再现和描绘。不过，这段文字艺术上反不如墓铭的文字生动流畅，可见狄青的小说确实缺乏魅力，叙述较为粗糙，缺乏文字的雕琢。所谓“平西王”这个爵位，虽是小说虚构，但代表了老百姓的一种美好愿望，希望狄青真的平定了西夏的割据叛乱。《狄青全传》之后传又把杨家将中不少人物引入书中，如著名的佘太君、穆桂英等，其实二人皆是虚构人物。佘太君是民间传说最多的人物，然其事迹不见宋代现存任何正史或野史笔记的记录。清代少数地方志附会其为所谓折德扆之女，都是后人虚妄所想，且是孤证。

《五虎平西》《五虎平南》及《万花楼》都掺杂了不少仙法魔法相斗的情节，此皆为了让市井听书者好奇而添加。此外，《狄青全传》和《万花楼》把仁宗皇帝又称为“嘉祐王”，亦显编书人的无知。盖仁宗既是皇帝，何乃称王。“王”在秦以后均是皇亲或勋臣的最高爵位，如刘邦封异性王和同姓王。“嘉祐”只是仁宗十二个年号中的最后一个。中国以年号代指皇帝是从明朝开始的，因为从太祖朱元璋开始形成一个惯例，即一个皇帝在位只用一个年号。如成祖年号永乐、宣宗年号宣德、宪宗年号成化、世宗年号嘉靖。清朝皇帝沿袭了这种方式，如清圣祖年号康熙。朝野坊间也就习惯以年号代称皇帝了，而在唐宋两代的帝王均是以庙号称呼。

总的看来，《狄青全传》和《万花楼》对于狄青的小说叙述，有一些共同的特点。第一，狄青小说中的大框架来自真实历史。如基本是反映的仁宗朝狄青的故事。《五虎平南》用小说的艺术形式反映皇祐五年狄青征南的过程。《万花楼》基本上还原了狄青从一个军卒到将军的过程。第二，小说对狄青有诸多虚

---

① 余靖：《宋故狄令公墓铭》，曾枣庄、刘琳主编：《全宋文》（第二十七册）卷五七三，安徽教育出版社、上海辞书出版社，2006，第119页。后来南宋李焘的《续资治通鉴长编》和元修的《宋史》都采纳了墓铭所记。

构和传奇色彩的东西。但历史上有关狄青最传奇的故事，小说中反而没有吸取。如狄青少年救溺水的铁罗汉复活一事，几部狄青小说都没有任何叙述。再有狄青初入京师拱圣营当兵与状元王尧臣同时，营卒们都感叹差别巨大，狄青却说将来的发展还要靠个人的能力，这是很有叙述延伸和想象的地方，小说亦未采纳。狄青作战时“披发铜面”最具有战神的形象，这些本来就是富有传奇的话语，但都没有在小说中见到。又狄青作为名将，一生最大的丰碑就是平定侬智高的战争，而小说却把狄青封为平西王，其实恰好相反，狄青应该是“平南王”才对。狄青最高官职是枢密使，从未封王爵。

编书者大概对杨家将故事颇熟悉，于是将狄青故事杂糅入杨家将中，于是有穆桂英和狄青共同征讨侬智高的情节。《狄青全传》之前传中狄青诈死埋名的情节与杨家将故事杨六郎诈死也很相仿。这里稍微提一下明清杨家将的小说中的狄青形象。《杨军府演义》是紧接元明杂剧之后产生的，文学成就较高。[①]狄青在书中却是一个反面形象，有意衬托杨家之忠勇报国，狄青很像《说岳全传》中的反面武将张俊。然而历史上的狄青是很正直忠心的，为大宋王朝立下莫大功勋。“此书把狄青当作反面人物，甚为荒唐。”[②]另一部《杨家将》(《北宋志传》)同样也将狄青当作奸佞来描写。平定侬智高本是狄青之功，这部小说却将功劳归于杨宗保和文广父子身上。历史上杨文广虽曾从狄青南征，但只是麾下将领，非主帅。载杨家将故事中狄青当然是次要人物，但反面人物的塑造与真实的历史差距太大，其造成的负面影响还是有的。加之以狄青为主角的清代小说，艺术成就亦不算太高，民间的影响均不及杨家将和岳飞的故事那样深入人心，故近代以来狄青的研究相对受到冷落。

就虚实的程度而言，全部狄青小说应该是三分真实七分虚构，虚远多于实。这大概比《说岳全传》有更多虚处。盖岳飞故事符合历史的较多，如岳飞的家

---

① 赵景深赞此书“文字质朴，古意盎然，又幼稚，又浑厚，颇为可爱”。《中国小说从丛考》，齐鲁书社，1980，第214页。

② 赵景深：《杨家将故事演变》，《中国小说从丛考》，齐鲁书社，1980，第215页。

世，他的儿子岳云、岳雷、部将牛皋等，都是历史上真实人物，而狄青的小说，其家世、后人、部将等，皆无一不虚。这也反映出狄青从宋代到明清，其真实故事少为人知。这里有个重要原因，就是狄青虽是名将，然毕竟生活在主要是承平时代的仁宗朝。而岳飞是靖康国难之后中兴宋室的英雄，其故事更为流传，也更具真实性。宋朝是重文轻武的时代，小说中对狄青真实性的反映也就较少。

最后兹以灵溪翁一首《咏狄青》为全书做结。

汾州自古将星传，祥符天书诞武贤。
十六复生罗汉后，二十肩比状元前。
发披铜面西贼惧，麾指白旗南乱平。
赤老遭轻文吏谤，陈州含愤陨身怜。

附录一

狄青事迹编年

大宋武襄公狄青为北宋盛世仁宗朝的“太平名将”。狄青初为延州指挥使，便在西夏战争中初露锋芒，为范仲淹、韩琦等所赏识。其作战时，披发戴铜面具，出入阵中。天下遂称其为“狄天使”“敌万”。谓可比“关、张”。[①] 以功累迁西上合门副使，擢秦州刺史、泾原路副都总管、经略招讨使，又加捧日天武四厢都指挥使、惠州团练使。宋夏战争结束后，徙真定路副都总管，历侍卫步军殿前都虞候、眉州防御使，迁步军副都指挥使、保大、安远二军节度观察留后，又迁马军副都指挥使。仁宗欲见，会战事方紧，以图画进之。以彰化军节度使知延州，皇佑四年六月狄青进位枢密副使。四年九月，狄青以宣徽南院使、宣抚荆湖南北路、经制广南盗贼事，次年率军平定广南蛮侬智高之乱。皇佑五年复为枢密副使，迁护国军节度使、河中尹。不久旋拜枢密使。嘉佑元年罢枢密使。翌年二月狄青卒于陈州。《宋史》本传赞其“起行伍而名动夷夏，深沉有智略”。[②] 乃有宋一代之良将，惜无人为其详作年谱。宋人年谱自来亦以文臣居多，北宋武将有年谱者仅杨业一门，南宋亦只岳飞、韩世忠及刘锜等有年谱。惟狄青一直没有人为其编定行实记年。虽然二十世纪三十年代中，白志谦曾为狄青

---

① 孔平仲：《孔氏谈苑》卷四，《丁晋公谈录》（外三种），中华书局，2012，第253页。

② 脱脱等：《宋史》（第二十八册）卷二九〇，中华书局，1985，第9721页。

写了一部比较简略的传记《狄青》，末附《狄青大事年表》一章，但惜其文献单薄，史料尚多有待丰富之处。近年出版的张立新和贾平《狄青传》后亦有年表，然多重视山西文化史料。本编年更重视狄青事迹的原始文献出处。遂兹以《续资治通鉴长编》《宋会要辑稿》《宋史》，宋人所撰之碑铭墓志，诸家笔记及地方志等为主要文献资料，勾沉辑录狄青一生行迹事略，并在相应年代后附原始史料，梳理并考证狄青相关史实。

本事迹编年按年月著录狄青的行迹并朝廷相关大事。每条下均援引相关原始文献佐证。

宋真宗大中祥符元年戊申（1008年），一岁。

本年七月，狄武襄公青生于宋河东路汾州西河县狄家社一狄姓农家。

按现存宋代文献均无狄青生年的记载。唯余靖《宋故狄令公墓铭》和王珪《狄武襄公神道碑铭》言公“享年五十”。狄青任枢密使四年，遭罢在嘉佑元年八月，次年二月卒于陈州。故以此往上推算公之生年。关于狄青的家世情况，尝与其共事的余靖墓铭云：

> 公讳青，字汉臣，赠太傅讳应之曾孙，赠太师讳真之孙，赠中书令讳普之少子。汾州西河人，远祖唐纳言梁文惠公仁杰，本家太原，危言直节，再复唐嗣。子孙或徙汾晋，世为著姓。[①]

---

① 余靖：《宋故狄令公墓铭》，曾枣庄、刘琳主编：《全宋文》（第二十七册）卷五七三，安徽教育出版社、上海辞书出版社，2006，第116页。

王珪《狄武襄公神道碑铭》云：

> 狄始周成王封少子于狄城，因以为氏。其后代居天水，至梁文惠公，乃大显于有唐，其子孙或徙汾晋间。公实西河人。赠太傅曰应之，于公为曾王父。是生真，赠太师。太师生普，赠中书令。其配曰兖国太夫人侯氏。公其次子也。[①]

综合二家之言，均谓狄青乃唐狄仁杰后裔。曾祖应之，祖真，父普，母侯氏。狄青在乃家中次子。然按此即谓狄青为唐狄仁杰之后，难以确证。宋代公认的狄仁杰之后乃狄棐，字辅之，阳曲人。唐相仁杰十四代孙。[②]狄青自己亦否认此说。沈括《梦溪笔谈》云：

> 狄青为枢密使，有狄梁公之后，持梁公画像及告身十余通，诣青献之，以谓青之远祖。青谢之曰："一时遭际，安敢自比梁公？"厚有所赠而还之。比之郭崇韬哭子仪之墓，青所得多矣。[③]

不过，狄青作为一代名将，后世文人多愿意其为狄仁杰之后。如清代文人钱泳就坚定地认为狄青实为唐代狄仁杰后裔。

> 宋狄青不认梁公为同族，世争重其言，吴毅父驳之，谓其武臣少读书，昧于谱牒，而疏于原本。若梁公之在唐，望云思亲，何其孝也；反周为唐，何其忠也。既忠且孝，青恐不能克肖前人耳，何云一时遭际，安敢自附前人邪！况狄之先，由周成王封少子于狄，因以为氏。青与梁公实系一派，

---

① 曾枣庄、刘琳主编：《全宋文》卷一一五四（第五十三册），安徽教育出版社、上海辞书出版社，2006，第200页。

② 《山西通志》卷一六〇，文渊阁《四库全书》本，台湾商务印书馆，1986。

③ 沈括撰、胡道静校注：《新校正梦溪笔谈》卷九，中华书局，1957，第109页。

惟世远人亡，徙迁靡定，谱牒莫稽，举原一本者而途人视之，又何怪焉。至今人家无谱牒可考者，辄以狄青之言为证，亦不足以为典据也。[①]

另据《山西通志》云：“狄武襄或云陕西清涧人或云汾州西河人。彼此抵牾互异。”[②] 不过，就现存宋代大多数文献来看，狄青属汾州西河人似应无疑。

春正月，真宗迎天书，改元“大中祥符”。

春正月，天书降，真宗帅百官迎天书。戊辰，大赦，改元，文武官并加恩。改左承天门为左承天祥符门，擢护门亲从官徐荣为十将，赐衣服银带、缗钱，荣先睹天书故也。[③]

夏四月，天书又降于大内之功德阁，作玉清昭应宫。

六月，真宗迎天书降。

冬十月，真宗率臣僚封禅泰山。[④]

十一月，真宗至曲阜。戊午朔，诣文宣王庙酌献，幸孔林，至文宣王墓奠拜，诏加谥曰：“玄圣文宣王。”诏修葺祠宇。封孔子四十六世孙、同学究出身圣佑为奉礼郎。追封孔子父亲叔梁纥为鲁国公、孔母颜氏为鲁国太夫人、伯鱼母并官氏为郓国太夫人。

① 钱泳：《履园丛话》，中华书局，1979，第 81 页。

② 《山西通志》卷一七九，文渊阁《四库全书》本，台湾商务印书馆，1986。

③ 李焘：《续资治通鉴长编》（第三册）卷六八，中华书局，1992，第 1521 页。

④ 同上，第 1518 页。

大中祥符二年己酉（1009年），二岁。

春正月，丁巳朔，真宗召辅臣至内殿朝拜天书。自是，岁以为常。

夏四月丙戌朔，选昇、洪、桂等州军监杂犯，少壮者部送赴阙，隶上军。

八月，发陕西兵，以孙正辞、张继勋、侍其旭等讨泸州蛮。

十二月癸卯，契丹国母萧太后卒，谥宣献。

大中祥符三年庚戌（1010年），三岁。

春正月丁巳，契丹国相韩德让死。

闰二月，泸州蛮平，以孙正辞为西染院使，侍其旭为内殿承制，赏平夷之功也。张继勋先卒，诏录其嗣。

三月，镇安节度使、同平章事、驸马都尉石保吉卒于京师。赠中书令，谥庄武。宝吉颇有武干，累世将相。

癸亥，后宫李氏生子，是为后来继位的仁宗皇帝。

冬十月，契丹东侵高丽。

大中祥符四年辛亥（1011年），四岁。

春三月，真宗巡幸四方。

十一月，工部侍郎种放屡至阙下，俄复还山。种放子世衡，后为宋名将。

大中祥符五年壬子（1012 年），五岁。

二月庚子，故灵州蕃部指挥使令狐谦男自灵州来归。

冬十月，诏以天尊降临分命辅臣告天地、宗庙、社稷。

十二月，丰州防御使王承美卒。立德妃刘氏为皇后。

大中祥符六年癸丑（1013 年），六岁。

十二月，王怀信、寇瑊平定泸州蛮乱，蛮酋斗望降服。

大中祥符七年甲寅（1014 年），七岁。

春正月甲午，高阳关副都部署、英州防御使杨延昭卒。延昭即延朗也，智勇善战。“遇敌必身先行阵，克捷推功于下，人乐为用。在北边二十余年，敌惮之，目曰杨六郎。讣闻，上嗟悼，遣中使护丧而归，河朔之人多望柩而泣。”①

九月，虢州防御使、邠宁环庆路副都部署荆嗣卒。嗣起行间，积劳居方面，凡百五十战，有功未尝自伐。

① 李焘：《续资治通鉴长编》（第四册）卷八一，中华书局，1992，第 1862 页。

大中祥符八年乙卯（1015年），八岁。

闰六月己卯，大赦天下，非已杀人及枉法赃致杀人、十恶至死者，悉原之。
戊戌，昭宣使、平州团练使、入内都知名将秦翰卒。
庞籍及第，释褐黄州司理参军。范仲淹亦在此年及第，为广德军司理参军。
十一月，隐士种放卒，赠工部尚书。

大中祥符九年丙辰（1016年），九岁。

此年，曹玮击败西羌蕃落。

天禧元年丁巳（1017年），十岁。

马玉领兵威震溪峒蛮。蛮人畏之，至号“马大王”。
九月，良相王旦卒。

天禧二年戊午（1018年），十一岁。

五月、六月西京现“帽妖”，民恐慌。

天禧三年己未（1019年），十二岁。

秋七月，曹璨卒。赠中枢令，谥武懿。

马知节卒。赠侍中，谥正惠。知节习悉兵事，以方略自任。性刚直，未尝少自卑屈，武将中少有。

天禧四年庚辛（1020年），十三岁。

秋七月，周怀政伏诛，寇准罢相。

天禧五年辛酉（1021年），十四岁。

乾兴元年壬戌（1022年），十五岁。

二月戊午，真宗崩于延庆殿。仁宗即皇帝位，刘太后垂帘听政。

三月，雷允恭伏诛，丁谓贬。

仁宗天圣元年癸亥（1023 年），十六岁。

春正月丙寅朔，皇太后诏改元，是为天圣元年。

闰九月戊戌，名相寇准卒于雷州。

是年，狄青尝救乡人号“铁罗汉”者。

按王偁《东都事略》载：

青年十六时，其兄素，与里人号铁罗汉者斗于水滨。至溺杀之。保伍方缚素，青适饷田见之，曰：“杀罗汉者，我也。”人皆释素而缚青。青曰：“我不逃死，然待我救罗汉，庶几复活。若决死者，缚我未晚也。”众从之。青默祝曰：“我若贵，罗汉当苏。”乃举其尸，出水数斗而活。人咸异之。①

苏轼《书狄武襄事》所记基本相同，唯载此事来源。

武襄公者，本农家子。年十六时，其兄素，与里人失其姓名号铁罗汉者，斗于水滨，至溺杀之。保伍方缚素，公适饷田，见之，曰：“杀罗汉者，也。”人皆释素而缚公。公曰：“我不逃死。然待我救罗汉，庶几复活。若决死者，缚我未晚也。”众从之。公默祝曰：“我若贵，罗汉当苏。”乃举其尸，出水数斗而活。其后人无知者。公薨，其子谘、咏护丧归葬西河，父老为言此。元佑元年十二月五日，与咏同馆北客，夜话及之。眉山苏轼记。②

---

① 王偁：《东都事略》卷六二，《二十五别史》（第十四册），齐鲁书社，2000，第 506 页。

② 《苏轼文集》卷六六（第五册），中华书局，2008，第 2050—2051 页。

可见，狄青自少年行事就不凡，但此事他却终身未尝提起。关于狄青少年时代的情况，现存文献记载极少，唯王珪《狄武襄公神道碑铭》云："生而风骨奇伟，善骑射，少好将帅之节，里闾侠少多从之。"① 余靖亦言公"谨重信厚，风骨异常，少以骑射为乐，期于功名自立"，② 透露出一点情况，然都是概括性话语，绝少有细节的故事。狄青救铁罗汉事大概是其少年时代唯一流传下的重要逸事了。

按一般墓志铭和神道碑对墓主多有美词，狄青实乃一般农家子，景况可能非有如此之潇洒。但自古山西民风强悍尚武，宋代笔记有载：

> 汾晋之俗悍而悖，当五代、国初时，号难攻取。昔太祖皇帝亲征，道过紫严寺，乃焚香自誓，不杀一人。晋人闻之，故是坚拒不降。太祖亦不敢戮一人。久之，以盛夏诸军多泄疾，遂班师。③

正史亦云"晋人土性悍勇，俗尚武事。"④ 盖晋俗尚武，狄青自小习艺并有任侠之风确是很有可能的事。况北宋前期文人亦任侠尚浓，如张咏、石曼卿等。

---

① 曾枣庄、刘琳主编：《全宋文》卷一一五四（第五十三册），安徽教育出版社、上海辞书出版社，2006，第 201 页。

② 余靖：《宋故狄令公墓铭》，曾枣庄、刘琳主编：《全宋文》（第二十七册）卷五七三，安徽教育出版社、上海辞书出版社，2006，第 116 页。

③ 蔡絛：《铁围山丛谈》卷二，中华书局，1983，第 30 页。

④ 李焘：《续资治通鉴长编》（第十四册）卷三四一，中华书局，1992，第 8210 页。

天圣二年甲子（1024年），十七岁。

三月戊子朔，诏礼部，诸科举人不能对策者，未得退落。

天圣三年乙丑（1025年），十八岁。

秋九月，马军都虞候、端州防御使康继英为泾原路副都部署，兼知渭州。继英以戎人虽内附，而终蓄奸谋，乃大索其尝反复者，悉荡除之，由是名振西边。[①]

天圣四年丙寅（1026年），十九岁。

天圣五年丁卯（1027年），二十岁。

是年春三月，狄青始投京师拱圣营为卒。

李焘《续资治通鉴长编》云："乙丑，赐进士王尧臣等一百九十七人及第，八十三人同出身，七十一人同学究出身，二十八人试衔。丙寅，赐诸及第并出

① 李焘：《续资治通鉴长编》（第四册）卷一〇三，中华书局，1992，第2388页。

身者又六百九十八人。尧臣，虞城人也。”[①] 欧阳修《尚书户部侍郎参知政事赠右仆射文文安王公墓志铭》亦言：“公讳尧臣，字伯庸。天圣五年，举进士第一，为将作监丞、通判湖州。”[②] 狄青入军籍之时，适逢王尧臣状元登第唱名，徐度记云：

> 王文公尧臣登第之日，狄武襄始隶军籍。王公唱名自内出，传乎甚宠，观者如堵。狄青与济类数人立于道旁，或叹曰：“彼为状元，而吾登始为卒，穷达文不同如此。”狄曰：“不然，顾才能如何耳。”闻者笑之。后狄公为枢密使，王公为副，适同时焉。[③]

魏泰《东轩笔录》亦曰：“天圣五年，王文公尧臣状元及第，释谒将作监丞、通判湖州。是年狄武襄公青始投拱圣营为卒，晚年同入枢密院，武襄为使，文安副焉。”[④] 此数种文献皆可证狄青入京师军籍恰与王尧臣同时，是年狄青二十岁。

《却扫编》记载狄青年轻时远大的志向，其抱负很早就与人不同。然狄青投军的原因，宋人所记皆不甚详。张舜民云：“狄武襄，西河书佐也。逋罪入京，窜名赤籍，以三班差使殿侍”。[⑤]《陕西通志》言：“狄武襄，西河书佐也。逋罪入京，窜名赤籍，以三班差使，殿侍，出为清涧城指挥使。”[⑥] 而王珪的《狄武襄公神道碑铭》却云狄青“初游京师，遂补拱圣籍中”，[⑦] 并没有提到狄青入京的原因，可能是为尊者讳之意。不过，狄青投军前曾为“书佐”应无疑，书佐是宋代乡

---

① 李焘：《续资治通鉴长编》（第四册）卷一〇五，中华书局，1992，第2439页。

② 欧阳修：《欧阳修全集·居士集》（第二册）卷三三，中华书局，2001，第482页。

③ 徐度：《却扫编》，朱易安，等编：《全宋笔记》（第三编第10册），大象出版社，2008，第159页。

④ 魏泰：《东轩笔录》卷一〇，中华书局，1983，第111页。

⑤ 上海师范大学古籍整理研究所编：《全宋笔记·画漫录》（第二编第一册），大象出版社，2006，第206页。

⑥ 《陕西通志》卷九九，文渊阁《四库全书》本，台湾商务印书馆，1986。

⑦ 《全宋文》（第五十三册）卷一一五四，安徽教育出版社、上海辞书出版社，2006，第201页。

村低级的文书小吏。但其“逋罪”究竟因所犯何事，现存宋代文献均言之不详。

据《宋史》本传，狄青在军“初隶骑御马直，选为散直”。[①]《山西通志》（卷一一四）与《汾阳县志》（卷六）所载亦同。

名臣韩琦亦在此年以廷试第二及第。

天圣六年戊辰（1028 年），二十一岁。

六月，宁州防御使李允则卒。允则乃当世名将，“自雄徙镇，又自镇徙潞，在河北前后踰二十余年，事功最多”。[②]

天圣七年己巳（1029 年），二十二岁。

春正月癸卯，枢密使曹利用罢，以保平节度使、守司空、检校太师兼侍中判邓州。闰二月辛卯，曹利用襄阳驿自经死。

十一月，范仲淹上疏请太后还政仁宗皇帝。

天圣八年庚午（1030 年），二十三岁。

春正月甲戌，真定府定州路都部署，彰武节度使、名将曹玮卒。赠侍中、

① 脱脱等：《宋史》卷二九〇，中华书局，1985，第 9718 页。

② 李焘：《续资治通鉴长编》（第五册）卷一〇六，中华书局，1992，第 2474 页。

谥武穆。玮“多奇计，出入神速。……将兵几四十年，未尝少失利，自三都之捷，威震西域”。①

此年，文坛领袖欧阳修及第。

天圣九年辛未（1031年），二十四岁。

六月，辽圣宗耶律隆绪卒。

明道元年壬申（1032年），二十五岁。

二月丁卯，仁宗生母李宸妃薨。

冬十一月癸巳，制授元昊特进、检校太师、兼侍中、定难军节度、夏银绥宥静等州观察处置押蕃落使、西平王。元昊袭封后，阴为反宋之谋。

简州团练使折惟忠卒。惟忠世将家，知兵事，领府州事凡二十年。

明道二年癸酉（1033年），二十六岁。

三月甲午，皇太后刘氏崩。刘太后垂帘听政十二年，至此，仁宗始亲政。

---

① 李焘：《续资治通鉴长编》（第五册）卷一〇九，中华书局，1992，第2534页。

景祐元年甲戌（1034年），二十七岁。

春正月，元昊始寇府州。

冬十月，元昊自号嵬名吾祖，建年号开运，旋改广运。

此年狄青仍在京师御林军服役。

景祐二年乙亥（1035年），二十八岁。

冬十月，左武卫大将军、分司西京石普卒于蔡州。普倜傥有胆略，凡预讨伐，闻敌所在，即驰赴之。两平蜀盗，大小数百战，摧锋与贼角，众推其勇。颇通兵书、阴阳、六甲、星历、推步之术。①

十二月，元昊举兵攻唃厮啰。

景祐三年丙子（1036年），二十九岁

八月，建雄节度使高继勋卒。继勋性谦谨，有机略，善抚御士卒，临战未尝不胜。在蜀有威名，号神将。

十二月，元昊攻回纥，陷瓜、沙、肃三州，尽得河西之地。又举兵攻兰州诸羌，南侵至马衔山，筑城瓦川、凡川会，留兵镇守，绝吐蕃与宋王朝相通。

---

① 李焘：《续资治通鉴长编》（第五册）卷一一七，中华书局，1992，第2759页。

景祐四年丁丑（1037 年），三十岁。

元昊悉有夏、银、绥、静、宥、灵、盐、会、胜、甘、凉、瓜、沙、肃等州。仍居兴州，阻河，依贺兰山卫固。

仁宗宝元元年戊寅（1038 年），三十一岁。

是年，狄青以散直为延州指使。

九月，元昊弑其从父山遇。十月，元昊称大夏始文英武兴法建礼仁孝皇帝。改大庆二年为天授礼法延祚元年。宋夏战争自此开始。狄青投军十一年后，以散直为延州指使从边，从此征战在陕西战场的最前线。余靖《宋故狄令公墓铭》云："元昊世以西河称蕃……一旦上还印节，僭盗名字，朝廷始增兵择将，以为戎备，时宝元元年也。公初以散直为延州指使。"[①]

冬十一月，狄青击退西夏入侵。

冬十一月，元昊侵犯边界，狄青时在鄜延钤辖卢守勤下，为巡检司指挥。帅军击走敌军。狄青以功最多，受赏特厚。[②]李焘《续资治通鉴长编》云："是月，西贼寇保安军，鄜延钤辖卢守勤等击走之。"[③]

十二月己卯，诏知永兴军夏竦兼本路都部署、提举干、耀等州军马，泾原秦凤路安抚使、知延州范雍兼鄜延路都部署、鄜延环庆路安抚使。

---

① 曾枣庄、刘琳主编：《全宋文》（第五十三册）卷一一五四，安徽教育出版社、上海辞书出版社，2006，第 116 页。

② 陈均：《皇朝编年纲目备要》卷一〇，中华书局，2006，第 230 页。

③ 李焘：《续资治通鉴长编》卷一二五，中华书局，1992，第 2945 页。

诏陕西、河东缘边旧与元昊界互市处，皆禁绝之。

宝元二年己卯（1039年），三十二岁。

春正月，元昊遣使宋廷，要求册封为皇帝。

六月，夏竦上平夏十策。一，教习强弩以为奇兵；二，羁縻属羌以为藩篱；三，诏唃厮啰父子并力破贼；四，度地形险易远近、寨栅多少、军士勇怯，而增减屯兵；五，诏诸路互相应援；六，募土人为兵，州各一二千人，以代东兵；七，增置弓手、壮丁、猎户，以备城守；八，并边小寨，毋积刍粮，贼攻急则弃小寨，入保大寨，以全兵力；九，关中民坐累若过误者，许入粟赎罪，铜一斤为粟五斗，以赡边计；十，损并边冗兵、冗官及减骑军，以纾馈运。当时颇采用之。[①]

壬午，诏削赵元昊官爵，除属籍，揭牓于边。募人擒元昊，若斩首献，即以为定难节度使。

九月，富弼言西夏用兵八事。

十二月，狄青以战功最多，超四资擢为右班殿值。

是年，狄青在延州，作战英勇，屡立功边关。据司马光笔记云：“宝元二年十二月乙丑，鄜延环庆路都部署司奏：夏虏寇掠保安军及延州，驻泊钤辖、六宅使庐守勤等将兵击却之，各以功大小受赏有差。散直狄青功最多，超四资，除殿直。”[②] 狄青在延州及陕西战场上，以披发戴铜面具，奔驰战场的形象闻名于

① 李焘：《续资治通鉴长编》（第五册）卷一二三，中华书局，1992，第2912—2913页。

② 司马光：《涑水记闻》卷一〇，中华书局，1989，第197页。

世，俨如战神。宋人笔记于此多有记载，邵伯温云："狄武襄公青初以散直为延州指使，时西夏用兵，武襄以智勇收奇功。尝披发带铜铸人面，突围陷阵，往来如神，虏畏慑服，无敢当者。"①《黄氏日抄》言："带铜面具，大小二十五战，胜元昊。"② 范镇云："狄武襄公青初为延州指挥使，与西贼大小二十五战，每战带铜面具，被发出入行阵间。凡八中箭，累官至泾原路招讨副使。上未识其面，欲召见之，会贼寇边甚急，止令图其形以进。"③ 王闢之云："狄武襄公青，初以散直为延州指使，是时西边用兵，公以才勇知略，频立战功。常被发、面铜具，驰突贼围，敌人畏慑，无敢当者。"④

当时宋人仰之为战神，呼之"天使"，曰"敌万"。南宋岳飞战斗时亦是披发，盖是学狄青。关于狄青驻防延州期间的战绩和名声，余靖《宋故狄令公墓铭》所言甚详。

> 四年之间，大小二十五战，中流矢者八，斩捕首虏万余，获马牛、羊、橐驼、驴、铠甲、符印、器仗以数万计。攻贼金汤城及西南马市，至于杏林原，破其镇砦七，遂略宥州之境，屠龙咩、岁香等部落，燔其积聚数万、庐舍千余，收其族帐二千三百、生口五千七百。又城桥子谷，筑招安、丰林、新塞、大郎堡，皆扼贼之要害，而夺其气。朝恩懋赏，七迁至秦州刺史、泾原路兵马副部署。京师不呼公名而呼敌万，盖比之关、张也。公在泾原数岁，贼不敢犯塞。⑤

---

① 邵伯温：《邵氏闻见录》卷八，中华书局，1983，第 83 页。

② 黄震：《黄氏日抄》，上海师范大学古籍整理研究所编：《全宋笔记》（第十编第十册），大象出版社，2018，第 16 页。

③ 范镇：《东斋记事·春明退朝录》之《东斋记事》卷三，中华书局，1980，第 28 页。

④ 王闢之：《渑水燕谈录·归田录》之《渑水燕谈录》卷二，中华书局，1981，第 16 页，

⑤ 曾枣庄、刘琳主编：《全宋文》（第五十三册）卷一一五四，安徽教育出版社、上海辞书出版社，2006，第 116—117 页。

十二月，西夏侵犯保安军，被狄青击败。

仁宗康定元年庚辰（1040年）十一月改元庆历，三十三岁。

春正月，元昊袭保安军，李士彬父子被擒。宋军与西夏三川口大战，官军覆没，石元孙、刘平被执。

五月，陕西都转运使范仲淹上言朝廷，“严边城，使持久可守；实关内，使无虚可乘”。坚壁清野，与西夏作持久战。

此年，尹洙将狄青推荐给韩琦与范仲淹。范仲淹授其《春秋左传》，狄青遂折节读书。

是年九月庚申，范仲淹遣殿直狄青与侍禁黄世宁，攻西界芦子平，破之。[①]

狄青在此年与经略判官尹洙相交。叶梦得《石林燕语》云：“（狄青）与尹师鲁尤善，师鲁与论兵法，终不能屈。”[②]尹洙为狄青的见识才能所折服，遂推荐于韩琦、范仲淹二公。李焘《续资治通鉴长编》云：

> 尹洙为经略判官，青以指使见，洙与谈兵，善，荐于副使韩琦、范仲淹曰：“此良将才也。”二人一见奇之，待遇甚厚。仲淹以《左氏春秋》授之曰：“将不知古今，匹夫勇耳。”青折节读书，悉通秦、汉以来将帅兵术，

① 李焘：《续资治通鉴长编》（第五册）卷一二八，中华书局，1992，第3039页。

② 叶梦得：《石林燕语》卷九，中华书局，1984，第131页。统一为中华书局版《石林燕语》卷九131页，中华书局，1984.

由是益知名。[①]

邵伯温《闻见录》亦云："文正公授以《春秋》《汉书》曰：'为将而不知古今，匹夫之勇耳。'武襄感服，自勉励无怠，后位枢密。"[②]另据《渑水燕谈录》载。

> 狄武襄公青，以散直为延州指使，……公识度宏远，士大夫翕然称之，而尤为韩魏公、范文正公所深知，称为国器。文正以《春秋》《汉书》授之曰："将不知古今，匹夫之勇，不足尚也。"公于是博览书史，通究古今。已而立大功，登辅弼，书吏策，配享宗庙，为宋名将，天下称其贤。公初为延州指使，后显贵，天下独呼公为狄天使。[③]

独庄绰《鸡肋编》所载为范仲淹长子范纯仁授狄青《左传》。

> 范文正公四子，长曰纯祐，材高善知人，如狄青、郭逵，时为指使，皆礼异之，又教狄以《左传》，幕府得人，多所荐达。[④]

九月丙寅，西夏攻三川寨，镇戎军西路都巡检杨保吉战死。

康定初年，范仲淹和韩琦都很器重狄青。范仲淹授狄青以《春秋左传》诸书，不仅是使猛将"知古今"，更是有意识地培养狄青成为朝廷未来的将才。后来狄青不负所望，果然成一代名将，故他对范仲淹的后人一直都很尊敬。

---

① 李焘：《续资治通鉴长编》（第五册）卷一二九，中华书局，1992，第 3056—3057 页。

② 邵伯温：《邵氏闻见录》卷八，中华书局，1983，第 83 页。

③ 王闢之：《渑水燕谈录·归田录》之《渑水燕谈录》卷二，中华书局，1981，第 16 页。

④ 庄绰：《鸡肋编》卷中，中华书局，1983，第 63 页。

十一月，狄青以鄜延路部署司指挥、右班殿直为右侍禁、阁门祗候、荆州都监。

是年冬十一月丁卯，狄青以鄜延路部署司指挥、右班殿直为右侍禁、阁门祗候、荆州都监。

仁宗庆历元年壬午（1041年），三十四岁。

二月，宋与西夏爆发好水川之战，大将任福战死。

狄青驻守延州，防备西夏。

是年，狄青在延州西路保安军，训练军卒，防备夏人。①

狄青筑招安寨。

九月，知延州兼经略安抚招讨使庞籍，遣部将狄青领万人筑招安砦于桥子谷旁，此为元昊军队的出入必经之路。②

张亢袭琉璃堡。

庆历二年壬午（1042年），三十五岁。

三月，诏河北诸州强壮，择强劲者，刺手背为义勇军。知清涧城种世衡请募蕃兵五千，左手虎口刺忠勇二字。

---

① 李焘：《续资治通鉴长编》（第五册）卷一三〇，中华书局，1992，第3079页。

② 《陕西通志》卷八一，文渊阁《四库全书》本，台湾商务印书馆，1986。

契丹遣刘六符使宋，要求割关南十县。

夏四月，张方平请擢用狄青等将。

是年夏四月，知谏院张方平上言请擢用陕西偏裨将领知名者如狄青、范全等。

昨契丹使萧英等回，朝廷处置北鄙，虽增兵饬垒，事为之备，然所遣将率，未尽推择。臣闻之军志：善待敌者，无恃其不来，当为不可胜，恃我有以待之。故城虽坚，兵虽众，财用诚给，苟将率非其人，无足恃也。故将者人之司命，国家安危之主，惟陛下念兹戒兹。即戎骑敢越封略，使杨崇勋在镇、定，夏守赟在瀛州，刘涣在沧州，张耆在河阳，陛下得高枕乎？虽愚夫童子亦知其必败事也。盖朝廷非不知崇勋等之不足使，迫于用人之常体，慊然而遣之尔。必欲上宽倚注之忧，下为众论所信，自非有已试之效者，不足赖也。势不得已，莫若且取陕西偏裨之知名者，如狄青、范全辈，每路辄徙一两人。况自西用兵已来，三年于兹，立功将士如青等，未尝得一到京辇，仰望天颜。若以此为名，召之赴阙，量其材器，稍迁用之，追崇勋等，使奉朝请。议者或谓西、北事均，若青等被夺，必恐西帅有辞。且陕西四路，各据千里之地，连城数十，官吏将佐以千计，胜兵众矣，岂不能选练偏裨以自为用，一旦天子登一小校于朝而辞焉，爱君体国者义不如是。及兹盛夏，边未有虞，可速致之。比富弼使归，幸而盟好未渝，即各还之本路，若敌兵南向，且使分捍北方。事机所悬，乞赐裁察。[①]

狄青筑招安寨于浑州川。

李焘《续资治通鉴长编》载：

① 李焘：《续资治通鉴长编》（第六册）卷一三五，中华书局，1992，第 3239—3240 页。

籍使部将狄青将万余人，筑招安寨于谷旁，却贼数万。募民耕植，得粟以济军。[1]

五月，宋与西夏兔毛川之战，宋斩首二千余级。

闰九月，宋夏定川寨之战，葛怀敏殁于阵。自宋伐西夏，刘平败于延州，任福败于镇戎，葛怀敏败于渭州。

冬十月，狄青为秦州刺史，仁宗欲召见之。

冬十月乙酉，以狄青为秦州刺史、泾原部署。上欲召见西边诸将有功者，狄青时亦被召，时逢西夏进犯渭州急，乃以画图形以进。[2] 叶梦得笔记亦云："仁宗闻其名，欲召见，会寇入平凉，诏图形以进，于是天下始耸然畏慕之。"[3] 狄青之名遂播之朝野上下。按《宋史・安俊传》云："契丹欲渝盟，与狄青、范恪同召至京师，将使备北边。"[4] 然李焘《续资治通鉴长编》却说仁宗召见狄青实在贼寇渭州之前，此事更待考。

庆历三年癸未（1043 年），三十六岁。

五月丁亥，宋置武学于武成王庙，以太常丞阮逸为武学教授。

九月，庆历新政。

---

① 李焘：《续资治通鉴长编》（第六册）卷一三五，中华书局，1992，第 3238 页。

② 李焘：《续资治通鉴长编》卷一三八，中华书局，1992，第 3310 页。

③ 叶梦得：《石林燕语》卷九，中华书局，1984，第 130 页。

④ 脱脱等：《宋史》（第三十册）卷三二三，中华书局，1985，第 10467 页。

冬十月，欧阳修论勘滕宗谅事惊狄青、种世衡等边将。

臣昨风闻张子奭未有归期，贼昊又别遣人来，必恐子奭被贼拘留。西人之来，其意未测，边鄙之事，不可不忧，正是要藉将帅效力之秋。近来传闻燕度勘鞫滕宗谅事，枝蔓勾追，直使尽邠州诸县枷杻，所行拷掠，皆是无罪之人，囚系满狱。边上军民将吏，见其如此张皇，人人嗟怨，自狄青、种世衡等并皆解体，不肯用心。朝廷本为台官上言滕宗谅用钱过多，未明虚实，遂差燕度勘鞫，不期如此作事，摇动人心。若不早止绝，则恐元昊因此边上动摇、将臣忧恐解体之际，突出兵马，谁肯为朝廷用命向前？①

欧阳修上书为狄青卷入张亢使过公使钱事求情。

冬十月，因卷入边臣张亢使过公使钱事，欧阳修上言为狄青求情，希望宽宥。

臣风闻边臣张亢，近为使过公使钱，见在陕西置院根勘，其勘官所取干连人甚众。亦闻狄青曾随张亢入界，见已勾追照对。臣伏见国家兵兴以来，五六年所得边将，惟狄青、种世衡二人而已，其忠勇材武，不可与张亢、滕宗谅一例待之。臣料青本武人，不知法律，纵有使过公用钱，必非故意偷慢，不过失于检点，致误侵使而已。方今议和之使，正在贼中，苟一言不合，则忿兵为患，必致侵边。谨备边防，正藉勇将，况如青者无三两人，可惜因些小公用钱，于此要人之际，自将青等为贼拘囚，使贼闻之，以为得计。伏望特降指挥委元勘官，只将张亢一宗事节，依公根勘，不得枝蔓勾追。其狄青纵有干连，仍乞特与免勘。臣于边臣，本无干涉，岂有爱憎？但虑勘官只希朝廷意旨，不顾边上事机，将国家难得之人，与常人

① 李焘：《续资治通鉴长编》（第六册）卷一四四，中华书局，1992，第3487页。

一例推鞫，一旦乏人误事，则悔不可追，伏乞朝廷特赐宽贷。边臣知无功之将，犯法必行；要藉之人，亦能赎过，则人人自励，将见成功。①

尹洙亦上言为狄青说话。

臣窃见自来武臣，将所赐公使钱，诸杂使用，便同己物。其狄青于公用钱物，即无毫分私用。况本路自西事以来，所添兵数、主兵臣僚、指使、使臣等，数倍于旧。又狄青多与众官躬亲提举教阅，军中将校，每有犒设，以此所费益多。若不别将钱物回易，即无由充用。狄青素来谨畏小心，其实武人未晓朝廷宪法，自闻推究公用钱物，谓制院须来追摄照对，臣虽日夕晓譬，终是内怀忧惧。兼言先在延州，初授泾原部署，曾告庞籍，言不愿主领公使钱，恐未知次第。今来累遭罥罣，词意感切，深可轸恻。臣以谓朝廷擢青自殿直，不三年至刺史，委以一路兵柄，此必其忠力材智有过于人，又欲其奋励自效，以报不次之用。今乃以细微诖误，令其畏惧如此。今边上日有探到事宜，万一贼兵骤至，若须领兵出外，似此忧疑之中，窃虑不能主理军政，别致阙事。伏望圣慈垂察，特降朝旨，晓谕狄青，庶令安心，专虑边事。②

十二月，狄青、文彦博和尹洙等皆反对修水洛城。

孙甫言："今陕西兵官惟种世衡、狄青、王信材勇，可战可守，自余暗懦险贪者，大臣不可谓不知也。"③

---

① 李焘：《续资治通鉴长编》（第六册）卷一四四，中华书局，1992，第3489—3490页。
② 同上。
③ 李焘：《续资治通鉴长编》（第六册）卷一四五，中华书局，1992，第3515页。

庆历四年甲申（1044 年），三十七岁。

春正月，刘滬强修水洛城。郑戬又遣著作佐郎董士廉帅兵助之。

春夏间，狄青械刘沪、董士廉等送德顺军狱。

是年三、四月间，因筑水洛城事的纷争，尹洙谕泾原副都部署狄青械刘沪、董士廉送德顺军狱。李焘《续资治通鉴长编》云："董士廉系狱二十余日，但不知是何月何日耳。"[①] 欧阳修《论水洛城事宜乞保全刘沪等札子》亦有"近风闻狄青与刘沪争水洛城事"等语。[②] 另据孙甫和余靖亦上言论及此事，李焘均系之本年夏四月，故推之在此期间。王铚《默记》载狄青逮董士廉一事颇详。

董士廉，关中豪侠之士，佐刘沪同擅筑水洛城，尹师鲁大非之。其后，狄青帅渭，希师鲁意，以沪擅兴，械送狱，将案诛之。时士廉已罢幕府至京师，青请于朝，槛车捕送，欲至渭而诛之。时士廉过华阴县，姚嗣宗知县事。姚、董，意气之交也。县当发人护送，而监者兵仗严密如护叛，送者不得语也。嗣宗交护送者于路，因呼士廉行第，屡引两手向上示之。士廉应曰："会得嗣宗意，令作向上一路出此槛车也。"既至渭州，青方坐厅事，列兵仗，盛怒以待之。士廉在槛车中见青，大呼曰："狄青，你这回做也！你只是董士廉碍着你，你今日杀了我，这回做也！"青闻之大惊，不敢诛。盖青起于卒伍而贵，尝有嫌疑之谤，心恶闻此语。因破槛车，械送狱。既在有司，士廉得以为计矣。其后反讼师鲁赃罪，师鲁贬死，而士廉从轻

① 李焘：《续资治通鉴长编》（第六册）卷一七，中华书局，1992，第 3557 页。

② 李焘：《续资治通鉴长编》（第六册）卷一四八，中华书局，1992，第 3576 页。

比者，用姚嗣宗之计得脱也。[①]

夏六月，余靖上疏论狄青不可大用者六条。

六月，朝廷以狄青知渭州。谏官余靖认为狄青乃武人，上言其不可升用者六，并斥责狄青鞭朴医官之过。

臣以为当今天下之官，最难其才者，唯是陕西四路帅府，于四路之中，当贼冲而民户残破，军中气索，泾原最甚。当择天下才智第一，授以泾原军民之政。今付狄青刚悍之夫，不可者一也。朝廷自来以武人粗暴，恐其临事不至精详，故令文臣镇抚，专其进止。今狄青不思旧来制御之意，不可者二也。初缘狄青出自行间，名为拳勇，从未逢大敌，未立奇功，朝廷奖用太过，群心未服。今专使统一路兵马，必无兼才厌服其下。且以尹洙之才与相佐，尚犹如此，若独任刚狷之人，众所未服，必致败，不可者三也。本来选用狄青，谓其刚果堪为斗将，今兼知渭州。且夫知将以城守为能，鬬将得野战为勇，各有以抚军民，今来狄青出战，则须别得守城，守城则当求知将，岂此一夫所能兼之？其不可者四也。昨日狄青、尹洙同枷勘刘沪，朝廷嫌其率暴，故移尹洙庆州，今洙当降罢，而青得进用，乃是朝廷专罪尹洙。且狄青粗率武人，岂得全无血气？枷送沪等，未必尽由尹洙，归罪于洙，事未明白，不可者五也。凡暴贵之人，不能无骄，狄青拔自行伍，位至将帅，粗豪之气，固已显露，只如昨来朝廷所差医官，身带京职，青以一怒之忿，便行鞭朴。如此恣意，岂是尹洙所使？朝廷归罪于人，亦须察访其实，不可者六也。且庆州极边帅府，非是养病之地，伏乞朝廷别选才智之人，以守渭州，兼进止一路兵马，专委狄青斗将之事。其

① 王铚：《默记·燕翼诒谋录》之《默记》中卷，中华书局，1981，第12页。

孙沔傥或不病，则当发遣赴任渭州，如实有病，即召归京师诊理，所以示朝廷忧边谨罚之意。①

秋七月，因余靖等论列不已，诏狄青为泾原部署。

秋七月，朝廷任命秦州刺史、权并代部署狄青为惠州团练使、捧日天武四厢都指挥使、泾原部署。② 按《续资治通鉴长编》言狄青此任实因余靖等之“论列不已，故暂徙之。不三月，却归旧任”。③

十月，宋夏议和成。自元昊立国，宋夏交兵历时七年。

冬十二月，狄青谏王素不可用蒋偕。

十二月，蒋偕筑堡大虫巉，堡未筑成而为西夏明珠、灭藏伺间袭击，蒋偕逃回，伏经略庭下请死。王素欲赦其罪，令其戴罪立功。狄青劝谏曰：“偕轻而无谋，往必更败。王素不听。④ 狄青之所言确中蒋偕之弱点，其后侬智高反，蒋偕往讨之，果以“轻肆”败亡。⑤

乙未，宋册封元昊为夏国主，更名曩霄，元昊称臣。宋廷岁赐银、绢、茶、彩二十五千。⑥

---

① 李焘：《续资治通鉴长编》（第六册）卷一五〇，中华书局，1992，第 3627—3627。

② 李焘：《续资治通鉴长编》（第六册）卷一五一，中华书局，1992，第 3685 页。

③ 李焘：《续资治通鉴长编》（第六册）卷一五〇，中华书局，1992，第 3633 页。

④ 李焘：《续资治通鉴长编》（第六册）卷一五三，中华书局，1992，第 3728 页。

⑤ 李焘：《续资治通鉴长编》（第七册）卷一七三，中华书局，1992，第 4171 页。

⑥ 陈均：《皇朝编年纲目备要》卷一二，中华书局，2006，第 288 页。

庆历五年乙酉（1045年），三十八岁。

春三月，广西转运使杜杞平宜州蛮。

夏六月，狄青上书朝廷，建言挖壕御敌。

是年夏六月狄青上书朝廷，建议朝廷在宋夏边界使民挖壕御寇。据《宋会要辑稿》兵制条载：

> 六月二十二日，真定府定州等路副都总管狄青言："昨者西事，沿边贼马入寇道路，不拘谷道及转山领（岭）、通人马行处，卒（率）是奔冲，使耕种牧放等人无由避闪，致被驱虏。今因边民稍闲，应系沿边（则）（州）军城寨地分内开撅地头方田稼（壕）子，不拘岭谷道平地，尽使开淘。蕃部百姓及弓箭手各自地分内，不以日限，渐次开撅壕子，深五丈、阔五尺，免致贼马蓦来奔冲，抄劫人口、孳畜。不三五年中，间可开边界至里三二百里，常令本地分官吏提举，照管各自地头，渐次修葺，不致劳费。以此御边，缓急蕃贼抄掠，有此阻隔，使边民扶携老小，备办得及。此乃久远之策，仍乞作朝廷擘画行下。"诏陕西四路安抚等司相度施行。①

秋七月，尹洙坐公使钱贬为崇信军节度副使。

① 徐松辑：《宋会要辑稿》卷四七一一，中华书局，1957，7264页。

庆历六年丙戌（1046年），三十九岁。

是年正月，狄青恩师范雍卒，年六十六。谥忠献。

按《续资治通鉴长编》云雍“颇知人，喜荐士，后多至公卿者。狄青初为小校，坐法当斩，雍贷之”。a狄青对范雍的知遇之恩一直念念不忘，“每至范氏，必拜于家庙，入拜夫人甚恭，以郎君之礼事其子弟。狄乃武将，能知义不忘恩，可书也”。[②]

二月，荆湖南路转运使周沆上平蛮策。

庆历七年丁亥（1047年），四十岁。

五月，水洛城都监、内殿崇班、阁门祗候刘沪卒，民立祠城隅。

冬十一月，贝州宣毅卒王则据城反。

庆历八年戊子（1048年），四十一岁。

春正月辛未，西夏元昊为其子宁令哥削鼻，伤重而死。

---

① 李焘：《续资治通鉴长编》卷一五八，中华书局，1992，第3818页。

② 刘永祥：《清波杂志校注》卷五，中华书局，1994，第219页。

闰正月庚子朔，文彦博平王则之乱。

夏四月己巳朔，封元昊子谅祚为夏国主。

是年八月，狄青除副都指挥使。[①]

仁宗皇祐元年己丑（1049 年），四十二岁。

元年春，叶清臣上对言狄青等颇能驭众。

《宋史·叶清臣传》载：

> 皇祐元年春，帝御便殿，访近臣以备边之策。清臣上对，略曰：至于帅领偏裨，贵能运筹帷幄，不必亲当矢石，……狄青、范全颇能驭众。[②]

是年九月乙巳，广源州蛮侬智高始侵邕州。初，交趾使侬智高知广源州，居四年，遂袭据安德州，称南天国，改年景瑞。向宋廷求内附，未即得，于是始入寇。

皇祐二年庚寅（1050 年），四十三岁。

三月，西夏败契丹军队。

---

① 周应合：《景定建康志》卷二六，《宋元方志丛刊》（第二册）中华书局，1957，第 1764 页。

② 脱脱等：《宋史》（第二十八册）卷二百九十五，中华书局，1985，第 9852、9854 页。

五月，交趾发兵捕广源州侬智高。

皇佑三年辛卯（1051 年），四十四岁。

春二月，广源州蛮侬智高数请内附，朝廷不许。

据《续资治通鉴长编》仁宗皇祐三年二月乙酉条载。

> 初，交趾发兵讨智高，不克，转运使新喻萧固遣邕州指使亓赟往刺候，而赟擅发兵攻智高，为所执。因问中国虚实，赟颇为陈大略，说智高内属。乃遣赟还，奉表请岁贡方物。朝廷以其役属交趾，未听也。固言智高必为南方患，愿赐一官以抚之，且使抗交趾。诏问固能保交趾不争智高，智高终不内寇，则具以闻。固言："蛮人见利则动，必保其往，非臣所能。顾今中国势未可以有事于蛮方，如智高者，宜抚之而已。且智高才武强力，非交趾所能争而畜也。就其能争，则蛮人方自相攻，吾乃得以闲而无事矣。"朝廷讫不从固言。①

三月，侬智高奉表请献训象及生熟金银，诏不许。

六月，狄青罢副都指挥使。②

冬十月，以枢密使、户部侍郎庞籍为平章事，昭文馆大学士、监修国史。

---

① 李焘：《续资治通鉴长编》（第七册）卷一七〇，中华书局，1992，第 4078 页。

② 《景定建康志》卷二六，《宋元方志丛刊》（第二册），中华书局，1957，第 1764 页。

皇佑四年壬辰（1052年）四十五岁。

三月，狄青上言朝廷请给延州、保安军身分田。

《续资治通鉴长编》载：

三月，鄜延路经略狄青上言："延州、保安军弓箭手押官以上，皆给身分田。欲自十将至指挥使，量其家口，更等第以益以闲田。"朝廷从之。[①]

四月，侬智高反。

夏四月，广源州蛮侬智高反。

五月乙巳朔，侬智高陷邕州，知州陈珙被杀。智高建大南国，称仁惠皇帝，改年号启历。癸丑，侬智智高入横州。丙辰，入贵州。庚申，入龚州。辛酉，入藤州；又入梧州、封州。癸亥，智高入端州。丙寅，侬智高围广州。[②]

范仲淹卒于徐州。赠兵部尚书，谥文正。范仲淹乃狄青恩师，授狄青《春秋左传》。仲淹去世后，"家无余赀，窀穸有期，素相厚善者韩、富、田、裴诸公各出金帛之助。狄武襄常在麾下，早被知鉴，时位枢席，赙赠倍腆于诸公，敻然有古风概，悠悠之交，非其比也"。[③]

---

① 李焘：《续资治通鉴长编》（第七册）卷一七二，第4138页。

② 同上，第4142—4146页。

③ 高晦叟：《珍席放谈》，朱易安，等编：《全宋笔记》（第三编第一册）卷下，大象出版社，2008，第186页。

六月，朝廷以狄青为彰化军节度使、知延州擢枢密副使。

是年六月丁亥，狄青以彰化军节度使、知延州擢枢密副使，朝中文臣纷纷反对。《续资治通鉴长编》载：

> 御史中丞王举正言青出兵伍为执政，本朝所无，恐四方轻朝廷。左司谏贾黯言："国初武臣宿将，扶建大业，平定列国，有忠勋者不可胜数，然未有起兵伍，登帷幄者。今其不可有五：四裔闻之，有轻中国心，不可一也。小人无知，闻风倾动，翕然向之，撼摇人心，不可二也。朝廷大臣，将耻与为伍，不可三也。不守祖宗之成规，而自比五季衰乱之政，不可四也。青虽才勇，未闻有破敌功。失驾御之术，乖劝赏之法，不可五也。"①

御史韩赘亦上言不可擢狄青。仁宗皆不听。

是年侬智高叛乱之势愈炽，岭南全局危殆，而朝廷所命之杨畋、蒋偕、孙沔和余靖等均久无功，朝廷忧虑日增。

秋七月，命知桂州余靖经制广南东、西路，拒侬智高。

七月甲子，广东钤辖蒋偕击侬智高于路田，兵败。

八月辛卯，以孙沔为荆湖南路，江南西路安抚使，如内押班石全彬副之，讨侬智高。

九月庚申，侬智高破昭州。

秋九月，狄青自请挂帅征讨侬智高。

九月辛酉，狄青上表自请征讨侬智高。书曰："臣起行伍，非战伐无以报

① 李焘：《续资治通鉴长编》（第七册）卷一七二，中华书局，1992，第4153页。

国，愿得蕃落骑兵数百，益以禁卒，当羁贼首至阙下。”① 仁宗“壮其言”，会宰相庞籍亦大力推荐，遂拜狄青为宣徽南院使、荆湖北路宣抚使、提举广南东、西路经制贼盗事。② 狄青临行前并请罢军中首级争功制。据吴处厚《青箱杂记》载：

青临行上言，以谓“古之师还，以讯馘首告，割耳鼻则有之，不闻有获首者。秦汉以来，方有是事，故获一首则赐爵一级，因为之首级。然开争启幸，莫此之甚，故军士争首级以致相杀。又其间多以首级为货，售于无功不战之人，非所以劝，愿一切寝罢。如师有功，则差次其劳，全军加赏；无功则斟酌其罪，全军加罚。庶令上下一心，不专自为私计，则决胜之道也。”从之，遂大捷。③

十月丁丑，侬智高入宾州。

冬十月，狄青出兵。

冬十月庚辰，狄青辞行，天子为之置酒垂拱殿壮行。狄青出征后仁宗担心狄青的安危，特别嘱咐辅臣曰：“青有威名，贼当畏。其来左右使令，非青之亲信不可，虽饮食起卧，亦宜防窃发。乃特使以戒之。”④ 狄青临行，恐母亲衮国太夫人担忧，“戒内外不以闻”。⑤

右正言韩绛以狄青武人，不可独任，上疏请派侍从之臣副之。仁宗询于宰相庞籍，籍对曰：

---

① 王偁：《东都事略》卷六二，《二十五别史》（第十四册），齐鲁书社，2000，第507页。

② 李焘：《续资治通鉴长编》（第七册）卷一七三，中华书局，1992，第4174页。

③ 吴处厚：《青箱杂记》卷一〇，中华书局，1985，第107页。

④ 李焘：《续资治通鉴长编》（第七册）卷一七三，中华书局，1992，第4175页。

⑤ 王珪：《狄武襄公神道碑铭》，曾枣庄、刘琳主编：《全宋文》（第五十三册）卷一一五四，安徽教育出版社、上海辞书出版社，2006，第203页。

属者王师所以屡败，皆由大将权轻，偏裨人人自用，遇贼或进或退，力不能制敌也；今青起于行伍，若以侍从之臣副之，彼视青如无，青之号令复不得行，是循覆车之轨也。青素名善战，今以二府将大兵讨贼，若又不胜，不惟岭南非陛下之有，荆湖、江南皆可忧矣。祸难之兴，未见其涯，不可不慎。青昔在麟延，居臣麾下，沉勇有智略，若专以智高事委之，使青先以威齐众，然后用之，必能办贼，幸陛下勿以为忧也。①

王闢之《渑水燕谈录》亦载：

皇佑五年，侬智高陷二广，诏枢密副使狄青督诸将讨之。言事者以青武人，不可专用，请以文臣副之。仁宗以问庞庄敏公。曰："向者王师所以屡败，由大将不足以统一，裨将人人自用，故遇敌辄北。刘平以来，败军覆将莫不由此。青勇敢有智略，善用兵，必能办贼，愿勿忧。"仁宗乃诏行营诸军皆受青节制；贼平处置民事，则与孙沔、余靖同议。及捷报至，上喜谓庄敏曰："岭表平殄，皆卿之力也。"②

另王偁《东都事略》云："（庞）籍曰：'青起行伍，若以文臣副之，则号令不专，不如不遣也。'"③遂诏广南将佐皆由公节制。

辛巳，内降手诏付狄青嘱安抚广南军民。《续资治通鉴长编》载其内容。

应避贼在山林者，速招令复业。其乘贼势为盗，但非杀人，及贼所胁从能逃归者，并释其罪。已尝刺面，令取字，给公凭自便。若为人所杀，而冒称贼首级，令识验，给钱米赒之。其被焚劫者，权免户下差役；见役，

---

① 司马光：《涑水记闻》卷一〇，中华书局，1989，第260页。

② 王闢之：《渑水燕谈录·归田录》之《渑水燕谈录》卷二，中华书局，1981，第13页。

③ 王偁：《东都事略》卷六六，《二十五别史》（第十四册），齐鲁书社，2000，第543页。

仍宽与假，使营葺室居。凡城壁尝经焚毁，若初无城及虽有城而不固，并加完筑。器甲朽敝不可用者，缮治之。①

壬辰，枢密副使王尧臣提出析广西宜、容、邕为三路。以武臣为安抚都监，一统支郡，并合三路共击蛮军。仁宗诏狄青详酌，公以为便，遂行。

甲申，侬智高再入邕州。

十一月戊申，诏狄青、孙沔察防九溪峒蛮暗与侬智高通。

《续资治通鉴长编》云：

戊申，诏余靖所招九溪峒蛮愿助王师者，恐畜奸谋，阴为贼用，其与狄青、孙沔察防之。先是，靖策侬智高必援交趾而胁诸峒以自固，因约李德政会兵击贼，又募侬、黄诸姓酋长，皆縻以职，使听节制。或疑其不可用，靖曰："使不与智高合，足矣！"②

乙卯，狄青帅军至湖南，与诸道之兵会合。朝廷并谕狄青勿准广南两路吏民与蛮人市易。按《续资治通鉴长编》云："诏狄青，广南民吏有与有与蛮人买卖物者，斩讫以闻，仍徙其家岭北。"③

十二月戊子，狄青上奏朝廷请罢李德政兵事。

李德政声言将步兵五万，骑一千赴援，此非实情；且假兵于外以除内寇，非我利也。以一智高横蹂二广，力不能讨。乃假蛮夷兵。蛮夷贪得忘

---

① 李焘：《续资治通鉴长编》（第七册）卷一七三，中华书局，1992，第4175页。

② 同上，第4179页。

③ 同上，第4180页。

义，因而启乱，何以御之！愿罢交趾兵勿用。且檄靖无通交趾使。[①]

狄青帅军与孙沔会合，孙沔向狄青献料敌三策。按滕元发《孙威敏征南录》载：

过岭而南，时十又二月也。狄与公议事。公以三策料曰："贼出，上计归其巢穴；中计守邕城自固，以久王师；下计与吾战。今度其必出下计焉。何者？彼以天幸，横行岭之外，有骄我心。骄则必出，出则必败。使吾二人者心和而谋协，狂寇奚容不诛。谋请遇事密输计于太尉，太尉自行之。军中无二令，自取美名。非我意也。"狄大喜，出其非望，公以身下之。后有处置。狄常令军中曰："此事是孙密学擘画。"籍归朝，亦数以告上。二公之心，人以为难。[②]

不过，狄青征南一役，向其献破敌之策者尚多。狄青军至洪州，陶弼曾献破敌之策。按王性之《默记》载。

侬智高犯广南，破诸郡，官军屡败，朝廷震动，遂遣狄青作宣抚招讨使。青至洪州，闻陶弼在外邑丁忧，盖弼久作广南官也。青至，微服往见弼，问筹策。弼察其诚，为青言广南利害曰："官吏皆成贪墨不法，惟欲溪洞有边事，乘扰攘中济其所欲，不问朝廷安危，谓之"做边事"，涵养以至今日。'非智高能至广州，乃官吏不用命，诱之至此。智高岂能出其巢穴至广州哉？今诚能诛不用命官吏，使兵权在我，一变旧俗，则贼不足破也。"青大奇之，所以初至广州，按法诛不遵节制、出兵而败陈崇仪而下三十余

① 李焘：《续资治通鉴长编》（第七册）卷一七三，中华书局，1992，第4183页。

② 滕元发：《孙威敏征南录》，宋易安，等编：《全宋笔记》（第一编第八册），大象出版社，2003，第6—7页。

人。明日一鼓而破贼，二广晏然者，用弼之策也。[1]

然狄青与陶弼会面的具体时间不明，姑附于本年末。文士刘几亦至长沙见狄青献言：“曰：‘贼若退守巢穴，瘴毒方兴，当班师以俟再举。若恃胜求战，此成擒耳。’贼果悉众来，大战于归仁铺。……胜负未决。几言于青，出劲骑五千，张左右翼捣其中坚，贼骇溃。”[2]刘几献策之事亦不详具体月日，亦附此年末。

十二月壬申朔，广西钤辖陈曙击侬智高，兵败于金城驿，东头供奉官王承吉、白州长史徐噩死之。

皇佑五年癸巳（1053年），四十六岁。

春正月丁未，诏广南西路转运司移文止交趾助兵，从狄青之请也。

正月丁未，狄青至宾州。

正月丁未，狄青与孙沔、余靖合兵，自桂州至宾州。[3]青先以备粮时间之变化，麻痹侬智高，使其怠堕。陈曙等虑狄青独有功，乘青未至，以八千冒然犯敌，惨败于昆仑关下。

---

① 王铚：《默记·燕翼诒谋录》之《默记》中卷，中华书局，1981，第11页。

② 脱脱等：《宋史》卷二六二，中华书局，1985，第9075—9076页。

③ 余靖：《宋故狄令公墓铭并序》，曾枣庄、刘琳主编：《全宋文》卷五七三，安徽教育出版社、上海辞书出版社，2006，第117页。

正月丁酉，狄青斩陈曙等败将，重振军心。

丁酉，狄青严整军纪，斩杀违令轻战而败的陈曙等将三十二人，大军遂复振。司马光《涑水记闻》载：

> 五年正月，青至宾州，余靖、陈曙皆来迎谒。时馈运未至，青初令备五日粮，既又备十日粮，智高闻之，由是懒堕不为备，上元张灯高会。先是，诸将视其帅如寮宷，无所严惧，每议事，各执所见，喧争不用其命。己酉，狄青悉集将佐于幕府，立陈曙于庭下，数其败罪，并军校数十人皆斩之。诸将股栗，莫敢仰视。余靖起拜曰："曙之失律，亦靖节制之罪。"青曰："舍人文臣，军旅之责，非所任也。"于是勒兵而进，步骑二万人。①

正月十五日上元灯节，狄青夜袭昆仑关。

正月十五日上元节之夜，狄青时在宾州，值上元节，公令张灯大宴诸将文臣，自帅军一昼夜夺昆仑关。按狄青袭取昆仑关之事，宋人笔记多有记载。兹列如下，沈括《梦溪笔谈》载：

> 狄青为枢密副使，宣抚广西。时侬智高昆仑关。青至宾州，值上元节，令大张灯烛，首夜燕将佐，次夜燕从军官，三夜飨军校。首夜乐饮彻晓。次夜二鼓时，青忽称疾，暂起如内。久之，使人谕孙元规，令暂主席行酒，少服药乃出，数使人（劝）劳座客，至晓，各未（敢）退。忽有驰报者云，是夜三鼓，青已夺昆仑矣。②

---

① 司马光：《涑水记闻》卷一〇，中华书局，1989，第 261 页。

② 沈括撰、胡道静校注：《新校正梦溪笔谈》卷九，中华书局，1957，第 141 页。

魏泰《东轩笔录》云：

狄青之征侬智高也，自过桂林，即以辨色时先锋行，先锋即既行，青乃出帐，受衙罢，命诸将坐，饮酒一卮，小餐，然后中军行，率以为常。及顿军昆仑关下，翌日，将度关，辰起，诸将张立甚久，而青尚未坐。殆至日高，亲吏疑之，遽入帐周视，则不知青所在，诸将方相顾惊怛，俄有军候至曰："宣徽传语诸官，请过关吃饭。"方知青已微服，同先锋度关矣。[①]

《宋名臣言行录》云："是夜大风雨，青率众半夜时度昆仑关。既度喜曰：'贼不知守此，无能为也，彼谓夜半风雨，吾不敢来，吾来所以出其不意也。'"[②]其所描叙与唐李朔雪夜取蔡州的场景相仿，故后有狄青戏曲《雪夜夺昆仑》等戏曲故事流传。按昆仑关位置据《广西通志》云："宣化县昆仑山，在城东北一百二十里，孤撑巉峻设关以扼蛮峒，关上有台，宋皇佑间为侬智高所据。安抚附郭使狄青，破其垒大败之。"[③]

正月十八日，归仁铺大战。

正月十八日戊午，狄青大军至邕州归仁铺与侬智高蛮军相遇，[④]遂展开了一场血战。[⑤]此战详情，以司马光《涑水记闻》记述最详。

① 魏泰：《东轩笔录》卷一〇，中华书局，1983，第40页。

② 《宋名臣言行录》前集卷八，台湾商务印书馆，1986。

③ 《广西通志》卷一五，台湾商务印书馆，1986。

④ 按《宋会要辑稿》卷九三一兵一〇讨叛四言："五年二月，青领兵至邕州，阵于归仁铺，大破之。"此当是报捷之日期。（第6925页，中华书局。）

⑤ 余靖《代狄宣抚贺捷表·武溪集》卷一六，文渊阁《四库全书》，台湾商务印书馆，1986。

戊午，相遇于归仁铺。青使步卒居前，匿骑兵于后。蛮使骁勇者执长枪居前，羸弱者悉在期后。其前锋孙节战不利而死，将卒畏青令严，力战莫敢退者。青登高丘，执五色旗，麾骑兵为左右翼，出长枪之后，断蛮军为三，旋而击之，枪立如束，蛮军大败，杀获三千人，获其侍郎黄师宓等。智高走还城，官军追之，营其城下。夜，营中惊呼，蛮闻之，以为官军且进攻，弃城走。明日，青入城，遣裨将于振追之，过田州不及而还，智高奔大理。[①]

南宋李焘《续资治通鉴长编》则详记侬军战阵。

而青以微服与先锋度关，趣诸将会食关外，即归仁铺为阵。戊午，贼率其众，列三锐阵以拒官军，执大盾、标枪，衣绛衣，望之如火。及战，前军稍却，右将开封孙节死之。贼气锐甚，沔等俱失色。青起，自执白旗麾蕃落骑兵，张左右翼，出贼后交击，左者右，右者左，已而右者复左，左者复右，贼众不知所偶为，大败走。[②]

是役，曾与狄青同在延州作战的猛将，前锋孙节战死沙场。宋军“斩首二千二百级，获伪官五十七人。智高夜纵火焚城而遁”。[③]

正月十九日，狄青入邕州，筑京观。

正月十九日迟明，狄青帅宋军入邕州城。《续资治通鉴长编》载。

迟明，青按兵入城，获金帛巨万，杂畜数千，招复老壮七千二百尝为

① 司马光：《涑水记闻》卷一三，中华书局，1989，第261页。

② 李焘：《续资治通鉴长编》（第七册）卷一七四，中华书局，1992，第4192页。

③ 王偁：《东都事略》卷六二，《二十五别史》（第十四册），齐鲁书社，2000。

贼所俘胁者，慰遣使归。枭师宓等首于邕州城下，得尸五千三百四十一，筑京观于城北隅。时有贼尸衣金龙衣，众以为智高已死，欲具奏，青曰："安知非诈耶！宁失智高，不敢诬朝廷以贪功也。"①

狄青亲作《平侬智高露布》自叙征南获胜的经历。

董师而出，承命不遑。……臣戊辰自连州整兵，甲戌至寻州遇寇。荡平小蠢，若蹑无人，度越重江，始逢大敌。戊寅，侬贼领乌合之众，帅蚁附之徒，亲统全军，结为一阵，轻兵搏我，骄气凌人。臣坚壁不争，张翼而待。候其锐锋稍挫，刚气微衰，奋骁勇而斩将搴旗，侮败亡则追奔逐北。自旦至暄，杀获无遗。②

其时，侬智高之乱近一年，当地流传有"农家种，籴家收"的民谣，故狄青破智高，果如其谣所预言。③

二月丙子，归仁铺大捷报至朝廷，仁宗欲厚赏征战将士。按《续资治通鉴长编》载："丙子，上谓辅臣曰：'狄青已破贼，立功将士宜速议赏，缓则不足以劝。'"④

二月癸未，因平侬智高之功绩，以狄青为护国军节度使、枢密副使、宣徽南院使。

---

① 李焘：《续资治通鉴长编》（第七册）卷一七四，中华书局，1992，第4192—4193页。

② 曾枣庄、刘琳主编：《全宋文》（第四十一册）卷八九〇，安徽教育出版社、上海辞书出版社，2006，第301页。

③ 脱脱等：《宋史》（第四十册）卷四九五，中华书局，1985，第14217页。

④ 李焘：《续资治通鉴长编》（第七册）卷一七四，中华书局，1992，第4197页。

按狄青出征前已拜枢密副使，凯旋还朝，仁宗本欲以狄青为枢密使，而宰相庞籍以为不可。《续资治通鉴长编》载：

初，广南捷书至，上大喜，谓宰相庞籍曰："青破贼，卿执议之力也。"遂欲擢青枢密使、同平章事。[①]

司马光笔记《涑水记闻》所叙则更详。

狄青既破侬智高，平邕州，上甚喜，欲以为枢密使、同平章事。宰相庞籍曰："昔太祖时，慕容延钊将兵，一举得荆南、湖南之地，方数千里，兵不血刃，不过迁官、加爵邑、赐金帛，不用为枢密使也。曹彬平江南，禽李煜，欲求使相，太祖不与，曰：'今西有河东，北有幽州，汝为使相，那肯复为朕死战邪！'赐钱二十万贯而已。祖宗重名器如山岳，轻金帛如粪壤，此陛下所应当法也。今青奉陛下威灵，殄戮凶丑，克称圣心，诚可褒赏，然方于延钊与彬之功，则不逮远矣。若遂用为枢密使、同平章事，则青名位极矣，寇盗之警不可前知，万一他日青更立大功，欲以何官赏之哉？且枢密使高若讷无过，若之何罢之？不若且为之移镇，加检校官，赐之金帛，亦足以酬青之功矣。"上曰："向者谏官御史言：若讷举胡恢书石经，恢狂险无行；又若讷前导者殴人致死，可谓无过乎？"庞公曰："今之庶僚举选人充京官，未迁官者犹不坐，况若讷大臣，举恢以本官书石经，未尝有所迁也，奈何以此解其枢务哉？若讷居马上，前导去之里余，不幸殴人致死，若讷寻执之以付开封府正其法，若讷何罪哉？且谏官御史上言之时，陛下既以赦若讷不问矣，今乃追举以为罪，无乃不可乎？"参知政事梁适曰："王则止据贝州一城，文彦博攻而拔之，还为宰相；侬智高扰乱广南两路，青讨平之，为枢密使何足为过哉？"籍曰："贝州之赏，当时论者

① 李焘：《续资治通鉴长编》（第七册）卷一七四，中华书局，1992，第4197页。

已嫌其太重。然彦博为参知政事，宰相有缺，次补亦当为之，况有功乎？又国朝文臣为宰相，出入无常；武臣为枢密使，非有大罪不可罢也。且臣不欲使青为枢密使者，非徒为国家惜名器，亦欲保全青之功名耳。青起于行伍，骤擢为枢密副使，中外汹汹，以为朝廷未有此比。今青立大功，言者方息，若又赏之太过，是复招众言也。"争之累日，上乃从之，曰："然则更与其诸子官，何如？籍曰："昔卫青有功，四子皆封侯，此固有前世之比，无伤也。"于是以青为护国军节度使，河中尹，加检校太傅，诸子皆超迁数官，赏赐金帛甚厚。后数日，两府奏事，上顾籍笑曰："卿前日商量除狄青官，深合事宜，可谓深远之虑也。"①

王闢之《渑水燕谈录》所载与之相似，仅文字简略耳。

狄武襄公既平岭南，仁宗欲以为枢密使、平章事，庞庄敏公曰："太祖遣曹彬平江南，止赐钱二十万，其重慎名器如此。今青功不及彬远矣，若用为平章事，富贵已极，后安肯为陛下用。万一后有寇盗，青更立功，陛下以何官赏之"乃以青为护国军节度，诸子皆优官厚赐金帛。②

叶梦得《石林燕语》亦记云："狄武襄以枢密副使出讨侬智高，换宣徽南院使，宣抚荆湖南北路，经制广南盗贼事。师还，复旧任，盖不欲以本官外使也。"③

二月乙酉，以孙沔、余靖留邕州善后。《续资治通鉴长编》载：

---

① 司马光：《涑水记闻》卷五，中华书局，1989，第91—92页。

② 王闢之：《渑水燕谈录·归田录》之《渑水燕谈录》卷一，中华书局，1981，第7页。

③ 叶梦得：《石林燕语》，上海师范大学古籍整理研究所编：《全宋笔记》（第二编第十册）卷九，大象出版社，2006，第128页。

乙酉，广南东西、湖南、江西路安抚使、枢密直学士、右谏议大夫孙沔，知桂州、秘书监余靖并为给事中。仍诏靖留屯邕州，经制余党，候处置毕，乃还桂州。[①]

二月乙酉，石全彬及狄青诸子皆封官。

《续资治通鉴长编》载：

广南东西、湖南、江西路安抚副使、入内押班、内园使、陵州团练使石全彬领绵州防御使。东头供奉官、阁门祗候狄谘为西染院副使兼阁门通事舍人，右侍禁狄咏为阁门祗候。[②]

丁亥，赐狄青宅邸。

丁亥，赐狄青教坊第一区。

夏四月壬申，狄青凯旋，仁宗置酒垂拱殿慰劳。

《续资治通鉴长编》云："壬申，狄青还朝，置酒垂拱殿。"[③]

庚辰，契丹国使贺乾元节。令狄青所属蕃骑演练。

是日，御垂拱殿，令蕃落骑兵布阵，如归仁铺破贼之势，观其驰逐击

① 李焘：《续资治通鉴长编》（第七册）卷一七四，中华书局，1992，第4199页。
② 同上。
③ 同上，第4205页。

刺，等第推赏，仍以拱圣马三百补其阙。都大提举教阅阵法、右班殿直张玉迁内殿承制。①

狄青讲武殿阅武试，仁宗受惊。

吴曾《能改斋漫录》载此次番骑演练，仁宗受惊。

狄武襄青平侬智高，以用延州旧府蕃落骑兵之效。及归，狄欲奖此一军，乞于讲武殿阅武试，冀仁宗亲睹其骁勇。俄而奋击号呼，一如临敌，飞矢至殿陛。仁宗遽移御座，而中官前蔽，再三申命方止。识者鄙其不知体。楚军遂骄，因遣还边。②

本月，狄青作《京观记》，记平定侬智高之胜。平侬智高后，狄青另著有《平蛮记》和《归仁铺战阵图》，神宗朝时，狄青子狄諮均献于朝廷。③

五月乙巳，高若讷罢，擢枢密副使、宣徽南院使、护国军节度使狄青为枢密使。

[案]狄青进位枢相经过了一番激烈的的政治博弈。

据司马光《涑水记闻》载：

是时，适意以若讷为枢密使，位在己上，宰相有缺，若讷当次补；青

① 李焘：《续资治通鉴长编》（第七册）卷一七四，中华书局，1992，第4200页。
② 吴曾：《能改斋漫录》（下册）卷一二，上海古籍出版社，1979，第394页。
③ 吴曾：《能改斋漫录》（下册）卷一三，上海古籍出版社，1979，第348—349页。

武臣，虽为枢密使，不妨己涂辙，故于上前争之。既不能得，退甚不怿，乃密为奏，言狄青功大，赏之太薄，无以劝后；又密令人以上前之语告青；又使人语内侍省押班石全彬，使于禁中自讼其功，及言青与孙沔褒赏太薄，适许为外助。上既日日闻之，不能无信。顷之，两府进对，上忽谓籍曰："平南之功，前者赏之太薄，今以狄青为枢密使，孙沔为枢密副使，石全彬先给观察使俸，更俟一年，除观察使，高若讷优迁一官，加近上学士，置之经筵。"又言张尧佐亦除宣徽使，声色俱厉。籍错愕，对曰："容臣等退至中书商议，明日再奏。"上曰："勿往中书，只于殿前门阁内议之，朕坐于此以俟之也。"若讷时为户部侍郎，籍乃与同列议于阁内，以若讷为尚书左丞，加观文殿学士侍读，其余皆如圣旨。人奏之，上容色乃和，遂下诏行之。①

孙沔为枢密副使。

丁未，枢密直学士、给事中、新知杭州孙沔为枢密副使。沔行至南京，召还。

十二月，获侬智高母及二子及弟智光等。

李焘据《续资治通鉴长编》载：

十二月丁酉，广西安抚司言，捕获侬智高母阿侬及智高弟智光、子继宗继封，诏护送京师。阿侬有智谋，智高攻陷城邑，多用其策，僭号皇太后。天资惨毒，嗜小儿，每食必杀小儿。智高败走，阿侬入保特磨，依其夫侬夏卿，收残众约三千余人，习骑战，复欲入寇。余靖督部吏黄汾黄献

① 司马光：《涑水记闻》卷五，中华书局，1989，第93页。

珪石鉴、进士吴舜举发峒兵入特磨掩袭，并智高弟、子皆获之。[①]

本年狄青回汾阳故里。余请墓铭和王珪神道碑皆有记载，时间不明，附于此年。

仁宗至和元年甲午（1054年），四十七岁。

春正月，京师大疫。

三月，王德用为枢密使。

秋七月，梁适罢相。

冬十月辛卯朔，太白昼见。

范缜言兵不在众，狄青所以胜侬智高在蕃部骑兵。

《续资治通鉴长编》载：

兵不在众，在练之与将何如尔。侬智高寇岭南，前后遣将不知几辈，遣兵不知几万，亡走奔北，不可胜纪。陛下亲遣狄青，然而卒能取胜者，蕃落数百骑尔。此兵不在众，近事之效也。[②]

---

① 李焘：《续资治通鉴长编》（第七册）卷一七五，中华书局，1992，第4239页。

② 李焘：《续资治通鉴长编》（第七册）卷一七七，中华书局，1992，第4284—4285页。

至和二年甲午（1055年），四十八岁。

六月，传侬智高死，诛侬智高母等。

《续资治通鉴长编》载：

乙巳，侬智高母阿侬，弟智光，子继宗、继封伏诛。初，欲留继封等以招降智高，日给饮食，或传智高已死，遂并戮之。①

至和三年嘉佑元年丙申九月改元（1056年），四十九岁。

春正月甲寅朔，仁宗御大庆殿受朝，突感风眩，自此生病。

五月，京师大水，狄青一家避水相国寺，旋又遭火灾。

京师自五月大雨不止，官民皆遭水患。狄青家避于相国寺。据王铚《默记》记录。

青位枢密使，避水般家于相国寺殿。一日，衩衣衣浅黄袄子，坐殿上指挥士卒。盛传都下。及其家遗火，魏公谓救火人曰："尔见狄枢密出来救火时，着黄袄子否？"②

① 李焘：《续资治通鉴长编》（第七册）卷一七九，中华书局，1992，第4354页。

② 王铚：《默记》卷上，中华书局，1981，第16页。

至此，狄青为执政者所惮。韩琦还专门让人调查狄青衣黄袄子事，可见当时文臣对狄青已起疑心。

秋七月，仁宗不豫，文彦博与富弼等谋建储，未尝与狄青商议。欧阳修等文臣谋罢去狄青枢密使之位。

据李焘《续资治通鉴长编》载：

文彦博、富弼等之共议建储，未尝与西府谋也，枢密使王德用闻之，合掌加额，曰："置此一尊菩萨何地？"或以告翰林学士欧阳修，修曰："老衙官何所知？"于是上疏。[①]

是月，慧出紫微垣。文臣欧阳修、吴奎、吕景初和刘敞等先后上疏皆指"青跋扈可虑"，请罢狄青枢密使，使出知外州。

八月八月庚戌朔，日有食之。司马光、范镇等疏请立储君。刘敞知扬州，给朝廷大臣写信，要求罢免狄青。

八月癸亥，因遭欧阳修等文臣参奏，狄青罢枢密使，加同平章事、判出知陈州（今属河南）。

狄青为枢密使共四年，很得京师民心。"京城小民闻青骤贵，相与推说，诵咏其材武。青每出入，辄聚观之，至壅路不得行"。[②] 周辉《清波杂志》载：

武襄赴陈州，不怿，语所亲曰："青此行必死"。问其然，曰："陈州出

① 李焘：《续资治通鉴长编》（第八册）卷一八三，中华书局，1992，第 4424 页。

② 同上，第 4435 页。

一梨子，号‘青沙烂’，今去本州，青必烂死。”一时虽笑之，未果几卒。初实戏谈，适会其死耳。似云初无此说，好事者为之。或云当时狄为都人指目，故为是无稽之言以为笑端。判陈州，竟因疑似。①

九月辛卯，仁宗恭谢天地于大庆殿，大赦，改元。

十一月，王德用罢枢密使。

本年，狄青在陈州见蔡确。

狄青外知陈州期间，曾与后来神宗朝的新党重要人物蔡确会面。据孔平仲《谈苑》云：

> 陈州有颛项庙，狄青知州日，梦庙中有榜，题曰：“宰相蔡确”。确是时方为举人，青访知姓字，召见之，语以所梦，云：“善自爱”。确后果相神宗皇帝。②

嘉佑二年丁酉（1057年），五十岁。

二月壬戌，忠武节度使、同平章事王德用卒，赠太尉，中书令，谥武恭。

---

① 刘永祥：《清波杂志校注》卷五，中华书局，1994，第66页。

② 孔平仲：《谈苑》卷二，《丁晋公谈录》（外三种），中华书局，2012，第214页。

二月庚子，护国节度使、同平章事狄青卒于陈州，年五十。[①]

[按]狄青死因，《宋史》本传但言“疽发髭，卒”外，其他宋人诸书均言之不详，独王楙《野客丛书》所附其父所作《野老记闻》才透露了一点狄青当初被贬内幕细节和薨于陈州之真实内情。

狄青为枢密使，自恃有功，骄蹇不恭。怙惜士卒，每得衣粮皆负之曰：“此狄家爷爷所赐。”朝廷患之。时文潞公当国，建言以两镇节度使出之。青自陈无功而受两镇节旄，无辜而出典外藩。仁宗亦然之。及文公以對，上道此语，且言狄青忠臣。公曰：“太祖岂非周世宗忠臣？但得军情，所以有陈桥之变。”上默然。青未知，到中书再以前语白文公，文公直视语之曰：“无他，朝廷疑尔。”青惊怖，却行数步。青在镇，每月两遣中使抚问，青闻中使来，即惊疑终日。不半年，疾作而卒，皆文公之谋也。[②]

一代名将狄青卒后，仁宗为之发哀苑中，赠中书令，谥曰武襄。故后世称他为“狄武襄”或“武襄公”。

狄青去世后，其子狄谘、狄咏护其灵柩归葬故乡西河。按北宋余靖《宋狄故令公墓铭》记：“公薨之年，归殡京师，明年，卜宅西河之太平乡刘村里，又明年二月十九日襄事。”[③]另据《山西通志》载，狄青墓在今汾阳县郝洪里刘村，碑文为翰林学士王珪所撰。[④]

关于狄青的家庭子女情况，王珪《狄武襄公神道碑铭》所载较详：“公娶魏

---

① 按狄青所卒之月，《宋史·狄青传》云：“明年二月，疽发髭，卒。”而《宋史·仁宗本纪》又曰：“三月癸卯，狄青卒。”李焘《续资治通鉴长编》记为“二月庚子”。其说必有所据。考《汾阳县志》亦记为“明年二月疽发髭卒”。（卷六）盖狄青卒于二月底，三月初陈州报丧至朝廷。此处从李焘所记。

② 王楙：《野老记闻》，《野客丛书》附录，中华书局，1987，第356页。

③ 曾枣庄、刘琳主编：《全宋文》卷五七三，安徽教育出版社、上海辞书出版社，2006，第120页。

④ 《山西通志》卷一七三，台湾商务印书馆，1986。

氏，封定国夫人。六男：长曰谅，殿班奉职，早卒；次曰谘，西上阁门副使；次曰咏，内殿崇班、阁门祇候；次曰德，内殿崇班；次曰说，东头供奉官；次曰谏，内殿崇班；说、谏蚤卒。二女，许嫁而卒。孙曰璋，左侍禁；曰瓌，尚幼。”[①] 狄青子狄咏亦是一员勇将，尝从王韶战洮西有功。[②]《宋史·狄青传附》亦言其“数有战功”。[③] 另据余靖《宋故狄令公墓铭》所云，狄青尚有同胞兄狄素，为右班殿直。其亦有五子。还有一从父兄名狄靖，为左班殿直，其子详，为右侍禁。

嘉祐三年戊戌（1058 年）

八月己未，礼部侍郎、参知政事王尧臣卒，年五十六。赠左仆射，谥文安。狄青为卒时，尧臣中状元。仁宗庆历中，宋与西夏交兵，尧臣尝荐狄青、种师道等可为大将。[④] 后王尧臣与狄青尝同在枢密府共事，狄青为使，尧臣为副。尧臣对狄青在己上，颇有些妒忌。王偁《东都事略》载：

> 狄青以军功起行伍。居大位。而士卒多属目。而青颇有自得色、尧臣与青言：“古将帅起微贱而富贵，而不能保首领者，可以为鉴戒。”青稍沮丧。[⑤]

---

① 曾枣庄、刘琳主编：《全宋文》卷一一五四，安徽教育出版社、上海辞书出版社，2006，第 203 页。

② 李焘：《续资治通鉴长编》（第十册）卷二五二，中华书局，1992，第 6239 页。

③ 脱脱等：《宋史》（第二十八册）卷二九〇，中华书局，1985，第 9721 页。

④ 叶梦得：《避暑录话》，上海师范大学古籍整理研究所编：《全宋笔记》（第二编第五册），大象出版社，2006，第 298 页。

⑤ 王偁：《东都事略》卷七〇，《二十五别史》（第十四册），齐鲁书社，2000，第 582 页。

嘉祐八年癸卯（1063 年）

二月戊申，太子太保致仕庞籍卒，年七十六，赠空兼侍中，谥庄敏。庆历年间与西夏作战，狄青尝为庞籍部将。皇祐中侬智高乱，庞籍又力荐狄青挂帅征南。

三月辛未晦，仁宗崩于福宁殿。狄青一生事业功勋主要均在仁宗朝。

英宗治平元年甲辰（1064 年）

夏六月癸亥，工部尚书、集贤院学士余靖卒。赠刑部尚书，谥曰襄。余靖尝从狄青征侬智高。后为狄青写墓铭。

治平三年丙午（1066 年）

夏四月甲申朔，孙沔卒，赠兵部尚书，谥威敏。皇祐五年平侬智高，孙沔助狄青颇多。滕元发《孙威敏征南录》将他作为宋廷平定侬智高的主要角色。

知谏院邵亢、御史吴申、吕景赞狄青勋劳为天下称。

《续资治通鉴长编》载：

殿前都虞候、容州观察使郭逵检校太保、同签书枢密院事。……知谏院邵亢、御史吴申吕景交章论祖宗朝枢府参用武臣，如曹彬父子、马知节、王德用、狄青，勋劳为天下所称则可，逵黠佞小才，岂堪大用。不报。[①]

神宗熙宁元年戊申（1068年）

本年，神宗作祭狄青文。

周辉《清波杂志》云：

熙宁改元，青子谘入对，上问狄青征南有遗书否，乃上《平蛮记》《归仁铺战阵》二图。上乃为文，遣使即其第祭之。其文具载《实录》。[②]

叶梦得《石林燕语》云："神宗初即位，有意二边。一日，忽内出御制祭文，遣使祭其墓，欲以感动将士。或云，滕元发之词也。"[③] 吴曾《能改斋漫录》亦记："初，青子谘奏事延和殿，神宗问：'青征南尝有遗书存否？'于是谘上《平蛮记》及《归仁铺战阵》二图。"《宋史·狄青传》云："熙宁元年，神宗考次近世将帅，以青起行伍而名动夷夏，深沉有智略，能以畏慎保全终始，慨然思之，命取青画像入禁中，御制祭文，遣使赍中牢祠其家"。[④]

---

① 李焘：《续资治通鉴长编》（第八册）卷二〇八，中华书局，1992，第5051页。

② 刘永祥：《清波杂志校注》卷二，中华书局，1994，第66页。

③ 《石林燕语》，中华书局，1984，第130页。按叶梦得云神宗御祭文为"滕元发之词"，盖不可能，滕元发《孙威敏征南录》对狄青异常蔑视，不大可能做祭狄青文。

④ 脱脱等：《宋史》（第二十八册）卷二九〇，中华书局，1985，第9721页。

焉，亦诸将之今日也。今未敢承命，俟有奏论。”又明日陛对，愿得宣抚使可以集事，以为其贰。执政疾其言，公曰：“苟不如请，愿朝廷应副军须，使无复顾之患。”诘难更数端，不得请。公曰：“无素具，则当盛贼势，必败事。徒受责，何益？”宰相陈执中曰：“败事岂止于责耶？”又曰：“密学无张皇。”公对曰：“是欲示镇静耶？有备固当尔，无备而示镇静，此危亡之本也。国家生灵可儿戏乎？”又明日，乞兵万人、马千骑、金帛称之，裨校八人，掌机要文籍者四人，军前备指顾者二十人。难者曰：“南方非用马之地，何以马为？”公曰：“贼去朝廷远。苟当用马，岂朝奏而暮得耶？然终以马胜。”又乞兼安抚江南东、荆湖北两路，冀以四路共赡军。盖向之两路，贫部也。复为大臣所沮。越二日，诏促行，才得人马军七百人，文臣四人，备指顾者十人，安抚池、江、饶、太平四州。及辞，对上曰：“臣之所乞，举不从。臣难欲尽愚报陛下，势不能。死固不足惜，惜羞国尔。至如乞宣抚使事，盖旧例两府太臣为之，凡有须于郡国，无远近皆给之。今臣所能令者，两路及四穷州而已。非所部，谁应军需者。”上曰：“卿第行，事且急，为卿出宣抚使。”公再拜曰：“审如德音，平南必矣。”上喜曰：“卿先到彼，但多为备。”公复对曰：“臣不知大臣何以见沮。止如杨畋、蒋偕辈行无所请，亦无功效。今臣与石全彬军行当苟避贼，其敢虚死以忧朝廷。万一贼平，臣止求致仕。至遣宣抚一司，须赖圣明独断。”公求致仕之言，盖尝有谮其张皇贼势，事成而邀赏者，故以言。

将行，虑贼入湖南。于是先为虚声飞报荆湖南北，曰：“大兵即至，促多建营垒，及将佐数十宇，盛储赏犒之备。”传之诸郡，于是人心稍定，贼以故不敢过岭。既行之后，蒋偕又陷贼于贺州。九月甲辰，公行至鼎州。加安抚广南东西路。又以枢密副使狄青为宣抚使。公遂留长沙一月以待，且思所以制胜之具，朝夕不怠，公疾且病矣。大臣疑其不肯行。上遣御医周应与中贵人来，过岭视疾。因道上语曰：“大臣不为孙某地，朕须应副，令了南事。”

有裨将晋人李定者，父子兄弟凡七人，闲战斗。公遣先之桂、象间，逆朝廷所遣兵，次于宾州。虑其为人所使，贪功败事，令之曰：“妄出战，吾斩汝一家。”后桂帅果使之，定不听，屯宾之如和关外。贼至，不与战，遂引去。及使他兵，果败。乃陈崇仪军也。宾、象由是而完，公之计也。

十有一月，集军宾得钱帛百万矣。又闻贼之长技用蛮牌捻枪，每人持牌以蔽身，二人持枪夹牌以杀人，众进如堵，弓矢莫能加，久为南患。公乃多备长刀大斧，制其所长。南方水潦不时，而瘴疠将作，燥湿之具百计悉备。备成而狄至。过岭而南，时十有二月也。狄与公议事。公以三策料曰："贼出，上计归其巢穴；中计守邕城自固；以久王师；下计与吾战。今度其必出下计焉。何者？彼以天幸，横行大岭之外，有骄我心。骄则必出，出则必败。使吾二人者心和而谋协，狂寇奚容不诛。某请遇事密输计于太尉，太尉自行之。军中无二令，自取美名，非我意也。"狄大喜，出其非望，公以身下之。后有处置，狄常令军中曰："此事是孙密学擘画。"及归朝，亦数以告上。二公之心，人以为难。

明年正月，达宾、象间，大军及辎重凡四万人出昆仑关。行三日，部曲前后不相属。宿朝天驿，公乃谓狄曰："兵行如此，卒遇贼何以支？"是夕，申命诸校各有队伍。明日果遇贼于归仁铺。贼在山后，偏将孙节、祝贵阵于前，石全彬为左翼，刘几为右翼，狄与公暨桂帅余靖处中军，李定殿其后。贼将战，余惧，弃所部入公军。公叱去之。象众据山而阵，孙节恃勇出，与之争地形。公疾呼节曰："此岂争地利处耶？"节不听，兵小衄，死焉。狄素奇之，失声惊呼。节之余军与祝贵军复振。遂用公之刀斧斫牌枪，响震山谷。先所命三百骑为奇兵，出山背突贼后，溃。前军乘之，杀伤数千人。贼遂遁保邕城。公欲围城以取之，狄不许。是夜，官军乃寨于山前。公曰："军中必由一二人怯于战者，虚声相连。"乃下令军中，敢夜有呼叫者，斩。漏二鼓，他寨果惊呼，贼闻，以为大军至，遂空壁而去，独公所部无一人动者。明日，兵进邕州，狄嫌以恩悦军，不即赏。众皆恼恼，或偶语者。公乃与狄议曰："士卒冒万里险瘴以立功，奈何不赏耶？万一有变，非太尉计。"狄于是取下赏赏之，众遂定。已而，治附贼者。公乃白太尉曰："其胁从者，可以尽诛耶？当先为公诘其端，送至廷下者乃可杀。"太尉曰："诺。"由公所全活者盖数十百千人。

狄先还京师，公留邕计事。以旧戍兵三岁一易，瘴死者十常七八，乃令本道择善地番休，留邕者止一岁。故人人乐戍。郡城惟三门，公新作北门，号曰归仁门。使向阙，示其有归怀之意，及斸土，乃得旧址，众服公识。又表洪谭籍重兵，多蓄财以给岭外，筑城抚集亡民散卒，置博易务，通诸蛮之有无。民之因贼面科徭，卖鬻男女，为人奴婢者，约以一年折其券。及狄至自南还枢府，厚赏金宝，官其数子，赐第一区。而公止与余靖加秩一等。公以尝乞身归田野。大臣尤公之惭其前，害其宠名。上曰："孙某求致仕矣。"执政愕然无以对。公寻累乞杭，行至南都。上曰："岂朕指耶。"诏擢为枢密副使。恳避再三，不获已，而受命焉。及领机务，昂然有古名臣之风。其事非此所得书也。

初侬氏世为广源大酋。智高父尝寇交址，获焉。智高释父怨，因结懽好。异时，交址使之守广源。又以桀黠为奸，交址败走之。后据有田州，以其守黄光祚之母为妻，佯交特摩国，以母嫁其国主。既又并其土众。始乞卒朝补田州刺史，不得，又乞散练使，又乞徒赐袍笏，又乞每南郊时贡金千两，愿常于邕管互市，皆不许，至令入寇。及其败窜，久之至大理国，斩首以献。前二公破走智高时，令邕守萧注捕之。后得其母与弟，戮于都市。

予尝谓近世文臣，罕有躬战伐，成功名者。独公善为兵，又能身下狄以攘寇难。固已鲜哉。因录以示世云。

[按]此一卷笔记不载于《宋人轶事汇编》之狄青条，亦少见诸家所录。

碧云騢　梅尧臣《全宋笔记》

狄青与文彦博同乡人。青在定州，彦博令门客往游索，青遣之薄。客归，彦博以书责青，再遣客往，谒青于是厚遗之。明年，青建节知延州，彦播又令客请青，曰："延州之行，我有力焉。合奏异姓一人，当以客为请。"青遂奏客为试校书郎。会伐蛮贼，惊走归洞，乃除青为枢密使。

庞籍与文彦博为婚姻，遂得誉。孙沔缘籍亲，又因中官石全彬而进，至枢密福使。沔与妻边氏俱淫滥，世人言沔已为秽矣。籍欲与之地，令取南蛮。沔至岭下，称疾不敢进，后因狄青破贼有功。初，沔受秦州，二怨谏官弹其秽迹，称疾，泊舟南京，上章求徐州。实以观朝廷意，阴结中官与庞籍相助。于是上遣尚医视疾，令中使押往。沔厚赂中使及医官，曰实病。既闻侬贼扰南方，乃入京。去赴秦州。庞籍上言，南方非沔不能城功。乃南征。未行，沔在大佛寺安下，其妻晓夕在籍家，沔晓夕在南省前陈家，通陈之妻。陈氏，沔之外生，既受沔奏为斋郎，沔又奏陈子掌南行机宜，归又奏为职官。南方效力有考弟者，不过得县令，人甚嗟恨之。

孙公谈圃　孙升《全宋笔记》

依智高陷邕州，狄青讨之。列阵城下，智高达宴城头，鼓吹振作。一人衣道服骂官军，有善射者一箭毙之。青先锋王简子勇甚，为镳所杀，青见之，汗出入雨，世言青真武神也。至是，曳两皂旗麾兵而战，先用蕃落马贯贼乱之，大呼，骑步夹进，遂破智高。是时，智高可擒，青疑有伏兵，乃止。（上卷）

依智高反时，官军屡败，孙沔、余靖行不整，所遇残掠。狄青为帅，有妇人卖蔬于道，一卒倍取，青曳卒骂前斩之。至广，召诸将，责陈晓犯英庙御名。违节制，斥起，大门外已罗酒炙，遂斩之。孙、余坐上股栗。自是军声大振，秋毫无犯，遂破贼焉。（下卷）

杨公笔录　杨彦龄《全宋笔记》

人有购得狄梁公家纶诰数通，以献狄青。青厚遗以金帛而不受，曰：“青何人，敢当此。”人皆多其有识。宋何昌寓为礼部尚书，有一客姓闵求官。昌寓问曰：“君是谁后？”答曰：“子骞之后。”昌寓笑谓坐客“遥遥华胄”。今士人以此取丑者甚多，因书此为劝。

清波杂志　周辉

狄武襄像

向在建康，于邻人狄似处见其五世祖武襄公收侬智高时所带铜面具及所佩牌，上刻真武像。世言武襄乃真武神也。又出使相判陈州告身，皆五色金花绫纸十七张，晕锦褾袋，犀轴、紫丝网皆备。（卷二）

青纱烂

武襄赴陈州，不怿，语所亲曰："青此行必死。"问其然，曰："陈州出一梨子，号'青沙烂'，今去本州，青必烂死。"一时虽笑之，未果几卒。初实戏谈，适会其死耳。似云初无此说，好事者为之。或云当时狄为都人指目，故为是无稽之言以为笑端。判陈州，竟因疑似。熙宁改元，青子入对谘入对，上问青征南有遗书否，乃上《平蛮记》及《归仁铺战阵》二图。上乃为文，遣使即其第祭之。其文具载《实录》。（卷二）

修敬祠堂

狄武襄青受范忠献之知，每至范氏，必拜于家庙，入拜夫人甚恭，以郎君之礼事其子弟。狄乃武将，能知仪不忘恩，可书也。（卷五）

邵氏闻见录　邵伯温

狄武襄公青初以散直为延州指挥使，时西夏用兵，武襄以智勇收奇功。尝被发带铜铸人面，突围陷阵，往来如神，虏畏慑服，无敢当者。而识达宏远，贤士大夫翕然称之，尤为范文正、韩忠献、范正献诸公所知。文正公授以《春秋》《汉书》曰："为将而不知古今，匹夫之勇耳。"武襄感服，自勉励无怠，后位枢密。或告以当推狄梁公为远祖，武襄愧谢曰："某出田家，少为兵，安敢祖唐之忠臣梁公者。"又或劝去鬓间字，则曰："某虽贵，不忘本也。"每至韩忠献家，必拜于庙廷之下，入拜夫人甚恭，以郎君之礼待其子弟，其异于人如此。郭宣徽逵少时，人物已魁伟，日怀二饼，读《汉书》于京师州西酒楼上。饥即食其饼，沽酒一升饮，再读书。抵暮归，率以为常。酒家异之，后亦以散直为延州指使。范文正公为帅，令主私藏，端坐终日不出门，文正益任之。韩魏公代文正公，宣徽又事之，魏公尤器重。屡立大功，进至副都总管。治平中，召为签书枢密院。杨太尉遂，微时为文潞公虞候吏，每燕会，太尉独不食余馔，他人与之，亦不顾。潞公以此奇之。公定贝州，太尉穴地道入城先登，受上赏。后官至节度使。苗太尉授为小官，时客京师逆旅中，未尝出行，同辈以为笑。后为名将帅，官节度使，两除殿帅。四人者，其功业、智勇、贫贱、遇合略相似，故并书之。（卷八）

陕西豪士刘易多游边，喜谈兵，宝元、康定间，韩魏公宣抚五路，荐于朝，赐处士号。易善作诗，魏公为书石。或不可其意，则发怒洗去，魏公欣然再书不惮。尹师鲁帅平凉，延易府第尊礼之。狄武襄代师鲁，遇之亦厚。每燕设，易嗜食苦马菜，不得即叫怒无礼。边城无之，狄青为求于内郡。后每燕集，终日唯以此菜啗之，易不能堪，方设常馔。时称狄青善制也。（卷一六）

梦溪笔谈　沈括

狄青为枢密使，有狄梁公之后，持梁公画像及告身十余通，诣青献之，以谓青之远祖。青谢之曰："一时遭际，安敢自比梁公？"厚有所赠而还之。比之郭崇韬哭子仪之墓，青所得多矣。（卷九人事）

宝元中，党项犯塞，时新募万胜军，未习战阵，遇寇多北。狄青为将，一日尽取万胜旗付虎翼军，使之出战。虏望其旗，易之，全军径趋，为虎翼所破，殆无遗类。又青在泾、原，尝以寡当众，度必以奇胜。预戒军中，尽舍弓弩，皆执短兵器。令军中闻钲一声则止，再声则严阵而阳却；钲声止则大呼而突之。士卒皆如其教。才遇敌，未接战，遽声钲，士卒皆止；再声，皆却。虏人大笑，相谓曰："孰谓狄天使勇？"时虏人谓青为"天使"。钲声止，忽前突之，虏兵大乱，相蹂践死者，不可胜计也。

狄青为枢密副使，宣抚广西。时侬守高昆仑关。青至宾州，值上元节，令大张灯烛，首夜燕将佐，次夜燕从军官，三夜飨军校。首夜乐饮彻晓。次夜二鼓时，青忽称疾，暂起如内。久之，使人谕孙元规，令暂主席行酒，少服药乃出，数使人劝劳座客。至晓，各未敢退。忽有驰报者云，是夜三鼓，青已夺昆仑矣。

［按］狄青奇袭昆仑关，为宋代文人津津乐道。魏泰《东轩笔录》所记亦生动。

狄青戍泾原日，尝与虏战，大胜，追奔数里。虏忽壅遏山踊，知其前必遇险。士卒皆欲奋击。青遽鸣钲止之，虏得引去。验其处，果临深涧，将佐皆悔不击。青独曰："不然。奔亡之虏，忽止而拒我，安知非谋？军已大胜，残寇不足利，得之无所加重；万一落其术中，存亡不可知。宁悔不击，不可悔不止。"青后平岭寇，贼帅侬智高兵败奔邕州，其下皆欲穷其窟穴。青亦不从，以谓趋利乘势，入不测之城，非大将军。智高因而获免。天下皆罪青不入邕州，脱智高于垂死。然青之用兵，主胜而已。不求奇功，故未尝大败。计功最多，卒为名将。譬如弈棋，已胜敌可止矣，然犹攻击不已，往往大败。此青之所戒也，临利而能戒，乃青之过人处也。（卷一三权智）

东斋记事　范镇

狄武襄公青初为延州指挥使，与西贼大小二十五战，每战带铜面具，被发发出入行阵间。凡八中箭，累官至泾原路招讨副使。上未识其面，欲召见之，会贼寇边甚急，上令图其形以进，其后为枢密使。（卷三）

涑水记闻　司马光

侬智高破岭南十四州，狄青平之。（卷四）

狄青平邕州还除州。事在《朔记》（卷五）

狄青既破侬智高，平邕州，上甚喜，欲以为枢密使、同平章事。宰相庞籍曰：“昔太祖时，慕容延钊将兵，一举得荆南、湖南之地，方数千里，兵不血刃，不过迁官、加爵邑、赐金帛，不用为枢密使也。曹彬平江南，禽李煜，欲求使相，太祖不与，曰：‘今西有河东，北有幽州，汝为使相，那肯复为朕死战邪！’赐钱二十万贯而已。祖宗重名器如山岳，轻金帛如粪壤，此陛下所应当法也。今青奉陛下威灵，殄戮凶丑，克称圣心，诚可褒赏，然方于延钊与彬之功，则不逮远矣。若遂用为枢密使、同平章事，则青名位极矣，寇盗之警不可前知，万一他日青更立大功，欲以何官赏之哉？且枢密使高若讷无过，若之何罢之？不若且为之移镇，加检校官，赐之金帛，亦足以酬青之功矣。”上曰：“向者谏官御史言：若讷举胡恢书石经，恢狂险无行；又若讷前导者殴人致死，可谓无过乎？”庞公曰：“今之庶僚举选人充京官，未迁官者犹不坐，况若讷大臣，举恢以本官书石经，未尝有所迁也，奈何以此解其枢务哉？且谏官御史上言之时，陛下既以赦若讷不问矣，今乃追举以为罪，无乃不可乎？”参知政事梁适曰：“王则止据贝州一城，文彦博攻而拔之，还为宰相；侬智高扰乱广南两路，青讨平之，为枢密使何足为过哉？”籍曰：“贝州之赏，当时论者已嫌其太重。然彦博为参知政事，宰相有缺，次补亦当为之，况有功乎？又国朝文臣为宰相，出入无常；武臣为枢密使，非有大罪不可罢也。且臣不欲使青为枢密使者，非徒为国家惜名器，亦欲保全青之功名耳。青起于行伍，骤擢为枢密副使，中外汹汹，以为朝廷未有此比。今青立大功，言者方息，若又赏之太过，是复招众言也。”争之累日，上乃从之，曰：“然则更与其诸子官，何如？籍曰：“昔卫青有功，四子皆封侯，此固有前世之比，无伤也。”于是以青为护国军节度使，河中尹，加检校太傅，诸子皆超迁数官，赏赐金帛甚厚。后数日，两府奏事，上顾谓籍笑曰：“卿前日商量除狄青官，深合事宜，可谓深远之虑也。”

是时，适意以若讷为枢密使，位在己上，宰相有缺，若讷当次补，青武臣，虽为枢密使，不妨已涂辙，故于上前争之。既不能得，退甚不怿，乃密为奏，言狄青功大，赏之太薄，无以劝后；又密令人以上前之语告青；又使人语内侍省押班石全彬，使于禁中自讼其功，及言青与孙沔褒赏太薄，适许为外助。上既日日闻之，不能无信。顷之，两府进对，上忽谓籍曰："平南之功，前者赏之太薄，今以狄青为枢密使，孙沔为枢密副使，石全彬先给观察使俸，更俟一年，除观察使，高若讷优迁一官，加近上学士，置之经筵。"又言张尧佐亦除宣徽使，声色俱厉。籍错愕，对曰："容臣等退至中书商议，明日再奏。"上曰："勿往中书，只于殿前门阁内议之，朕坐于此俟之也。"若讷时为户部侍郎，籍乃与同列议于阁内，以若讷为尚书左丞，加观文殿学士兼侍读，其余皆如圣旨。人奏之，上容色乃和，遂下诏行之。（卷五）

宝元二年十二月乙丑，延环庆路都部署司奏：夏虏寇掠保安军及延州，驻泊 辖、六宅使庐守等将兵击却之，各以功大小受赏有差。散直狄青功最多，超四资，除殿直。（卷一〇）

洙怒，以沪、士廉违部署司节制，命泾原部署狄青往斩之，青械击沪、士廉于德顺军。（卷十）

凡边上臣僚图实效者，特在于选举将校、训练兵马、修完城寨、安集蕃汉，以备寇之至而已；贪功之人则不然，唯务兴事求赏，不思国计。故昨来郑戬差许迁等部领兵马修城，又差走马承受麦知微作都大照管名目，若修城功毕，则皆是转官酬奖之人，不期与尹洙、狄青所见不同，遂致中辍，希望转官，皆不如意。今若水洛城复修，则陇城川等又须相继兴筑，其逐处所差官员将校，人人只望事了转官，岂肯更虑国家向去兵马粮草之费？（卷一二）

五月乙朔，丙寅，侬智高攻广州。初，直史杨畋，继业之族人也。畋儒者，迂阔无威，诸将不服，寻罢免之。

枢密副使狄青请自出战击贼，庚午，以青为宣徽使、荆湖南北路宣抚使、都大提举经制广南东西路盗贼事。谏官韩绛上言，狄青武人，不足专任，固请以侍从文臣为之副。上以访执政，时庞籍独为相，对云："属者王师所以虑败，皆由大将权轻，偏裨人人自用，遇贼或进或退，力不能制敌也；今青起于行伍，若以侍从之臣副之，彼视青如无，青之号令复不得行，是循覆车之轨也。青素名善战，今以二府将大兵讨贼，若又不胜，不惟岭南非陛下之有，荆湖、江南皆可忧矣。祸难之兴，未见其涯，不可不慎。青昔在麟延，臣居下位，沉勇有智略，若专以智高事委之，使青先以威齐众，然后用之，必能办贼，幸陛下勿以为忧也。”上曰：“善”。于是诏岭南用兵皆受青节度，处置民事，则乌孙沔等议之。

十一月，狄青至湖南，诸道兵皆会，诸将闻宣抚使将至，争先立功。余靖遣广南西路钤辖陈曙将万人击智高，为七寨，逗留不进。

十一月壬申朔，智高与曙战于金城驿，曙败，遁归，死者二千余人，弃捐器械辎重甚众。交趾王德政请出兵二万助收智高，狄青奏曰：“官军自足办贼，无用交趾兵。”丁未，诏交趾毋出兵。青又请西边蕃落广锐两千骑与俱。

五年正月，青至宾州，余靖、陈曙皆来迎谒。时馈运未至，青初令备五日粮，既又备十日粮，智高闻之，由是懒堕不为备，上元张灯高会。先是，诸将视其帅如寮寀，无所严惧，每议事，各执所见，喧争不用命。己酉，狄青悉集将佐于幕府，立陈曙于庭下，数其败罪，并军校数十人皆斩之。诸将股栗，莫敢仰视。余靖起拜曰：“曙之失律，亦靖节制之罪。”青曰：“舍人文臣，军旅之责，非所任也。”于是勒兵而进，步骑二万人。

或说侬智高曰：“骑兵利地，宜遣兵守昆仑关，勿使度险，俟其兵疲食尽，击之无不胜者。”智高骤胜，轻官军，不用其言。青倍道兼行，出昆仑关，直趋其城，智高闻之，狼狈发兵出战。戊午，相遇于归仁铺。青使步卒居前，匿骑兵于后。蛮使骁勇者执长枪居前，弱者悉在其后。其前锋孙节战不利而死，将卒畏青令严，力战莫敢退者。青登高丘，执五色旗，麾骑兵为左右翼，出长枪之后，断蛮军为三，旋而击之，枪立如束，蛮军大败，杀获三千人，获其侍郎黄师宓等。智高走还城，官军追之，营其城下。夜，营中惊呼，蛮闻之，以为官军且进攻，弃城走。明日，青入城，遣裨将于振追之，过田州不及而还，智高奔大理。捷书至，上喜，谓庞籍曰：“岭南非卿执议之坚，不能平，今日皆卿之功也。”

狄青还，上欲以为枢密使、同平章事，籍曰：“昔曹彬平江南，太祖谓之曰：‘朕欲以卿为使相，然今外敌尚多，卿为使相，安肯复为朕尽心力邪？’赐钱二十万缗而已。今青虽有功，未若彬之大，若赏以此官，则富贵极矣，异日复有寇盗，青更立功，将以何官赏之？且青起军中，致位二府，众论纷然，谓国朝未有此比，今幸而立功，论者方息，若又赏之太过，是复使青得罪于人也。臣所言非徒便于国体，亦为青谋也。昔卫青已为大将军，封侯立功，汉武帝更封其子为侯；陛下若谓赏功未尽，宜更官其诸子。”争之累日，上乃许之。二月癸未，加青护国军节度使，枢密副使如故，仍迁诸子官。既而议者多谓青赏薄，石全彬复为青讼功于中书。五月乙巳，竟以青为枢密使。

惟结洞酋长黄守陵最强，智高深与相结。洞中有良田甚广，饶粳糯及鱼，四面阻绝，唯一道可入。智高遗守陵书曰：“吾曏者长驱至广州，所向皆捷，所以复还邕州者，欲抚存汝诸洞耳。中国名将如张忠、蒋偕辈，皆望风授首，步兵易与，不足忧，所未知者骑兵耳。今闻狄青以骑兵来，吾当试与之战，若其克捷，吾当长驱以取荆湖、江南，以邕州授汝；不捷，则吾寓汝洞中，休息士卒，从特磨洞借马，教习骑战，俟其可用，更图后举，必无敌矣。”并厚以金珠遗守陵。守陵喜，运糯米以饷智高。鉴使人说守陵曰：“智高乘州县无备，横行岭南，今力尽势穷，复还邕州，朝廷兴大兵以讨之，败在朝夕。汝世受国恩，何为无事随之以取族灭？且智高父存勖，本居广源州，弟存禄为武勤州刺史，存勖袭杀存禄而夺其地；又以女嫁广源州刺史，因省其女，遂引兵袭杀刺史及其婿而夺其地，此皆汝耳目亲见也。智高父子贪诈无恩，譬如虎狼，不可亲也。今汝乃欲延之洞中，吾见汝且为虏矣，不可不为之备。”守陵由是狐疑，稍疏智高。智高怒，遣兵袭之，守陵先为之备，逆战，大破之。会智高亦为狄青所败，遂不敢入结洞而逃奔特磨。（卷一三）

画漫录　张舜民

狄武襄，西河书佐也。逋罪入京，窜名赤籍，以三班差使殿侍，出为青涧指挥使。种世衡知城，范文正帅鄜延，料阅军书至夜分，从者皆休，惟狄不懈，呼之即至。每供事，两手如玉，种以此异之，授以兵法。然又延之于范公，遂成名。

[按] 此条是现存宋人笔记唯一记载狄青本为乡里书佐而“逋罪入京”。

野客丛书附野老记闻　王楙

狄青为枢密使，自恃有功，骄蹇不恭，怙惜士卒，每得衣粮，皆负之曰：“此狄家爷爷所赐。”朝廷患之。时文璐公当国，建言以两镇节度使出之。青自陈：“无功而受两镇节旄，无罪而出典外藩。”文公入对，上道此语，且言：“狄青是忠臣。”公曰：“太祖岂非周世宗忠臣。”上默然。青未知，到中书再以前语白文公，公直视语之曰：“无他，朝廷疑尔。”青惊怖却行数步。青在镇，每月两遣中使抚问，青闻使来，即惊疑终日，不半年，疾作而卒。皆文公之谋也。（《野老记闻》附录）

[按] 此则故事乃唯一记载狄青死亡原因之最详文字。

青箱杂记　吴处厚

平顺贼之明年，复有刘盱相继叛命，公命讨平之，既而凯旋，忽有持首级来者，公曰：“当奔突接战之际，岂暇获其首，此必战后斫来，知复是谁？”殿直段伦曰：“如学士之言，真神明，当时随伦为先锋入贼用命者，皆中伤被体，何尝获首级？”公乃先录中伤之人，而以持首级来者次之，于是军伍欢跃。又皇佑中，侬贼叛命，狄青讨之，青临行上言，以谓“古之师还，以讯馘首告，割耳鼻则有之，不闻有获首者。秦汉以来，方有是事，故获一首则赐爵一级，因为之首级。然开争启悖，莫此之甚，故军士争首级以致相杀。又其间多以首级为货，售于无功不战之人，非所以劝，愿一切寝罢。如师有功，则差次其劳，全军加赏；无功则斟酌其罪，全军加罚。庶令上下一心，不专自为私计，则决胜之道也。”从之，遂大捷。然则青之智识，亦公之智识也。（卷一〇）

避暑录话　叶梦得

庆历中，西方用师，一委韩公、范文正公，皆为招讨副使。王文公尧臣时为翰林学士，公具言二公为夷狄所畏，忠勇无比。将御外敌，非二人不可。 并荐其麾下狄青、种师道等二十余人可为大将。（卷下）

泊宅编　方勺

狄武襄公青本拱圣兵士，累战功致位枢府。既贵，时相或讽其去面文者，但笑而不答。仁庙亦宣喻之，对曰：“臣非不能，姑欲留而为天下士卒之劝。”上由此益爱之。（卷二）

能改斋漫录　吴曾

武狄襄青平侬智高，以用延州旧府蕃落骑兵之效。及归，狄欲奖此一军，乞于讲武殿阅武试，冀仁宗亲睹其骁勇。俄而奋击号呼，一如临敌，飞矢至殿陛。仁宗据移御座，而中官前蔽，再三申命方止。识者鄙其不知体。楚军遂骄，因遣还边。（卷一二记事）

仁宗以广源蛮侬智高寇岭外，陷数州，乃遣狄武襄出督战。用延州蕃落骑兵，一鼓而破。捷至，帝愀然无喜色，曰：“杀人多乎。”（卷一二记事）

狄武襄自“拱圣长行”至节度使平章事。世多言狄之隶籍，与参政王尧臣作状元之年同，后亦为两府。仁宗以其然，命王谕狄去其黥文。狄谓王曰：“青若无此两行字，何由致身于此？断不敢去，要使天下健儿知国家有此名位待之也。”议者讳其言。（卷一二记事）

神宗自为文祭狄青曰：“惟天生贤，佑我仁祖。沉鸷有谋，重厚且武。昔居校联，功名自喜。既登筹帷，益奋忠义。惟是南荒，有盗猖獗。陵轹二广，震惊宫阙。群公瞻顾，莫肯先语。惟卿请行，万里跬步。首戮骑将，大振吾旅。金节一麾，孰敢龃龉。遇贼于原，亲按旗鼓。彼长排枪，我利刀斧。马驰于旁，捣厥背膂。驱攘歼縶，如手探取。奏功来朝，遂长右府。旋升外相，均逸邦畿。如何不淑，早弃盛时。逮予纂服，弗睹音仪。因览遗略，又观绘事，缅怀风徽，感叹无已。遣使临奠，用旌前勋。灵而有知，当体兹意。”初，青子谘奏事延和殿，神宗问：“青征南尝有遗书存否？”于是谘上《平蛮记》及《归仁铺战阵》二图。神宗乃自为是文祭之。方是时，神宗春秋正富，文已如此。（卷一四记文）

默记　王铚

狄青善用兵，多智数，为一时所伏。其出师讨侬智高也，既行，燕犒士卒于琼林苑中，将士皆列坐。酒既行，青自起巡而问之曰：“儿郎若肯随青者，任其愿同去。若有父母侍养，及家私幼小，畏怯不愿去者，便请于此处自言。若大军一起之后，敢有退避者，惟有剑耳。”于是三军之士感泣自励，至岭外，无一人敢有怠惰者。

侬智高犯广南，破诸郡，官军屡败，朝廷震动，遂遣狄青作宣抚招讨使。青至洪州，闻陶弼在外邑丁忧，盖弼久作广南官也。青至，微服往见弼，问筹策。弼察其诚，为青言广南利害，曰：“官吏皆成贪墨不法，惟欲溪洞有边事，乘扰攘中济其所欲，不问朝廷安危，谓之‘做边事’，涵养以至今日。非智高能至广州，乃官吏不用命，诱之至此。智高岂能出其巢穴至广州哉？今诚能诛不用命官吏，使兵权在我，一变旧俗，则贼不足破也。”青大奇之，所以初至广州，按法诛不遵节制、出兵而败陈崇仪而下三十余人。明日一鼓而破贼，二广晏然者，用弼之策也。青南讨至岭下，随军广南转运使李肃之等迎于界首，具櫜鞬谒青，曰："某等随军转运使，今已入本界，请大军粮食之数，及要若干硕数，月日多少，请预备之。"青答曰："此行亦无东西南北远近所在，亦无岁月多少之期。既曰随军转运，须着随军供赡，人人足备。若少一人之食，则先斩转运使。"肃之等悚然而退。故其军食足而成功捷，此善为将帅者也。

董士廉，关中豪侠之士，佐刘沪同擅筑水洛城，尹师鲁大非之。其后，狄青帅渭，希师鲁意，以沪擅兴，械送狱，将按诛之。时士廉已罢幕府至京师，青请于朝，槛车捕送，欲至渭而诛之。时士廉过华阴县，姚嗣宗知县事。姚、董，意气之交也。县当发人护送，而监者兵仗严密如护叛逆者，不得语也。嗣宗交护送者于路，因呼士廉行第，屡引两手向上示之。士廉应曰："会得嗣宗意，令作向上一路出此槛车也。"既至渭州，青方坐厅事，列兵仗，盛怒以待之。士廉在槛车中见青，大呼曰："狄青，你这回做也！你只是董士廉碍着你，你今日杀了我，这回做也！"青闻之大惊，不敢诛。盖青起于卒伍而贵，尝有嫌疑之谤，心恶闻此语。因破槛车，械送狱。既在有司，士廉得以为计矣。其后反讼师鲁赃罪，师鲁贬死，而士廉从轻比者，用姚嗣宗之计得脱也。

狄青宣抚广南，平侬智高。未出师，先大陈军仪，数诸将不俟大军之到，先出师不利。就坐擒陈崇仪等三十余人，拽出斩之。次问余襄公，襄公瞿然下拜，而孙元规颇申理之，得免。次及提刑祖择之，问诸将兵败亡之由。择之知必不免，勃然起对曰："太尉不得无礼！无择来时，金口别有宣谕。"其客将在厅下，即呼牵提刑马，遂就厅事上马以出于甲胄兵戈之间。既至所舍，便溺俱下，满于鞍鞯。此所谓气胜也。盖青武人，非仓猝之间言"金口别有宣谕"，以折其谋，则必不免矣。

韩魏公帅定，狄青为总管。一日会客，妓有名白牡丹者，因酒酣劝青酒曰："劝班儿一盏。"讥其面有涅文也。青来日遂笞白牡丹者。后青旧部曲焦用押兵过定州，青留用饮酒，而卒徒因诉请给不整，魏公命擒焦用，欲诛之。青闻而趋就客次救之。魏公不召，青出立于子阶下，恳魏公曰："焦用有军功，好儿。"魏公曰："东华门外以状元唱出者为好儿，此岂得好儿耶！"立青面而诛之。青甚战灼，久之，或曰："总管久立。"青乃敢退，盖惧并诛也。其后，魏公还朝，青位枢密使，避水搬家于相国寺殿。一日，衩衣衣浅黄袄子，坐殿上指挥士卒。盛传都下。及其家遗火，魏公谓救火人曰："尔见狄枢密出来救火时，着黄袄子否？"青每语人曰："韩枢密功业与我一般，我少一进士及第耳。"其后慧星出，言者皆指青跋扈可虑，出青知陈州。同日，以魏公代之。是夕，慧灭。（卷上）

刘原父好杂记事，或古或今，动成卷轴。予尝见其一卷内逐段事。一云：萧固为广西转运使，时侬智高未反，但诱聚亡命，阴为窥边计。边吏皆不悟，固遣人诱说，且奏朝廷乞与智高一官，善抚之，因令间交趾。奏下枢密院，难固再三。固又言："请择将吏，缮兵械，修城郭，"至六七皆不报。固既召归，智高果反，破城杀吏，大困一方，所至骚然。至遣大臣，仅免败亡，则枢密院乃归责于固，以知吉州，所谓"曲突徙薪无恩泽，焦头烂额为上客"也。又一云：进士滕甫最能为省题诗。皇佑元年，狄青成功于广西，时甫廷试《西旅来王诗》云"葱岭占佳气，毡裘拜未央"，最为佳句。此皆原父亲札尔。康定中，元昊上言："为诸羌所扰，不得已，请朝廷加一名号。"宰相大怒，即乞削属籍，出兵加讨。时惟谏官吴育言："夷狄难以中国叛臣处之，乞加以名号。"不听，卒致侵边患，颇与固相类。然古今如此者多矣，郑畋乞与黄巢节度使、吕琦乞和番之类是也。（卷中）

郑翰林獬，郎官纾之子也。獬虽负时名，然累赴殿试、省试，俱不利。纾为狄青征广南辟客。是时侬智高鸱张，未知胜负，留家在雍丘舟中；而獬赴殿试罢，在京师候唱名。其母与尽室忧纾从军未知吉音，又忧獬仍旧黜于殿试。一家屏默惶惑之次，忽舟尾晨炊釜鸣，声甚厉，震动两岸，举家不知所为。釜鸣未定，忽岸上亟寻郑郎中船，乃报捷者南来，且附纾书云："已破侬贼，杀戮殆尽，走入溪洞，且议赏超迁矣。"语次，又有北来报榜者驰至云："二秀才昨日唱名而出，已状元及第矣。"釜鸣盖有为吉者。（卷中）

却扫编　徐度

王文公尧臣登第之日，狄武襄始隶军籍。王公唱名自内出，传乎甚宠，观者如堵。狄青与济类数人立于道旁，或叹曰："彼为状元而吾等始为卒，穷达不

同如此。”狄曰：“不然，顾才能如何耳。”闻者笑之。后狄为枢密使，王公为副。适同时也。（卷下）

[按]魏泰《东轩笔录》与之所记差相似，然无狄青与士卒的对话，历史想象之成分大于真实性。

鹤林玉露　罗大经

郭冲晦谓刘信叔曰：“处事当以简易，何则？简以制繁，易以制难，便不费力。乾坤之大，所以使万物由其宰制者，不过此二字，况于人乎！”冲晦此论，可谓洞见天地万物之理。且以用兵言之，韩信多多益办，只是一简字。狄武襄夜半破昆仑关，只是一易字。（甲编卷三）

东轩笔录　魏泰

狄青之征侬智高也，自过桂林，即以辨色时先锋行，先锋既行，青乃出帐，受衙罢，命诸将坐，饮酒一卮，小餐，然后中军行，率以为常。及顿军昆仑关下，翌日，将度关，辰起，诸将张立甚久，而青尚未坐。殆至日高，亲吏疑之，遽入帐周视，则不知青所在，诸将方相顾惊怛，俄有军候至曰：“宣徽传语诸官，请过关吃饭。”方知青以微服，同先锋度关矣。（卷四）

天圣五年，王文公尧臣状元及第，释褐将作监丞、通判湖州。是年狄武襄公青始投拱圣营为卒，晚年同入枢密院，武襄为使，文安为副。（卷一〇）

京师火禁甚严，将夜分，即灭烛，故士庶家凡有醮祭者，必先关白厢使，以其焚楮币在中夕之后也。至和、嘉佑之间，狄武襄为枢密使，一夕夜醮，而勾当人偶失告报厢使，中夕骤有火光，探子驰白厢主，又报开封知府，比厢主判府到宅，则火灭久矣。翌日，都下盛传狄枢密家有夜光怪烛天者，时刘敞为知府诰，闻之，语权开封府王素曰：“昔朱全忠居午沟，夜有光怪出屋，邻里谓失火而往救，则无之，今日之异得无此类乎？”此语喧于搢绅间，狄不自安，遽乞陈州，遂薨于镇，而夜醮之事竟无人为辨之者。（卷一〇）

孔氏谈苑　孔平仲

陈州有颛项庙，狄青知州日，梦庙中有榜，题曰：“宰相蔡确，确是时方为举人，青访知姓字，召见之，语以所梦，云：“善自爱。”确后果相神宗皇帝。（卷二）

狄青、王伯庸同在枢密府，王常戏狄之涅文云：“愈更鲜明。”狄云：“莫爱否？愿赠一行。”伯庸为之大惭。（卷二）

狄青字汉臣，元昊叛，屡将出战，四年间大小二十五阵，八中流矢，人呼为狄天使。上观其仪表，曰：“朕之关，张也。”于是有“敌万”之称，谓以一足以敌万人也。初，青在行伍间，韩魏公、范文正公一见之，皆称其有将相之器，果能为国建功，为时名将。（卷三）

过庭录　范公偁

神庙大长公主，哲宗朝重于求配，遍上士族中求之，莫中圣意。带御器械狄咏，颇美丰姿。近臣奏曰：“不知要如何人物？”哲宗曰：“人物要如狄咏着。”天下谓咏为人样子。狄咏，狄青子也。

岭外代答　周去非

广西经略安抚使

汉帅府在交州，唐在广州。天宝中，岭南桂、容、邕、交与广，咸属桂州采访。昭宗始升桂管为节度。本朝皇佑中，侬智高平，诏狄青分广西邕、宜、融为三路，用武臣充知州，兼本路安抚都监，而置经略安抚使于桂州，选两制以上官为知州，兼领使事。于是八桂遂为西路雄府矣。厥后罢邕、宜、融为郡，宜、融州守臣兼本路兵马都监，邕守兼本路安抚都监。沿边守臣，并带溪峒都巡检使，尽隶于经略安抚使。帅府既内兼西南数十州之重，外镇夷蛮几数百族，事权不得不重矣。广西诸郡，凡有边事，不申宪、漕，惟申经略司，此昔日陕西制也。（卷一）

黄氏日抄　黄震

庞庄敏

公初为御史，沮章惠临朝，谏仁宗奢靡。为开封判官，拒尚美人称教旨，奏范讽不遵礼法，为国家虑已深长矣。其帅延安，每不奉诏，必欲屈元昊称臣，措置城筑、运聚粮刍，无一事烦民，可为万世法。其为枢密使，赞韩公汰冗兵六万余人，陕西民力为苏。其为相，力主狄武襄平侬智高，南方以宁。出将入相，功效卓然，而成就。司马公之益尤大云。（卷五〇）

狄武襄

带铜面具，大小二十五战。胜元昊，易虎翼旗，胜党项，裨将事也。立军制，明赏罚，以翦平侬智高，大将事也。公两得之。其为大将曰："宁失智高，不敢欺朝廷。"此非将之大有识者，不可及。至若过故乡，下车趋谒县令，容狂生刘易叫怒，不祖狄梁公，而拜韩魏公庙庭下，终身执门人礼，虽古名将不及矣。（卷五〇）

［按］此条不见于周勋初主编《宋人轶事汇编》之狄青条。

参考文献

[1] 白志谦.狄青[M].北京：商务印书馆.1939.

[2] 北京大学古文献研究所.全宋诗[M].北京：北京大学出版社，1998.

[3] 蔡絛.铁围山丛谈[M].北京：中华书局，1983.

[4] 陈峰.北宋武将群体与相关问题研究[M].北京：中华书局，2004.

[5] 陈均.皇朝编年目纲备要[M].北京：中华书局，2006.

[6] 狄青全传[M].南京：凤凰出版社，2008.

[7] 范镇.东斋记事[M].北京：中华书局，1980.

[8] 方勺.泊宅编[M].北京：中华书局，1983.

[9] 汾阳县志[M].清光绪八年刻本.

[10] 顾朴光.中国面具史[M].贵阳：贵州民族出版社，1996.

[11] 何文焕.历代诗话[M].北京：中华书局，1981.

[12] 洪迈.容斋随笔[M].上海：上海古籍出版社，1979.

[13] 洪迈.夷坚志[M].北京：中华书局，1981.

[14] 后汉书[M].北京：中华书局，1975.

[15] 纪昀.文渊阁四库全书[M].上海：上海古籍出版社，2003.

[16] 江少虞.宋朝事实类苑[M].上海：上海古籍出版社，1981.

[17] 锦绣万花谷[M].上海：上海古籍出版社，1991.

[18] 克劳塞维茨.战争论[M]，中国人民解放军军事科学院译.北京：商务印书馆，1978.

[19] 孔平仲.孔氏谈苑[M].北京：中华书局，2012.

［20］雷海宗.中国文化与中国的兵[M].北京：商务印书馆，2001.

［21］黎崱.安南志略[M].北京：中华书局，1995.

［22］李觏.李觏集[M].北京：中华书局，1975.

［23］李焘.续资治通鉴长编[M].北京：中华书局，1992.

［24］刘昫，等撰.旧唐书[M].北京：中华书局，1975.

［25］路德维希·维特根斯坦.维特根斯坦笔记[M]，许志强译.北京：复旦大学出版社，2008.

［26］罗大经.鹤林玉露[M].北京：中华书局，1983.

［27］罗兰·巴尔特.明室[M].北京：中国人民大学出版社，2011.

［28］孟子正义[M].北京：中华书局，1987.

［29］拿破仑.拿破仑日记[M]，伍光建译.长春：时代文艺出版社，2013.

［30］内藤湖南.中国史通论[M].北京：社会科学文献出版社，2004.

［31］欧阳修.归田录[M].北京：中华书局，1981.

［32］欧阳修全集[M].北京：中华书局，2001.

［33］钱穆.中国历史精神[M].北京：九州出版社，2016.

［34］钱泳.履园丛话[M].北京：中华书局，1979.

［35］乔治·H.米德.心灵、自我与社会[M].赵月瑟译.上海：上海译文出版社，1992.

［36］上海师范大学古籍整理研究所.全宋笔记（第二编）[M].郑州：大象出版社，2006.

［37］上海师范大学古籍整理研究所.全宋笔记（第八编）[M].郑州：大象出版社，2017.

［38］上海师范大学古籍整理研究所.全宋笔记（第十编）[M].郑州：大象出版社，2018.

［39］邵伯温.邵氏闻见录[M].北京：中华书局，1983.

［40］邵博.邵氏闻见后录[M].北京：中华书局，1983.

［41］沈括撰，胡道静校注.新校正梦溪笔谈[M].北京：中华书局，1957.

[42] 史记[M].北京：中华书局，1959.

[43] 司马光.涑水记闻[M].北京：中华书局，1989.

[44] 四库全书总目[M].北京：中华书局，1965.

[45] 苏辙.龙川别志[M].北京：中华书局，1982.

[46] 孙升.孙公谈圃[M].北京：中华书局，2012.

[47] 田况.儒林公议[M].北京：中华书局，2017.

[48] 脱脱等.宋史[M].北京：中华书局，1985.

[49] 万花楼[M].南昌：豫章书社，1981.

[50] 汪恸尘.苦榴花馆杂记[M].北京：中华书局，2013.

[51] 王柏.鲁斋集[M].上海：商务印书馆，1936.

[52] 王夫之.宋论[M].北京：中华书局.1964.

[53] 王楙.野客丛书[M].北京：中华书局，1987.

[54] 王明清.挥麈录[M].上海：上海书店出版社，2009.

[55] 王闢之.渑水燕谈录[M].北京：中华书局，1981.

[56] 王素撰.清虚杂著三编·闻见近录[M].北京：中华书局，2017.

[57] 王晓卫.兵家史话[M].北京：社会科学文献出版社，2011.

[58] 王铚.默记[M].北京：中华书局，1981.

[59] 威利.符号自我[M].文一茗译.成都：四川教育出版社，2011.

[60] 魏泰.东轩笔录[M]. 北京：中华书局，1983.

[61] 文莹.湘山野录[M].北京：中华书局，1984.

[62] 吴曾.能改斋漫录[M].上海：上海古籍出版社，1979.

[63] 吴处厚.青箱杂记[M].北京：中华书局，1985.

[64] 谢谦.国学词典[M].北京：中国人民大学出版社，2007，

[65] 徐松.宋会要辑稿[M].北京：中华书局，1957.

[66] 许洞.虎钤经[M].北京：中华书局，2017.

[67] 余英时.朱熹的历史世界[M].北京：三联书店，2004.

[68] 袁褧，袁颐.枫窗小牍[M].上海：商务印书馆，1939.

[69] 岳珂.鄂国金佗稡编续编校注[M].北京：中华书局，1989.

[70] 张邦基撰，孔凡礼点校.墨庄漫录·过庭录·可书[M].北京：中华书局，2002.

[71] 张立新，贾平.狄青传[M].太原：北岳文艺出版社，2017.

[72] 张舜徽.中国史论文集[M].武汉：湖北人民出版社，1957.

[73] 赵景深.中国小说丛考[M].济南：齐鲁书社，1980.

[74] 赵彦卫.云麓漫抄[M].北京：中华书局，1996.

[75] 赵毅衡.身份与文本身份，自我与符号自我[J]，外国文学评论，2010，2.

[76] 郑玄，刘宝楠注.论语正义[M].上海：上海书店，1986.

[77] 周辉撰，刘永翔校注.清波杂志校注[M].北京：中华书局，1994.

[78] 周密.齐东野语[M].北京：中华书局，1983.

[79] 周去非.岭外代答[M].北京：中华书局，1999.

[80] 周勋初.宋人轶事汇编[M].上海：上海古籍出版社，2014.

[81] 朱易安，傅璇琮等主编.全宋笔记（第七编）[M].郑州：大象出版社，2015.

[82] 朱易安，傅璇琮等主编.全宋笔记（第三编）[M].郑州：大象出版社，2008.

[83] 朱易安，傅璇琮等主编.全宋笔记（第一编）[M].郑州：大象出版社，2003.

[84] 祝尚书.宋代科举与文学考论[M].郑州：大象出版社,2006.

[85] 庄绰撰，萧鲁阳点校.鸡肋编[M].北京：中华书局，1983.

[86] 曾布.曾公遗录[M].北京：中华书局，1982.

[87] 曾巩.隆平集[M].北京：中华书局，2012.

[88] 曾巩撰，陈杏珍，晁继周点校.曾巩集[M].北京：中华书局，1984.

[89] 曾巩撰，王瑞来校证.隆平集校证[M].北京：中华书局，2012.

[90] 曾枣庄，刘琳.全宋文[M].上海：安徽教育出版社、上海辞书出版社，2006.

后 记

本书的完成，实现了我多年的心愿。喜欢狄青是因为读研究生时，大量阅读宋代笔记野史，看到不少有关狄青的资料，便留意摘录，日积月累遂积累了诸多原始文献。随着阅读史料渐多，夹在文人官僚群体中的一代名将便引起我探究的兴趣。

2008年，我到成都读博，更有意识地开始搜寻狄青的相关史料。为完整了解狄青的时代，又仔细通读了一遍李焘的《续资治通鉴长编》，从中钩沉了不少珍贵史料。盖李氏著作严谨，考证辨析均可提供很多帮助。其史料虽多来自宋人野史笔记，但也因此而有宋人文献亡佚而存留者。

博士毕业后，忙于俗务和文学方面的研究与撰写，故一直没有动笔。然游学成都时，关于狄青之构思，已得鄂中楚澴居士祝东兄之青睐。丙申春在黔中与挚友熊昉兄谈及研究想法，昉兄颇感兴趣，并一再鼓励我写出来，他认为以狄青为武将切入北宋文人政治体制是一种独特的角度。这使我大受鼓舞，遂于此年（2016年）夏开始动笔写作。由于资料收集较多，且思考多年，写起来比较顺利。

感谢出版社周清兄的校稿。